城镇燃气职业教育系列教材

中国城市燃气协会指定培训教材

城镇燃气法规理论与实践

Chengzhen Ranqi Fagui Lilun yu Shijian

主编 田申

重庆大学出版社

内容提要

本书以国务院《城镇燃气管理条例》的内容顺序为主线,以其他法律法规中涉及城镇燃气的相关内容为补充,力求系统的完整性;在各章节后收录了城镇燃气典型案例并进行分析说明,以供教学参考。

"城镇燃气法规"课程是城镇燃气工程教学及培训中非常重要的组成部分。通过该课程的学习,可以使学生较全面地了解我国城镇燃气法律制度的基本知识和一些重要的法律法规条文,为处理实际工作中遇到的相关问题奠定法律常识基础。

本书可作为高等职业教育城镇燃气工程技术专业教材、城镇燃气职业培训教材,也可供城镇燃气管理人员、技术人员及相关从业人员参考。

图书在版编目(CIP)数据

城镇燃气法规理论与实践/田申主编.—重庆:
重庆大学出版社,2012.5(2021.2重印)
城镇燃气职业教育系列教材
ISBN 978-7-5624-6695-6

Ⅰ.①城…　Ⅱ.①田…　Ⅲ.①气体燃料—安全管理—
法规—中国—职业培训—教材　Ⅳ.①D922.181

中国版本图书馆 CIP 数据核字(2012)第 082139 号

中国城市燃气协会指定培训教材
城镇燃气职业教育系列教材

城镇燃气法规理论与实践

主　编　田　申
策划编辑:张　婷

责任编辑:张　婷　　　版式设计:张　婷
责任校对:谢　芳　　　责任印制:赵　晟

*

重庆大学出版社出版发行
出版人:饶帮华
社址:重庆市沙坪坝区大学城西路 21 号
邮编:401331
电话:(023) 88617190　88617185(中小学)
传真:(023) 88617186　88617166
网址:http://www.cqup.com.cn
邮箱:fxk@ cqup.com.cn (营销中心)
全国新华书店经销
POD:重庆新生代彩印技术有限公司

*

开本:787mm×1092mm　1/16　印张:15.75　字数:393 千
2012 年 5 月第 1 版　　2021 年 2 月第 2 次印刷
ISBN 978-7-5624-6695-6　定价:45.00 元

城镇燃气职业教育培训教材编审委员会

序　言

随着我国城镇燃气行业的蓬勃发展,现代企业的经营组织形式、生产方式和职工的技能水平都面临着新的挑战。

目前我国的燃气工程相关专业高等教育、职业教育招生规模较小;在燃气行业从业人员(包括管理人员、技术人员及技术工人等)中,很多人都没有系统学习过燃气专业知识。燃气企业对在职人员的专业知识和岗位技能培训成为提高职工素质和能力、提升企业竞争能力的一种有效途径,全国许多省市行业协会及燃气企业的技术培训机构都在积极开展这项工作。

在目前情况下,组织编写一套具有权威性、实用性和开放性的燃气专业技术及岗位技能培训系列教材,具有十分重要的现实意义。立足于社会发展对职工技能的需求,定位于培养城镇燃气职业技术型人才,贯彻校企结合的理念,我们组建了由中国城市燃气协会、北京燃气集团、重庆大学、哈尔滨工业大学、北京建筑工程学院、天津城市建设学院、郑州燃气股份有限公司、港华集团等单位共同参与的编写队伍。编委会邀请到哈尔滨工业大学的段常贵教授、中国城市燃气协会迟国敬副秘书长担任顾问,北京建筑工程学院詹淑慧教授担任执行总主编,重庆大学彭世尼教授担任总主编。

本套培训教材以提高燃气行业员工技能和素养为目标,突出技能培训和安全教育,本着"理论够用、技术实用"的原则,在内容上体现了燃气行业的法规、标准及规范的要求;既包含基本理论知识,更注重实用技术的讲解,以及燃气施工与运用中新技术、新工艺、新材料、新设备的介绍;同时以丰富的案例为支持。

本套教材分为专业基础课、岗位能力课两大模块。每个模块都是开放的,内容不断补充、更新,力求在实践与发展中循序渐进、不断提高。在教材编写工作中,北京燃气集团提出了构建体系、搭建平台的指导思想,作为北京市总工会职工大学"学分银行"计划试点企业,将本套培训教材的开发与"学分银行"计划相结合,为该职业培训教材提供了更高的实践平台。

教材编写得到了中国城市燃气协会、北京燃气集团的全力支持,使一些成熟的讲义得到进一步的完善和推广。本套培训教材可作为我国燃气集团、燃气公司及相关企业的职工技能培训教材,可作为"学分银行"等学历教育中燃气企业管理专业、燃气工程专业的教学用书。通过本套教材的讲授、学习,可以了解城市燃气企业的生产运营与服务,明确城镇燃气行业不同岗位的技术要求,熟悉燃气行业现行法规、标准及规范,培养实践能力和技术应用能力。

编委会衷心希望这套教材的出版能够为我国燃气行业的企业发展及员工职业素质提高做出贡献。教材中不妥及错误之处敬请同行批评指正!

编委会

2011 年 3 月

前　言

  城镇燃气是现代城镇赖以生存和发展的重要基础设施,是国家能源战略中重点建设和发展的领域,是关系人民生活质量、城镇自然环境的重要市政公用事业。城镇燃气事业的发展,为优化城镇能源结构、改善环境质量、完善城镇功能、提高居民生活质量发挥了重要作用。近年来,燃气事业快速发展,并促进了燃气法制的建设,使城镇燃气管理逐步走上法制化轨道。尤其自 2011 年 3 月 1 日《城镇燃气管理条例》(国务院令第 583 号)施行以来,我国的城镇燃气法规体系及燃气法治建设得到进一步加强。

  燃气法规是调整人们在燃气发展规划、燃气工程建设、燃气生产、燃气供应、燃气使用和行政管理活动过程中所发生的社会关系的法律规范总称。它是国家市政建设和能源政策的具体体现,是燃气的整体规划、工程建设、使用管理等诸多方面活动的法律规则,是城镇燃气事业科学发展的保证,同时也是广大燃气经营者和广大燃气用户维护自己合法权益的法律依据。

  城镇燃气法规课程是城镇燃气工程教育培训工作中非常重要的组成部分。通过本课程的学习,可以使学生较全面地了解我国城镇燃气法律制度的一些基本知识和一些重要的法律规则,并利用所学的知识解决实际工作中遇到的有关城镇燃气法律法规方面的问题,为今后从事这方面的工作奠定基础。本教材在编写过程中力求遵循职业教育的规律,理论联系实际,突出知识性和实用性相统一的特点,以够用为度,内容全面,通俗易懂,便于自学。教材以国务院《城镇燃气管理条例》的内容顺序为主线,以其他法律法规中涉及燃气的相关内容为补充,力求系统的完整性,此外还在各章节后收录了涉及城镇燃气法规较为典型的案例,并进行分析说明,以供教学参考。本书不仅可作为城镇燃气职业培训教材,也可作为城镇燃气工程技术专业的高职教材或供城镇燃气管理人员、技术人员及相关从业人员参考。

全书由田申、吴庆起编写,编写过程中,编者参阅并引用了大量的国内外有关文献、书籍和资料,在此向所引用的参考文献的作者致以谢意。由于燃气法律法规、规章很多,本教材篇幅和作者水平有限,因此很可能顾此失彼,存在不足和缺点,在此我们诚挚地期望使用本书的读者提出批评和建议,以便我们不断修订、完善。

编 者

2011 年 9 月

目　录

第1章　绪　论

第一节　燃气法规概述 ……………………………………… 2

第二节　燃气法律关系 ……………………………………… 4

第三节　燃气法体系 ………………………………………… 7

第四节　燃气法规的主要内容及作用 …………………… 11

第2章　燃气发展规划与应急保障

第一节　燃气发展规划的编制 …………………………… 16

第二节　燃气发展规划的基础资料 ……………………… 19

第三节　燃气发展规划的内容和实施 …………………… 22

第四节　燃气应急保障 …………………………………… 25

第3章　燃气工程建设

第一节　燃气工程建设规定 ……………………………… 30

第二节　燃气工程建设程序和质量管理 ………………… 32

第三节　燃气工程安全管理 ……………………………… 40

第四节　燃气工程安全生产管理制度 …………………… 47

第4章　燃气经营与服务

第一节　燃气经营许可 …………………………………… 70

第二节　燃气经营制度 …………………………………… 75

第三节　管道燃气经营者的经营服务 …………………… 78

第四节　瓶装燃气经营者的经营服务 …………………… 81

第五节　燃气价格与收费 ································· 85
第六节　燃气服务标准化 ······························· 88

第5章　燃气设施管理与保护

第一节　燃气设施管理权的界定 ························· 97
第二节　燃气设施保护范围 ····························· 99
第三节　燃气设施管理 ································· 101
第四节　城镇燃气标志 ································· 105

第6章　燃气燃烧器具管理与使用

第一节　燃气燃烧器具安装、维修企业 ················· 116
第二节　燃气燃烧器具的安全使用 ····················· 118
第三节　安装、维修户内燃气设施和燃气燃烧器具 ······· 120

第7章　燃气安全事故预防与处理

第一节　燃气安全评估和风险管理 ····················· 128
第二节　燃气事故及其处理 ····························· 130
第三节　燃气安全事故应急救援 ······················· 133

第8章　燃气合同

第一节　燃气供用气合同 ······························· 151
第二节　燃气管理中的行政合同 ······················· 161
第三节　施工建设中燃气设施的安全保护协议 ··········· 174

第9章　燃气法律责任

第一节　燃气行政责任 ································· 182
第二节　燃气民事责任 ································· 189
第三节　燃气刑事责任 ································· 192
第四节　几类具体的燃气法律责任 ····················· 196

附　录

附录一　最高人民法院、最高人民检察院关于办理盗窃油气、破坏
　　　　油气设备等刑事案件具体应用法律若干问题的解释 ······· 206
附录二　城镇燃气管理条例 ····························· 208
附录三　燃气燃烧器具安装维修管理规定 ··············· 216
附录四　城市地下管线工程档案管理办法 ··············· 220
附录五　市政公用事业特许经营管理办法 ··············· 223

附录六 住房和城乡建设部关于废止《城市燃气安全管理规定》《城市燃气管理办法》和修改《建设部关于纳入国务院决定的十五项行政许可的条件的规定》的决定 ·················· 227

参考答案

参考文献

第 1 章 绪 论

核心知识

- 燃气法规的概念及宗旨
- 燃气法规的基本原则和适用范围
- 燃气法律关系的含义和构成
- 燃气法体系和燃气法渊源
- 燃气法规的主要内容及作用

学习目标

- 掌握燃气法规的概念及宗旨
- 了解燃气法规的基本原则和适用范围
- 了解燃气法律关系的含义和构成
- 了解燃气法体系和燃气法渊源
- 了解燃气法规的主要内容及作用

燃气产业是基础产业,又是公共事业,在国民经济和人民群众生活中处于重要的地位,其安全发展与技术进步都离不开法律的保障。燃气行业的运行要遵守我国的宪法、法律、法规、规章等。与燃气有关的法律法规发端于燃气事业,也为燃气事业服务。充分学习与了解燃气法规的含义、宗旨、原则、作用、燃气法律关系、燃气法律责任等,对于燃气事业的科学发展有至关重要的意义。

第一节
燃气法规概述

一、燃气法规的概念

燃气法规是调整人们在燃气发展规划、燃气工程建设、燃气生产、燃气供应、燃气使用和行政管理活动过程中所发生的社会关系的法律规范总称。燃气法规包括确认和调整燃气规划、建设、供应、使用、管理及其他与燃气相关的各种社会关系的所有法律规范,不仅包括行政法、民法、经济法、刑法等法律规范,还包括国务院部门规章、地方性法规和地方政府规章等。我国先后颁布了一系列燃气方面的法规,如《石油天然气管道保护法》《城镇燃气管理条例》等,燃气方面的一定层次规范性的文件也属于燃气法规的范畴。

二、燃气法规的宗旨

燃气法规的宗旨是加强燃气产业的管理,科学规划,保障安全,正常供应,规范服务,维护燃气经营者和燃气用户的合法权益,促进燃气产业的科学发展。

三、燃气法规遵循的原则

我国的燃气法规从以下五个方面确定了其基本原则。

(一)统筹规划原则

全面综合考虑燃气设施建设和供用气安排是搞好燃气管理的前提。规划安排时要与该地区城乡建设的全面规划相结合,从布局上协调一致配套进行设计、工程建设等活动。同时,要着重考虑社会经济发展对能源需求的预测与衡量,不能盲目投资、重复建设,做到长远规划燃气各项建设,使之产生良好的社会效益。另外要充分预测燃气气源的发展状况,如选择何种燃气气源、预留燃气建设用地等,保证燃气发展规划得到全面落实。

(二)保障安全原则

燃气安全是燃气事业发展的基本前提,也是城镇安全工作的重点。燃气具有易燃易爆的特性,燃气安全事故会对公民的生命财产构成严重威胁,反之燃气的安全、稳定供应对城镇社会经济正常发展具有十分重要的保障作用。因此,燃气管理必须遵循保障安全的原则。保障安全是燃气法规的核心原则,它贯穿于燃气法规的每个方面。

(三)确保供应原则

近年来,燃气作为一种新型的绿色能源得到越来越广泛的应用,已成为城镇生产和人们生活中不可缺少的重要组成部分。随着能源结构的调整,燃气在一次能源中的比例逐年上升,人们对燃气的依赖程度越来越高,因此要保证社会经济的稳定发展,满足人们日常生产、生活需要,在燃气管理中,就必须遵循确保供应的原则。

(四)规范服务原则

燃气供应涉及千家万户的利益,服务质量的好坏直接影响着用户对燃气经营者的评价和行风建设。因此燃气经营者一定要重视服务管理,注重职业道德建设,提升服务人员素质,在服务工作中公示业务流程、服务承诺、收费标准和服务热线等信息,并按照国家燃气服务标准提供服务。通过优质服务创品牌、树形象,切实搞好规范服务。

(五)依法管理原则

燃气法规从行政监管、规划布局、设计施工、档案管理以及燃气使用等方面都做出了明确的规定。对燃气经营者、燃气用户以及公民,也做出了必须服从燃气法规中权利义务的明确规定。燃气法规还将燃气的应急保障、燃气安全事故与预防等都纳入了法规之中,并详细列出了相关的法律责任,使燃气依法管理的内容充分具体。

四、燃气法规的适用范围

城镇燃气法规有着明确的适用范围。从主体及其行为的角度规定其适用范围:城镇燃气规划、建设、储运、供应、经营、服务,燃气器具的安装、使用和相应的管理活动。城镇燃气设计、施工企业具备资质的,依法进行工程的设计、施工;燃气经营者、燃气器具安装维修企业为燃气用户提供服务,应遵守燃气法规;燃气用户接受服务,其权益受燃气法规保护。对上述具体内容未做规定的应当适用其他有关法律法规的规定,如《中华人民共和国刑法》(以下简称《刑法》)中所涉及的危害公共安全罪条款,《中华人民共和国消费者权益保护法》(以下简称《消费者权益保护法》)中规定的保障消费者安全权的条款等相关内容。

第二节
燃气法律关系

一、燃气法律关系的含义

燃气法律关系是指在燃气规划、建设、供应、服务、使用与燃气管理过程中,当事人之间产生的由燃气法规调整的法律上的权利与义务关系。燃气法律关系的范围很广,凡是在与燃气相关的活动中产生并且在燃气法规的调整范围之内的各种关系,均为燃气法律关系,包括:国家燃气管理部门与燃气经营者、燃气用户之间因燃气管理行为而形成的燃气管理关系(行政法律关系);燃气生产与经营企业之间因燃气建设、生产、供应而发生的平等的燃气法律关系;燃气经营者与燃气用户之间因燃气的供应与使用而发生的燃气法律关系,燃气企业与其他社会团体因燃气建设、生产、供应而发生的燃气法律关系等(民事法律关系)。燃气法律关系的内容十分广泛,包括纵向的国家燃气管理关系,横向的平等燃气企业之间、燃气企业与其他主体之间因燃气的建设、生产、供应、使用等而形成的法律关系。

知识窗

法律关系是指由法律规范所确认的,当事人之间形成的权利与义务的关系,也是法律规范在调整人们行为过程中形成的权利和义务的关系。任何法律关系都是以相应的法律规范为前提,又与某一社会关系相关联,它是一种意志关系,既反映法律的制定者的意志,又反映法律关系当事人的意志。

【例】某人为了个人的利益而盗窃燃气设施,其盗窃行为损害了燃气经营者的合法权益和国家财产,因此,法律要对其追究法律责任并进行制裁,这样就构成了有权追诉和制裁的国家机关与违法者之间的刑事法律关系。

二、燃气法律关系的构成要素

法律关系由主体、客体、内容三个要素构成。燃气法律关系是由燃气法律关系的主体、燃气法律关系的客体和燃气法律关系的内容三个要素构成。

（一）燃气法律关系的主体

燃气法律关系的主体是燃气法律关系中的当事人,包括国家机关、社会组织和公民。燃气法律关系的主体依法享有权利并承担相应的义务。

国家机关行使政府管理经济和管理社会的职能,在燃气法律关系中处于重要的地位。政府对燃气事业的管理、监督、检查和促进,是通过国家机关的具体活动实现的。他们在依据燃气法规行使职权的过程中,与企业和公民之间产生的关系,构成燃气法律关系。国家机关是燃气法律关系的当事人,即燃气法律关系的主体。国家燃气管理部门和参与燃气管理的国家机关,称为燃气管理主体。燃气管理的主体有：

①住房和城乡建设部；

②地方人民政府；

③经常性即专门的燃气管理主体——县级以上地方人民政府的燃气管理部门；

④政府其他有关管理部门。如公安、工商、技术监督、物价等职能部门。

社会组织包括的范围很广:企业、事业单位和社会团体,凡是参与了燃气建设、燃气生产、燃气供应和燃气使用活动的,都是燃气法律关系的主体。

【例】某用气单位与燃气经营者订立了供用气合同,双方权利义务关系受燃气法规的调整,形成了燃气法律关系。用气单位和燃气经营者也就成为燃气法律关系的主体。

作为自然人的公民要使用燃气,就必然要与燃气经营者发生关系。这种关系受燃气法规的调整,构成燃气法律关系,自然人也就成为燃气法律关系的主体。自然人在其他情况下,也可能成为燃气法律关系的主体。

（二）燃气法律关系的客体

1. 法律关系的客体

法律关系的客体是法律关系主体间权利和义务所指的对象,包括物、行为和与人身相联系的非物质对象(人的姓名、肖像、发明创造、著作等)。

2. 燃气法律关系的客体

燃气法律关系的客体是指燃气法律关系的主体间权利和义务所指的对象,包括物、行为和精神产品。

（1）物:又称为标的物,在燃气法律关系中主要表现为不动产的燃气设施及动产的燃气。燃气经营者向用户供应的燃气、提供的燃气设施,用户向燃气经营者交付的气费等,均可构成燃气法律关系的客体。

（2）行为:指燃气法律关系的主体的作为或不作为,这种作为或不作为是受法律约束和调整的。燃气法律关系中的行为,按其内容,可分为燃气管理行为、燃气建设行为、燃气生产行为、燃气供应行为和燃气使用行为。

（3）精神产品:主要表现为燃气法律关系主体的智力成果,如燃气经营者的荣誉、资质和燃气用具的商标等。

(三)燃气法律关系的内容

燃气法律关系的内容是指燃气法律关系的主体享有的权利和承担的义务,这是燃气法律关系产生的基础。燃气法律关系主要包括两种不同类型的关系。一类是发生在国家燃气管理部门与行政相对人,如与被管理的燃气企业和其他经济组织之间的纵向管理关系;另一类是燃气企业与其他社会组织之间因燃气建设、生产、供应、使用行为而发生的横向协作关系,是法律地位平等的主体间的关系。在两类不同性质的法律关系中,主体的权利义务有很大的差别。

在纵向管理关系中,管理主体的权利就是依燃气法规和其他法律而享有的管理权,而义务主体——燃气企业,其义务是接受管理。国家燃气管理主体的管理权大致包括三个方面:

(1)燃气发展决策权:包括国家燃气发展的方针、战略和政策的制定权,燃气发展的规划权,重大燃气发展事项的决策权。

(2)组织实施权:指国家机关对燃气决策组织实施的各种权利,包括命令权、禁止权、许可权、核准权、撤销权、倡导权、检查监督权、奖惩权等。

(3)燃气纠纷的调查处理权:指燃气法律关系的参加者之间,因燃气建设、生产、供应、使用发生纠纷时,有关国家机关进行调查处理的权利。

在横向协作的燃气法律关系中,各主体的权利义务的具体内容依法由双方当事人协商确定。法律关系不同,权利义务的具体内容也不同。燃气法律关系的主体、客体、内容构成了完整的燃气法律关系。

三、燃气法律关系的产生、变更、消灭

依照法学理论,每一种法律关系都处在不断地产生、变更和消灭的运动过程中。法律关系的产生、变更和消灭需要具备一定的条件,其中,最主要的条件有法律规范和法律事实。燃气法律关系的产生、变更和消灭也是如此。

燃气法律规范是燃气法律关系产生、变更和消灭的法律依据。没有一定的燃气法律规范,就不会有相应的燃气法律关系。但燃气法律规范的规定只是燃气法律关系主体权利和义务的一般模式,还不是现实的燃气法律关系本身。燃气法律关系的产生、变更和消灭,还必须具备直接的前提条件,这就是燃气法律事实,它是燃气法律规范与燃气法律关系联系的中介。

所谓法律事实,就是燃气法律规范所规定的,能够引起燃气法律关系产生、变更和消灭的客观情况或现象。依据客观情况或现象是否以人的意志为转移,可以将燃气法律事实分为燃气法律事件和燃气法律行为。

(1)燃气法律事件:指燃气法律规定的不以当事人的意志为转移的能够引起法律关系产生、变更和消灭的客观情况。燃气法律事件可分为社会事件和自然事件:前者如社会革命、战争等引起的法律关系产生、变更和消灭;后者如地震等自然灾害所引起的燃气法律关系产生、变更和消灭。

(2)燃气法律行为:是燃气法律关系的主体实施的、能够产生法律上的效力、产生一定法

律后果的行为。燃气法律行为包括合法的燃气法律行为和违法行为:前者如各种燃气合同行为等,后者如燃气法律主体不履行法定义务或者侵犯其他燃气主体权利的行为,如供气质量不合格等。

第三节
燃气法体系

一、燃气法渊源

燃气法渊源,主要是指国家机关根据法定职权和程序制定的关于燃气建设、燃气生产、燃气供应与燃气使用等各种规范性文件的表现形式。

知识窗

法的渊源这一概念,从不同的角度有不同的理解,在中外法学著作中,多指法的效力渊源,即根据法的效力而划分法的不同形式,而一般又以制定法(称为成文法,包括宪法、法律、行政法规等)作为现代国家主要的法的渊源,即不同国家机关根据法定职权和程序制定的各种规范性文件。

我国燃气法的渊源包括以下几个方面:

(1)宪法:在当代中国法律体系中,宪法的法律地位和效力最高,任何法律法规都不得与宪法相抵触,必须依据宪法来制定,燃气法规也不例外。宪法所规定的一些基本原则和制度,如"社会主义的公共财产神圣不可侵犯""国家保护社会主义的公共财产,禁止任何组织和个人用任何手段侵占或破坏国家的和集体的财产"(宪法第12条)等,是燃气法规最基本的渊源。

(2)法律:法律是由全国人民代表大会及常务委员会分别制定的,其效力仅次于宪法。其中《中华人民共和国民法通则》(以下简称《民法通则》)、《刑法》、《中华人民共和国行政许可法》(以下简称《行政许可法》)、《中华人民共和国城乡规划法》(以下简称《城乡规划法》)、《中华人民共和国环境保护法》(以下简称《环境保护法》)、《中华人民共和国合同法》(以下简称《合同法》)等都是燃气法的重要渊源。

(3)司法解释:是指国家最高司法机关在适用法律、法规的过程中,对如何具体应用法律、法规的问题所做的解释。在我国,司法解释也是燃气法的重要渊源。

(4)行政法规及部委规章:国务院依照职权和法定程序制定的有关燃气方面的行政法规,如《城镇燃气管理条例》(国务院令第 583 号);国务院有关部委制定的行政规章,如《燃气燃烧器具安装维修管理规定》(建设部令第 73 号)、《城市地下管线工程档案管理办法》(建设部令第 136 号)、《市政公用事业特许经营管理办法》(建设部令第 126 号)等。

(5)省、自治区、直辖市的人民代表大会及常务委员会制定的地方性法规,以及经济特区、特别行政区在宪法、法律规定的权限内所制定、发布的地方性法规、条例、单行条例中有关燃气方面的法律规范。较大市的人民代表大会及常务委员会制定的地方性法规,报省、自治区人民代表大会常务委员会批准后施行,并报全国人民代表大会常务委员会和国务院备案。

(6)省、自治区、直辖市人民政府规章,如《上海市燃气管道设施保护办法》(2005 年 1 月 30 日上海市人民政府令第 46 号发布)等。

(7)我国和外国缔结的双边及多边条约、协定和其他具有条约、协定性质的文件中,有关我国与他国关于燃气建设开发、燃气供应与使用等方面的合作协定等。

二、燃气法体系

燃气法体系是指以《城镇燃气管理条例》(国务院令第 583 号)等法规和有关燃气管理、燃气生产、燃气供应与使用、燃气设施保护等方面的法律、行政规章、地方性法规以及规章、规范性文件等所形成的不同层次、不同等级、不同方面的有机结合体。我国的燃气法体系可分为四个层次:燃气法律(专项燃气法律尚属空缺),燃气行政法规,燃气行政规章和燃气地方性法规、规章。

1. 燃气法律

涉及燃气的相关法律有《中华人民共和国建筑法》(以下简称《建筑法》)、《中华人民共和国安全生产法》(以下简称《安全生产法》)、《中华人民共和国物权法》(以下简称《物权法》)、《刑法》、《行政许可法》、《环境保护法》、《城乡规划法》、《合同法》等,而专项的《燃气法》尚属空缺。

2. 司法解释

司法解释是指国家最高司法机关在适用法律、法规的过程中,对如何具体应用法律、法规的问题所做的解释。司法解释是我国燃气法规的重要渊源之一,如在燃气刑事责任方面有《最高人民法院、最高人民检察院关于办理盗窃油气、破坏油气设备等刑事案件具体应用法律若干问题的解释》(2006 年 11 月 20 日由最高人民法院审判委员会第 1406 次会议、2006 年 12 月 11 日由最高人民检察院第十届检察委员会第 66 次会议通过,自 2007 年 1 月 19 日起实施)。

3. 燃气行政法规

国务院《城镇燃气管理条例》已于 2010 年 10 月 19 日经国务院第 129 次常务会议审议通过,2010 年 11 月 19 日国务院总理温家宝签署国务院第 583 号令,自 2011 年 3 月 1 日起施行。《城镇燃气管理条例》的公布与施行,对于加强城镇燃气的管理,保障燃气经营者、燃气用户的合法权益具有十分重要的意义。此外,国务院颁布的《建设工程质量管理条例》(国务院令第 279 号)、《建设工程安全生产管理条例》(国务院令第 393 号)和《生产安全事故报告和调查处理条例》(国务院令第 493 号)等也涉及燃气管理的内容。

4.燃气行政规章

燃气行政规章包括国务院燃气管理部门颁布的规章和省、自治区、直辖市人民政府制定的规章,燃气规章有依法授权制定和依职权制定两大类,依法制定的燃气规章是燃气法体系的重要组成部分。

目前,我国在燃气立法方面先后制定了《燃气燃烧器具安装维修管理规定》(建设部令第 73 号)和《城市地下管线工程档案管理办法》(建设部令第 136 号)等行政法规,搭起了中国城镇燃气法规体系的主要支撑构架。

(1)《燃气燃烧器具安装维修管理规定》(建设部令第 73 号)于 1999 年 10 月 14 日经第 16 次部常务会议通过,予以发布,自 2000 年 3 月 1 日起施行。《燃气燃烧器具安装维修管理规定》的实施加强了燃气燃烧器具的安装、维修管理,维护了燃气用户、燃气经营者、燃气燃烧器具安装维修企业的合法权益,提高安装、维修质量和服务水平,对从事燃气燃烧器具安装、维修业务和实施对燃气燃烧器具安装维修的监督管理起到了促进作用。

(2)《城市地下管线工程档案管理办法》(建设部令第 136 号)于 2005 年 5 月 1 日起施行,它的实施为城建档案管理健全了科学的管理制度,为做好地下管线工程档案的接收、整理、鉴定、统计、保管、利用和保密工作提供了法律依据。它为使用城建地下管线工程档案资料、开发地下管线工程档案资源,以及为城市规划、建设和管理提供服务。

(3)燃气地方性法规、规章:近年来,各省、自治区、直辖市针对本地区在实施国家燃气法律、法规中遇到的问题,尤其是针对燃气管理、生产、安全、设施保护和打击盗窃燃气违法行为的新情况、新问题,纷纷出台地方性法规和地方政府规章,完善了我国燃气法体系。这些地方性法规和规章是我国燃气法体系中最具活力的重要部分,如《北京市燃气管理条例》《上海市燃气管理条例》《天津市燃气管理条例》《天津市燃气管道设施管理办法》《天津市燃气地下管道管理办法》《重庆市压缩天然气汽车安全管理办法》等,对促进本地区燃气事业的发展发挥了很大的作用。

📑 **知识拓展**

法的效力

1.法的效力的概念

法的效力即法律规范的效力,是指法作为一种国家所具有的约束力和强制性,表现为凡是由国家制定或认可的法律规范及其表现形式——规范性法律文件等对主体行为具有的普遍约束力,这种约束力不以主体自身的意愿为转移。

法的效力与通常所说的"法律效力"的概念并不完全相同。法的效力是指法律规范的自身约束力。而法律效力除了法律规范自身以及其表现形式——规范性文件的约束力之外，还包括由法律规范的约束力派生的其他合法行为的约束力，如法定国家机关在职权范围内做出的判决、决定、行政措施等个别性文件的约束力，以及受法律保护的契约关系的约束力，等等。因而法律效力的概念比法的效力的概念外延更广泛。

法的效力包括两方面的内容，即法的效力等级和效力范围。

2.法的效力等级

法的效力等级也称法的效力层次或效力位阶，是指一国法律体系中不同渊源形式的法律规范在效力方面的等级差别。确定法的效力等级通常应遵循如下原则：

①法的效力等级首先取决于其制定机关在国家机关体系中的地位，由不同机关制定的法律规范，效力等级也不相同。除特别授权的场合以外，通常制定机关的地位越高，法律规范的效力等级也越高，即所谓"高位法优于低位法"。

②在同一主体制定的法律规范中，按照特定的、更为严格的程序制定的法律，效力等级高于按一般程序制定的法律。例如我国全国人大可以制定宪法和基本法律，依特殊程序制定的宪法效力即高于基本法律。

③当同一制定机关先后就同一领域的问题制定颁布了两个以上的法律时，后来制定的法律在效力上高于先前制定的法律，即所谓"后法优于前法"，或称"新法优于旧法"。

④当同一主体在某一领域既有一般性立法，又有不同于一般性立法的特殊立法时，特殊立法的效力优于一般性立法，即所谓"特殊法优于一般法"。但必须注意，"特殊法优于一般法"的原则只限于同一主体制定的法律规范，对于不同主体制定的法律规范，仍然适用"制定机关等级决定法效力"的一般原则。

⑤当某一国家机关授权下级国家机关制定属于自己立法职能范围内的法律、法规时，被授权的机关在授权范围内制定的该项法律、法规在效力上通常等同于授权机关自己制定的法律或法规，但仅仅授权制定实施细则者除外。

第四节
燃气法规的主要内容及作用

一、燃气法规的主要内容

燃气法规的主要内容包括以下七个方面：①燃气发展规划与应急保障；②燃气工程建设；③燃气经营与服务；④燃气设施保护；⑤燃气安全事故预防与处理；⑥燃气燃烧器具管理与使用；⑦燃气法律责任。

考虑到目前燃气供用气合同的广泛使用，尤其《合同法》将其内容列入法律中以后，使得燃气供用气合同的制订、使用更加规范化、法制化，本书将燃气合同的内容在第 8 章中进行介绍。

二、燃气法规的重要作用

20 世纪 50 年代以来，随着生产和组织规模的不断扩大，生产力的迅速发展，社会化程度的不断提高，人们对燃气领域内各项活动、行为逐步重视，在市场经济条件下，从不同的角度，用不同的方法对燃气建设、经营和管理进行研究，提出不同的思路和法理，调整燃气管理、建设和经营等活动在市场经济领域中的各种关系，建立燃气法规和一系列法制建设制度。如日本早在 20 世纪 50 年代已制定成文燃气法律。

我国的燃气事业始于 20 世纪 60 年代末，发展于 20 世纪 80 年代初，燃气法制建设也伴随着燃气事业的发展进行着。初期燃气法制建设以各省地方立法为主，与住房和城乡建设部规章并驾齐驱，以不同的背景、理论为依据，调整各种燃气关系，在形式和内容上各自规定的重点详略不一，同时又都在为建立统一的燃气法规进行理论探索，在内容上是非常丰富的，对我国燃气事业发展起到了促进作用。燃气法规的作用表现在以下三个方面：

（1）保证和维护社会主义市场经济的正常进行：燃气法规规范了燃气规划、建设、经营、设施抢修以及燃气具安装、维修和使用等方面的管理，调整燃气相关经济活动与其他经济建设中的管理关系，促进燃气事业又好又快地发展，满足人民群众对燃气使用的合理需要，保证安全稳定供气，使燃气经营者在市场经济活动中的经济效益不断提高。同时影响整个市场经济的发展，维护社会主义市场经济的秩序。

（2）适应当前改革开放的经济形势：为适应当前经济全球化的新形势，抓住机遇，利用国内外的各种资源开拓市场，参与市场竞争和挑战，扩大对外开放，加快立法改革，是我国对外贸易多元化发展战略的需要。燃气法规在全球经济一体化进程中，在投资环境、特许经营及其他经济活动中发挥了重要的法律保障作用。

（3）促进燃气事业健康有序地发展：燃气法规规定的内容总结了燃气事业的管理经验，

集中反映了燃气事业发展的客观规律,是依法对燃气事业进行管理的最直接、最具体的法律依据。燃气各方主体在法律框架内进行规划、建设、经营、管理等活动,使得燃气事业更加健康有序地发展。

案例分析

【案例】公共管道在燃气用户厨房的迁移

【原告】某市某小区一单元一楼用户(简称甲方)

【被告】某市天然气公司(简称乙方)

【案情介绍】甲方搬至小区为新建居住小区,由于燃气公共管道从其一楼厨房穿过,致使甲方不能按常规安置厨具,故要求乙方迁移燃气引入管,并申诉公共管道及公共阀门在自家厨房中影响安全,以及不利于企业维护管理,且室外也有空间安设管道。

【审理结果】经调解,甲方同意不主张诉讼请求和赔偿,乙方对燃气引入管给予了迁移。

【分析】

1. 燃气公共管道设施的安装涉及安全问题,也涉及企业管理问题。

2. 各地燃气管理条例多有建筑区划内业主专有燃气设施由业主(用户)负责安全使用的规定,因此在燃气设施的安装上,应按照建筑区划作出正确分割。

3. 技术能解决的问题,燃气经营者应该积极调动新的技术手段,加以有效实施。

4.《物权法》对燃气设施这一重要的物做出了规定,在建筑物区分所有权中建立在建筑物、构筑物内的燃气设施又可分为业主专有部分和共用部分,其管理包括物的管理与人的管理。燃气设施物的管理同样适用物权管理的规定,主要以人为管理内容的:①对建筑物不当损毁行为的管理;②对建筑物不当使用行为的管理;③对生活妨害行为的管理。

被告所要求的行为,涉及专有所有权的行使和对共用部分的共同利益是否有妨害和影响,从法律法规规定看原告所要求是正当的,应给予支持。

学习鉴定

一、填空题

1.法律是国家按照统治阶级的利益和意志制定或认可的,并由国家强制力保证实施的

_____,包括宪法、法律、法规、规章等。法律属于上层建筑范畴,决定于经济基础,并为经济基础服务。

2._____是指由法律规范所确认的,当事人之间形成的权利与义务的关系,也是法律规范在调整人们行为过程中形成的权利和义务的关系。

3.任何法律关系都是以相应的_____为前提,又与某一社会关系相关联,它是一种意志关系,既反映法律制定者的意志,又反映法律关系当事人的意志。

4._____是调整人们在燃气发展规划、燃气工程建设、燃气生产、燃气供应、燃气使用和行政管理活动过程中所发生的社会经济关系的法律规范的总称。

5.燃气法律关系由燃气法律关系的主体、燃气法律关系的客体和燃气法律关系的_____三个要素构成。

6.法的效力等级首先取决于其制定机关在_____中的地位,由不同机关制定的法律规范,效力等级也不相同。

7.除特别授权的场合以外,一般说来,制定机关的地位越高,法律规范的效力等级也越高,即所谓"_____"。

8.《城镇燃气管理条例》自_____起施行。

9.《城镇燃气管理条例》中所称燃气是指作为_____使用并符合一定要求的气体燃料,包括天然气(含煤层气)、液化石油气和人工煤气等。

10._____主管部门负责全国的燃气管理工作。

二、问答题

1.燃气法规的宗旨是什么?

2.燃气法规遵循哪些原则?

3.《城镇燃气管理条例》的适用范围如何?

4. 燃气法规的主要内容包括哪些方面？

5. 燃气法规的重要作用是什么？

6. 国务院建设主管部门自 1990 年至今已制定并公布了哪些有关燃气管理的规章（至少列出 3 部）？

第 2 章　燃气发展规划与应急保障

核心知识

- 燃气发展规划的编制部门及编制原则
- 燃气发展规划的编制内容和实施
- 燃气应急储备制度和燃气供应应急预案

学习目标

- 了解燃气发展规划的编制部门及编制原则
- 掌握燃气发展规划的编制内容和实施
- 了解燃气应急储备制度和燃气供应应急预案

目前,燃气行业已发展成为一个独立的行业,明确燃气的发展方针、原则、目标、内容等,是指导行业发展的重要依据。国务院住房城乡建设主管部门组织编制燃气发展规划是落实国民经济和社会发展规划、城乡规划和能源规划的需要,对指导各地、各城市编制燃气发展规划具有十分重要的作用。无论全国还是地方住房城乡建设主管部门或者燃气管理部门都有责任和义务组织编制燃气发展规划,指导燃气行业健康持续发展。国家级燃气发展规划对各地、各城市的燃气发展规划具有重要指导作用,地方的燃气发展规划的编制应当以国家级燃气发展规划为依据。

第一节
燃气发展规划的编制

燃气发展规划要在城乡总体规划指导下,由政府主管部门组织各有编制资格的单位及相关部门共同编制。按照国家相关程序批准实施的燃气发展规划是法律文件,同样也是燃气行政管理的重要依据。《城乡规划法》是城乡总体规划的法律依据,同样也是编制燃气发展规划的法律依据,编制燃气发展规划的法律依据还包括《城镇燃气管理条例》。

一、燃气发展规划的编制部门

(一)全国燃气发展规划的编制

《城镇燃气管理条例》(国务院第 583 号令)第 8 条规定:"国务院建设主管部门应当会同国务院有关部门,依据国民经济和社会发展规划、土地利用总体规划、城乡规划以及能源规划,结合全国燃气资源总量平衡情况,组织编制全国燃气发展规划并组织实施。"在城镇规划区的范围内,燃气发展规划属于一类专业规划,纳入城镇总体规划并组织实施。《城乡规划法》第 17 条规定"城市总体规划、镇总体规划的内容应当包括:城市、镇的发展布局,功能分区,用地布局,综合交通体系,禁止、限制和适宜建设的地域范围,各类专项规划等。规划区范围、规划区内建设用地规模、基础设施和公共服务设施用地、水源地和水系、基本农田和绿化用地、环境保护、自然与历史文化遗产保护以及防灾减灾等内容,应当作为城市总体规划、镇总体规划的强制性内容。"

燃气发展规划分为全国燃气发展规划、省(直辖市、自治区)燃气发展规划、设区市燃气发展规划、县(市)燃气发展规划。国家级燃气发展规划具体内容主要是根据各地的需求情况和全国燃气气源特别是天然气气源的情况,站在全国角度,编制全国性规划,规定燃气发展的原则性、方向性的重大事项,指导各地编制具体的燃气发展规划。全国燃气发展规划由国家住房和城乡建设部会同国务院有关部门组织编制并组织实施。从当前来看,天然气、人工煤气、液化石油气以及二甲醚等新型气源已被大力推广应用,如何平衡各类气源、提高燃气利用效率、统筹安排、科学合理地开发利用燃气,亟待国家层面编制燃气发展规划,指导各地燃气发展规划的编制和各类燃气的发展利用,推进燃气行业健康持续发展。

(二)县级以上行政区域的燃气发展规划的编制

城镇燃气的发展应当实行统一规划、配套建设。县级以上地方人民政府燃气管理部门应当会同有关部门,依据国民经济和社会发展规划、土地利用总体规划、城乡规划、能源规划以及上一级燃气发展规划,组织编制本行政区域的燃气发展规划,报本级人民政府批准后组织实施,并报上一级人民政府燃气管理部门备案。本行政区域内的燃气发展规划的编制要依据上一级即国务院建设主管部门的全国燃气发展规划编制,并报本级人民政府批准并组织实施。

省(直辖市、自治区)燃气发展规划重点考虑燃气发展预测、气源方案、重大基础设施布局和相关政策措施等方面的问题,设区市、县(市)的燃气发展规划是城乡总体规划的重要组成部分,应符合全国和省级燃气发展规划的要求,其规划范围应覆盖乡(镇)村。重点考虑本行政区域的燃气设施工程建设、规模、管网铺设范围等具体事项。地方燃气发展规划报本级人民政府批准后组织实施,并报上一级人民政府燃气管理部门备案。燃气发展规划成果一般要经过燃气管理部门组织专家评审,对规划成果的科学性、安全性、可行性、可操作性等进行技术审查,作为政府批准燃气发展规划的依据。

经批准的燃气发展规划具有法律效力,燃气管理、发展改革、城乡规划等相关部门要严格按照燃气发展规划的要求审查审批燃气设施建设工程。各项燃气设施建设工程应当严格按照规划进行。规划组织编制部门根据有关法律法规规定和实际情况,对燃气发展规划进行修订,修订燃气发展规划应当报原审批机关,由原审批机关批准后组织实施。

二、燃气发展规划原则

燃气发展规划的原则包括以下内容:

①城镇燃气发展规划以城镇总体规划为基础,结合当地能源特点进行。制定规划方案时,要认真研究当地资源开发和利用的可能性,近、远期的气源及原料的需求。

②气源工程规划应符合国家燃气利用政策。贯彻因地制宜、多种气源、合理利用能源的发展方针,优先使用天然气,积极回收工矿余气,充分利用液化石油气,注重发展煤制气,适当发展油制气。

③气源选择要按城市性质及当地资源供应状况、供气规模、供需目的不同而异,选择符合环保标准、工艺成熟、运行可靠、综合利用好的制气工艺,尽量采用先进技术。

④气源工程规划应与城市发展相适应,全面规划,分期建设。气源方案要考虑燃气企业的滚动发展和正常的商业化运作。

⑤城镇燃气输配系统规划的供气规模,应以城镇能源结构、发展规划和城镇气源规划、各气源的供给能力为依据。

⑥要根据不同类型的负荷构成、气源性质,确定合适的调峰手段及储配站布局。

⑦管网规划应与城镇道路规划和其他地下管线相协调,尽量避免近期内重复开挖路面。

⑧输配系统设施规划要近远期结合,并考虑分期实施的可能:近期 5 年左右,远期 10 ~

20年。

⑨必须对各种可能成立的方案作技术经济比较,择优选用。

总之,编制燃气规划要与城镇的性质、规模、发展方向和目标相适应,兼顾农村用气实际,贯彻近远期结合、工业与民用结合以及布局合理、统筹安排、分期实施、保障安全的原则。编制城镇燃气发展规划应当采用先进可靠的技术,以满足人民生活需要、保护环境和节约能源为前提。规划期限要与城乡总体规划期限相一致。承担城镇燃气发展规划编制的单位必须具有相应城乡规划及燃气设计资质,取得相应等级的资质证书后,方可在资质等级许可的范围内从事规划编制工作。

三、新区建设,旧区改造应配套建设燃气设施

不论新区建设还是旧区改造,都应按照城乡规划和燃气发展规划配套建设燃气设施。配套建设燃气设施是保证燃气发展规划得以全面进行的基本条件,也是保证城乡建设整体功能发挥的重要环节。新区建设、配套建设燃气设施建设可提升城市功能。

进行新区建设或旧区改造时,若当时条件暂不允许,不能配套建设燃气设施,应留出燃气设施建设用地以备用。实践证明,城市的新区建设或旧区改造不具备配套条件建设燃气设施,同时也未预留出燃气设施建设用地的,必将造成日后燃气设施建设难以进行,导致重复拆迁、重复建设,甚至造成该区域供气能力的下降。

燃气设施建设用地属于城市基础设施用地,在规划用地的管理上应符合《城市黄线管理办法》(建设部令第144号)的要求,"城市黄线,是指对城市发展全局有影响的、城市规划中确定的、必须控制的城市基础设施用地的控制界线"。"城市黄线一经批准,不得擅自调整。因城市发展和城市功能、布局变化等,需要调整城市黄线的,应当组织专家论证,依法调整城市规划,并相应调整城市黄线。调整后的城市黄线,应当随调整后的城市规划一并报批。"因此,根据住房和城乡建设部的有关要求,燃气设施的建设用地一旦列入城乡规划后,任何单位和个人未经法定程序调整规划,不得改变燃气设施建设用地的用途。《城镇燃气管理条例》(国务院第583号令)第11条规定:"进行新区建设、旧区改造,应当按照城乡规划和燃气发展规划配套建设燃气设施或者预留燃气设施建设用地。对燃气发展规划范围内的燃气设施建设工程,城乡规划主管部门在依法核发选址意见书时,应当就燃气设施建设是否符合燃气发展规划征求燃气管理部门的意见;不需要核发选址意见书的,城乡规划主管部门在依法核发建设用地规划许可证或者乡村建设规划许可证时,应当就燃气设施建设是否符合燃气发展规划征求燃气管理部门的意见。"

四、燃气发展规划的变更

需要变更燃气发展规划的,应当按照原审批程序重新报批。由于燃气涉及重大安全,设施建设对安全间距有严格的规定,为维护燃气发展规划的稳定性和严肃性,防止擅自变更燃气发展规划现象的发生,避免人为造成的燃气工程无序建设及燃气安全隐患的产生,这样规定是很有必要的。城镇燃气发展规划实施是城乡规划和燃气管理部门的共同责任,规划部门是燃气发展规划的监督实施部门。

首先,城乡规划管理部门要严格执法,依法行政,做到执法必严,违法必究,对违反规划实施的单位和个人,要追究其责任,严肃进行处理。其次,要让群众参与监督规划的实施。城乡规划与人民群众的切身利益紧密相连,规划制订过程要让群众知情,规划实施成效要让群众来评估。然后,严肃规范规划的变动和调整。规划不是一成不变的,可以根据情况变化做出适当调整,但一定要保持其严肃性,杜绝规划的随意调整。对涉及整体的燃气专项规划调整,一定要按照法定要求和程序进行。最后,切实保障规划的落实。城乡规划管理部门、燃气管理部门要组织好规划的实施,严格按照规划审查审批燃气工程项目。同时要强化人民代表大会对城市规划管理工作的监督,进一步加大监督力度,改进监督方式,提高监督实效。

第二节
燃气发展规划的基础资料

城镇燃气发展规划是城乡建设规划中的一个重要组成部分,它与城镇交通工程规划、城镇给排水工程规划、城镇供电工程规划、城镇供热工程规划、城镇通信工程规划、城镇防灾工程规划、城镇环境卫生工程规划等城镇建设规划内容相互联系、相互影响,组成不可分割的统一整体。进行城镇燃气发展规划必须做好充分的调研工作,完善基础资料的收集、准备,确保与其他行业协调好关系。

一、国家的有关政策、法律法规和规范性文件

相关基础资料大体包括以下几个方面的内容:

①《天然气利用政策》(国家发展和改革委员会于 2007 年 8 月 30 日颁布实施);

②《城乡规划法》(中华人民共和国主席令第 74 号);

③《城镇燃气管理条例》(国务院第 583 号令);

④《村庄和集镇规划建设管理条例》(国务院令第 116 号)

⑤《城市黄线管理办法》(建设部令第 144 号);

⑥《城镇燃气设计规范》(GB 50028—2006);

⑦《建筑设计防火规范》(GB 50016—2006);

⑧《输气管道工程设计规范》(GB 50251—2003);

⑨《石油天然气工程设计防火规范》(GB 50183—2004);

⑩《汽车加油加气站设计与施工规范》(GB 50156—2002)(2006 版);

⑪《聚乙烯燃气管道工程技术规程》(CJJ 63—2008);

⑫《钢质管道及储罐腐蚀控制工程设计规范》(SY 0007—1999);

⑬《埋地钢质管道牺牲阳极阴极保护设计规范》(SY/T 0019—97);

⑭《城镇燃气输配工程施工及验收规范》(CJJ 33—2005);

⑮《建筑给水排水设计规范》(GB 50015—2003);

⑯《采暖通风与空气调节设计规范》(GB 50019—2003);

⑰《锅炉房设计规范》(GB 50041—2008);

⑱《爆炸与火灾危险环境电力装置设计规范》(GB 50058—1992);

⑲《建筑物防雷设计规范》(GB 50057—2010);

⑳《供配电系统设计规范》(GB 50052—2009);

㉑《火灾自动报警系统设计规范》(GB 50116—1998);

㉒《石油化工企业设计防火规范》(GB 50160—2008);

㉓《环境空气质量标准》(GB 3095—1996);

㉔《大气污染物综合排放标准》(GB 16297—1996);

㉕《工业企业设计卫生标准》(TJ 36—79)及(GBZ 1—2010);

㉖《室外给排水和燃气热力工程抗震设计规范》(GB 50032—2003);

㉗《城市工程管线综合规划规范》(GB 50289—98)。

二、城镇总体规划和城乡规划行政主管部门提出的规划条件

城镇总体规划主要是说明城镇当前发展的现状规模和未来发展的前景,使燃气发展规划能够与城镇总体规划相适应,其内容大体包括以下几个方面:

①城镇总体规划文本;

②城镇城市总体规划图集;

③城镇市区地图;

④城镇市场调研资料;

⑤城镇燃气发展调查报告。

城乡规划行政主管部门提出的规划条件主要是要求规划部门对城镇的布局进行全盘考虑,指出各种规划用地的方位,管线的敷设和其他辅助设施的建设场所等,最终使得城镇各个公共设施能够互相配合,良好地运转。其要求往往以燃气发展规划编制委托书的形式提交给规划设计人员。

三、城镇的自然条件

1.历史沿革

历史沿革指出城镇的大体历史脉络,要维护、突出其特色。例如,对于历史文化名城要保护其文化底蕴;对于旅游城市要顾及其景观特色;对于新兴城市要考虑其发展潜力。

2.地理位置

地理位置指城镇的经纬度,是否处于某个经济带。

3.环境条件

考虑城镇人居环境。

4. 气候与气象

①气象条件:该城镇属于什么类型的气候条件,具体到多年平均大气压、多年平均气温、极端最高气温、极端最低气温、年平均相对湿度、年平均降雨量、年平均蒸发量、年最大风速、夏季主导风向、冬季主导风向、最大积雪厚度、最大冰冻深度、平均风速、采暖期、采暖室外计算温度等。

②水文条件:辖区内的河流的流量、流速、水位,年平均降雨量,水源、水质、地下水位、地表水蕴藏量。

5. 工程地质

要对城镇的地貌进行大体描述,标明城镇内重要山川河流的分布、坡地的走向等,查明地震基本烈度、地质构造与特征、土壤的物理化学性质(地耐力、腐蚀程度、冻胀类别等)。城镇的地质情况可以提供给施工单位,作为设施修建所需的参考资料。另外还要了解有可能用作于地下储气库的地质构造资料。

6. 交通现状

①对外交通:掌握与城镇连接的重要铁路、高速公路、国道、省道的情况。

②市内交通:摸清城市道路系统、道路等级、红线和宽度,掌握地下管道、地铁、人防设施等的分布情况。对城镇现状的道路总长、总面积、主要道路中主干道、次干道的长度比例等做一个大体概述。

四、城镇社会经济、人文发展和城市区域职能

1. 社会经济发展现状和战略

了解目前城镇社会经济发展的特点和发展态势,以及未来经济发展的目标。

2. 城镇规模

①城镇面积、人口及其分布;

②大型公共建筑的数目及其分布;

③居住区建筑的层数、质量、面积和公共建筑定额;

④地下管道、地铁、人防设施等的分布情况。

3. 城镇区域职能与布局

了解城镇各个区域的具体职能与布局以及在不同时期不同区域的城镇发展策略。

五、城镇能源规划、各类燃料的使用情况和燃气气源、燃气设备及管网的现状

这些资料包括以下几个方面的内容:

①地区能源平衡的有关资料。

②城镇能源的结构,了解各类能源的用量、用途、比例及供需现状。

③位于城镇附近并有可能向城镇供应燃气的气源现状和发展资料。

④已有燃气供应的城镇,必须掌握燃气供应系统的现状和有关图纸,包括:气源的种类和供应情况;管网的压力级别,管道的种类、长度、敷设方式及分布情况;城镇燃气的各种技

术经济指标及主要设备技术性能等。

六、城镇燃气各类用户的数量及分布情况

掌握居民用户、商业用户、工业用户、采暖空调用户、汽车用户等各类用户的数量及分布情况,燃料供应和利用的现状、历年增长情况,尤其应重点调查工艺上必须使用燃气的工厂企业。

七、城镇燃气发展规划需要的其他基础资料

这些资料包括以下几个方面的内容:
①发展城镇燃气所需要的原始材料和设备供应的可靠性;
②城镇燃气工程的施工能力和设备加工水平;
③人工煤气厂的副产品,如焦炭与化工产品的产销平衡情况;
④环境保护的要求和燃气厂进行"三废"处理的可能性。

第三节
燃气发展规划的内容和实施

一、燃气发展规划的内容

《城镇燃气管理条例》(国务院第 583 号令)第 8 条规定:"燃气发展规划的内容应当包括:燃气气源、燃气种类、燃气供应方式和规模、燃气设施布局和建设时序、燃气设施建设用地、燃气设施保护范围、燃气供应保障措施和安全保障措施等。"

燃气发展规划的内容是燃气建设经营等活动的基础,其主要内容具体包括:

①燃气气源:通过技术与经济的比较论证,选择近期合适并兼顾远期的气源方案,确定工艺流程、气源站点的位置和规模,选择并确定主要设备。

②燃气种类:天然气(含煤层气)、人工煤气、液化石油气等。

③供应方式和规模:确定耗气定额、气化范围、供气规模。

④燃气设施布局和建设时序:确定输配系统的压力级制和供气方式;布置燃气管网;确定用气高峰系数和高峰小时用气量;进行管网的压力计算,确定管径;选择管材及防腐方式;确定储配站、调压站的数量、规模和位置;确定计算机监控及数据采集系统等。结合城镇规模、产业结构调整和人口增长等变化情况确定建设的顺序和计划。

⑤燃气设施建设用地:要确保燃气工程建设用地和燃气设施建设配套用地,未经法定程序不得改变使用规划。

⑥燃气设施保护范围:确定安全间距,确定建(构)筑物的防火等级、消防间距、消防水

量、消防设施等。

⑦燃气供应保障措施:确定燃气的来源、进口渠道、地库设施、应急储备设施和燃气的互换性等因素。

⑧安全保障措施:确定安全供应和使用管理制度、燃气设施定期巡查和检修制度、燃气安全风险评价制度、燃气事故应急救援预案等。

此外还包括环保规划、职业安全卫生规划和投资概算等。

二、燃气设施

燃气设施,是指人工煤气生产厂、燃气储配站、门站、气化站、混气站、加气站、灌装站、供应站、调压站、市政燃气管网等的总称,包括市政燃气设施、建筑区划内业主专有部分以外的燃气设施以及户内燃气设施等。

(一)城镇管网燃气设施

1.管道燃气设施

管道燃气设施包括①低压、中压、次高压和高压等不同压力的燃气管网;②燃气分配站或压缩机站、调压计量站或区域调压室;③储气站;④通信与自动化设备、调度中心。

煤制气、天然气、液化石油气皆可经城镇燃气管道设施供应给用户,其工艺流程如下:

①人工煤气的工艺流程为:焦炉煤气→焦化厂荒煤气→煤气净化(除尘、脱硫、除焦油等)→煤气储气厂→加压→城镇煤气中压管网→区域调压站→低压供气管网→煤气用户。

②管道天然气的一般工艺流程为:天然气田(净化、加压)→长输管线(含加压站)→城市门站(调压、计量、加臭)→城镇燃气高(次高)压或中压供气管网→调压站→低(中)压供气管网→天然气用户(或用户调压器)。

③液化气汽化站工艺流程为:液化气储罐内液相液化气→过滤器→强制汽化器→调压器→用户管道系统→用户。

④液化气混气站一般工艺流程为:储罐内液相液化气→过滤器→稳压泵→汽化器→高中压调压器→混气机→稳压罐→中、低压调压器→用户管道系统→用户。

2.城镇燃气管网

(1)燃气管道:我国城镇燃气管道根据输气压力一般分为:①低压燃气管道(压力小于10 kPa);②中压燃气管道(压力为 10 kPa ~ 0.4 MPa);③次高压燃气管道(压力为 0.4 ~ 1.6 MPa);④高压燃气管道(压力为 1.6 ~4.0 MPa)。

(2)燃气管网:燃气管网根据所采用的管网压力级制不同分为:①一级系统:仅用低压管网来分配和供给燃气,一般只适用于小城镇的供气系统;②两级系统:由低压和中压或低压和次高压两级管网组成;③三级系统:包括低压、中压和次高压的三级管网;④多级系统:由低压、中压、次高压和高压管网组成。

3.燃气区域调压室或调压计量站

在城镇燃气管网系统中,燃气调压室是用来调节和稳定管网压力的设施,通常由调压器、阀门、过滤器、安全装置、旁通管及测量仪表等组成。

4.压缩机站

压缩机是用来压缩燃气,提高燃气压力或输送燃气的机器。压缩机的种类很多,城镇燃气系统中使用比较广泛的是往复活塞式、回转罗茨式、螺杆式及离心式压缩机。

5.燃气储配站

储配站的主要功能是储存、加压和向城镇输气管网分配燃气,分低压和高压储配站。低压储配站主要设施有:低压储气柜(湿式或干式)、加压机及加压机房、变配电室、控制仪表、站区燃气管道、给排水、油料库、消防水池及生产、生活设施等。高压储配站主要设施有:高压储气罐、调压器、除尘器、油气分离器、计量装置等,其他与低压储配站相同。

(二)液化石油气储配站和瓶装供应站

1.液化石油气储配站

液化石油气储配站的主要设施有:液态液化石油气储罐、烃泵、压缩机、气液分离器、计量装置、槽车装卸台、变配电室、控制仪表、残液倒空装置、给排水、仓库、消防及其他生产与生活设施等。液化石油气储配站除接收储存、加压和向其他各种供气站转售液化石油气外,还具有灌瓶的功能。

2.液化石油气瓶装供应站

瓶装供应站是在城镇中设于居民区专门供应居民用户使用液化气的气瓶供应点,一般由瓶库、营业室、办公室、维修间及仓库等构成。

三、燃气发展规划图纸的内容

燃气发展规划图纸应包括如下九个方面的内容:
①城镇燃气管网及设施现状图;
②城镇近期燃气管网及设施规划图;
③城镇远期燃气管网及设施规划图;
④城镇远景燃气管网及设施规划图;
⑤液化石油气站布局规划图;
⑥燃气汽车加气站布局规划图;
⑦气源厂(站)平面布置图;
⑧气源厂(站)工艺流程图;
⑨其他需要提供的图纸。
燃气规划图纸的作用是指导工程建设和施工,故对图纸的绘制应做到标准、清楚、易于理解,对于一些规范化设备应参考相应的图集。

四、燃气发展规划的实施

1.实施燃气发展规划的相关措施

城镇燃气工程是城市的市政基础设施之一,管道燃气的发展水平是城镇现代化水平的重要标志。加速城镇燃气基础设施建设,对改善城镇的大气环境,提高居民的生活质量,促进本地经济的发展极为有利。但是城镇燃气工程是一项复杂的系统工程,涉及方方面面的协调工作,城镇政府及有关职能部门需要认真贯彻国家关于调整能源结构,保护和改造环境的有关方针政策,加大协调工作力度,给予大力支持,建立、健全各种措施,加快城镇燃气事业的发展,为节约能源、减少污染、优化能源结构、保护环境,为创建现代工业城市创造更有利条件。根据燃气管理的实际情况,保障规划实施的措施主要包括如下几个方面:一是建立政府各部门综合协调机制,避免推诿等责任不清的现象发生;二是依据规划,科学划定经营范围和经营方式,优化资源配置;三是贯彻近远期结合,力求节省资金、人力。同时对资金筹集、管网运营模式、企业人员配置等也应提出原则性的意见和建议。

2. 燃气发展规划存在的问题和建议

规划要对当前燃气供应中存在的问题进行深入分析,并针对问题提出合理化建议。如一些地方多家企业进行竞争,抢市场、争地盘的现象比较严重,就要通过科学规划确定经营范围,对政府应当采取的措施提出建议。规划可在深入分析现状的基础上总结出亟待解决的问题,从而根据燃气发展规划的一些要求提出建议,并逐一研究、分析对策。

第四节
燃气应急保障

《城镇燃气管理条例》(国务院第 583 号令)第 12 条规定:"县级以上地方人民政府应当建立健全燃气应急储备制度,组织编制燃气应急预案,采取综合措施提高燃气应急保障能力。燃气应急预案应当明确燃气应急气源和种类、应急供应方式、应急处置程序和应急救援措施等内容。县级以上地方人民政府燃气管理部门应当会同有关部门对燃气供求状况实施监测、预测和预警。"这表明县级以上地方人民政府在提高燃气应急保障能力方面的职责包含建立健全燃气应急储备制度、组织编制燃气应急预案和采取综合措施。

一、建立健全燃气应急储备制度,提高燃气应急保障能力

首先是建立健全燃气应急储备制度。省(自治区、直辖市)、设区市、县(市)人民政府应当建立健全燃气应急储备制度,这是提高燃气应急保障能力的基础。燃气具有易燃易爆特性,其储存输配有其自身规律,从运行的实践看,燃气供应中断、燃气泄漏爆炸、自然灾害等突发事件易造成或难避免大面积停供气事故。而停供气事故一旦发生,往往给当地社会生产经营和人民群众生活造成巨大影响,这就需要地方人民政府建立健全燃气应急储备制度,以应对突发事故。建立健全燃气应急储备制度,提高燃气应急保障能力,可以从以下三方面着手:

①建立合理的城镇燃气气源供应结构和消费结构,注重城镇燃气资源的落实和平衡,编

制应急预案,建立起安全稳定供应、应急调峰保障的城镇燃气战略储备体系,如建立完善的地下储气库系统、液化天然气接收站、地面储罐、地下储罐等,以提高燃气供应的安全性和抗风险能力。

②加快建设多元化气源供应体系,确保城市供气安全。各地要在规划气源的过程中,树立多元化理念,建立多元的、互补的气源结构。当然,最主要的还是要保证气源的充足,必须充分利用国内国外两种资源。在采取有效措施努力增加国内燃气产量的同时,要积极拓宽国外燃气进口渠道,以便补充国内资源的不足。

③加快和完善燃气基础设施的建设,努力提高管道集输技术水平和营运水平,尽快开展区域性甚至全国性的燃气网络规划。要研究跨城市、跨区域性的燃气调剂方案。按照规划结合具体工程项目,实现主干线之间的相互连接,最终形成完善的输气网络。实现联网供气,多气源供气等,保证供气安全性。

二、燃气供应保障应急预案

燃气供应应急预案是确保天然气供应安全、平稳的应急方案和工作机制。各级政府应依据预案的要求,采取综合措施,提高燃气应急保障能力。"综合措施"包括采取加强规划建设管理,强化工程质量监管和设施安全运行监管,实施相关人员培训,对应急预案进行演练等,以此提高燃气应急保障能力。

燃气供应应急预案,一般应当包括预案适用范围、组织机构及职责分工、燃气应急气源和种类、应急供应方式、应急处置程序、应急救援措施、对外信息发布和宣传等内容。做好替代气源的储备,必要时按程序启动燃气供应应急预案,如采取对部分用户限制供应燃气,停止或部分停止当地工业企业生产用气,或停运部分燃气公交车,调整为燃油公交车,减少商场、宾馆、饭店、写字楼等公建的供热负荷,适当降低供热温度等措施。

三、对燃气供求状况实施监测、预测和预警

县级以上地方人民政府燃气管理部门应当会同有关部门对燃气供求状况实施监测、预测和预警。燃气管理部门应当会同有关部门根据燃气气源结构、各类燃气供应量、市场需求、用户开发等实际,建立统计监测制度,并对各类燃气供气量、市场需求量进行预测,在此基础上,建立健全预警制度。这里的有关部门主要包括能源、发展和改革、物价等部门,从国家有关法规看,对燃气供求状况实施监测、预测和预警应当纳入国家和各级政府的突发事件监测和预警制度。对燃气供求状况实施监测、预测和预警应当按照国家法规的突发事件发生的紧急程度、发展势态和可能造成的危害程度分级和标示。对燃气供求状况实施监测、预测和预警,就是要预防燃气供求状况发生重大失衡造成的突发事件,保持燃气供求关系相对稳定,维护社会稳定和公共安全。

《城镇燃气管理条例》(国务院第583号令)第13条规定:"燃气供应严重短缺、供应中断等突发事件发生后,县级以上地方人民政府应当及时采取动用储备、紧急调度等应急措施,燃气经营者以及其他有关单位和个人应当予以配合,承担相关应急任务。"

随着我国经济的快速发展,我国已成为世界上第二大能源生产大国和消费大国,天然气的供应量更是以每年 20% 以上的速度增长,但石油、天然气等能源具有稀缺性,只有在特定地点才能开采,世界上绝大多数国家均为能源进口国。中国虽然是天然气资源大国,但由于人口众多,人均资源占有量与世界平均水平相比差距较大,消费量随着经济的快速增长而急剧上升,天然气资源短缺的状况就成为无法回避的现实。有人预计 10 年后我国天然气对外依存度将超过 50%,如果出现进口中断或国际石油天然气价格大幅增长的情况,将对我国燃气的正常供应产生较大影响。不论何种原因,当出现了无法保障正常供应燃气的情况时,县级以上地方人民政府应当及时采取动用储备、紧急调度等应急措施,保障燃气安全供应。这里所说的必要措施,既包括由燃气管理部门对燃气经营者实施的经济补助措施,也包括由燃气管理部门组织有关部门和单位对燃气经营者实施的紧急接管措施。在采取应急措施时,经营者以及其他有关单位和个人应当予以配合,并承担相关应急任务。

学习鉴定

一、填空题

1. 目前,燃气行业已发展成为一个独立的行业,明确燃气的_____、原则、目标、内容等,是指导行业发展的重要依据。

2. 无论全国还是地方住房城乡建设主管部门或者燃气管理部门都有责任和义务组织编制_____,指导燃气行业健康持续发展。

3. 国务院建设主管部门应当会同国务院有关部门,依据国民经济和社会发展规划、土地利用总体规划、城乡规划以及能源规划,结合全国燃气资源总量平衡情况,组织编制_____并组织实施。

4. 县级以上地方人民政府燃气管理部门应当会同有关部门,依据国民经济和社会发展规划、土地利用总体规划、城乡规划、能源规划以及上一级燃气发展规划,组织编制本行政区域的燃气发展规划,报本级人民政府批准后组织实施,并报上一级人民政府燃气管理部门_____。

5. 经批准的燃气发展规划具有_____效力。

6.《_____政策》由国家发展和改革委员会于 2007 年 8 月 30 日颁布实施。

7. 县级以上地方人民政府应当建立健全燃气应急储备制度,组织编制_____,采取综合措施提高燃气应急保障能力。

8. 县级以上地方人民政府燃气管理部门应当会同有关部门对燃气供求状况实施_____、_____和预警。

9. _____是确保燃气供应安全、平稳的应急方案和工作机制。

10. 燃气供应严重短缺、供应中断等突发事件发生后,县级以上地方人民政府应当及时采取动用储备、紧急调度等_____,燃气经营者以及其他有关单位和个人应当予以配合,承担相关应急任务。

二、问答题

1. 我国燃气发展规划分哪几级？

2. 简述国家级燃气发展规划内容和实施。

3. 简述地方燃气发展规划的内容和实施。

4. 燃气发展规划包括哪些内容？

5. 燃气供应应急预案包括哪些内容？

第3章 燃气工程建设

核心知识

- 法律法规对燃气工程建设的规定
- 燃气工程建设的程序和质量管理
- 燃气工程的竣工验收备案
- 燃气工程安全管理要求
- 燃气建设工程各方主体的安全责任
- 特种作业人员管理规定
- 燃气建设工程施工现场应急预案

学习目标

- 了解相关法律法规对燃气工程建设的规定
- 了解燃气工程建设的程序和质量管理
- 掌握燃气工程竣工验收的备案
- 了解燃气工程安全管理和制度
- 掌握燃气建设工程各方主体的安全责任
- 了解特种作业人员持证上岗制度
- 了解施工现场应急预案的编制和管理

第一节
燃气工程建设规定

一、《城乡规划法》和有关规章对工程建设的一些规定

根据《城乡规划法》和建设部、国家计委《建设项目选址规划管理办法》(1991 年 8 月 23 日颁布实施)规定,规划区范围内的建设工程项目都要取得一书两证:一书是指选址意见书,两证是指建设用地规划许可证和建设工程规划许可证。《城乡规划法》第 37 条规定:"在城市、镇规划区内以划拨方式提供国有土地使用权的建设项目,经有关部门批准、核准、备案后,建设单位应当向城市、县人民政府城乡规划主管部门提出建设用地规划许可申请,由城市、县人民政府城乡规划主管部门依据控制性详细规划核定建设用地的位置、面积、允许建设的范围,核发建设用地规划许可证。建设单位在取得建设用地规划许可证后,方可向县级以上地方人民政府土地主管部门申请用地,经县级以上人民政府审批后,由土地主管部门划拨土地。"第 40 条规定:"在城市、镇规划区内进行建筑物、构筑物、道路、管线和其他工程建设的,建设单位或者个人应当向城市、县人民政府城乡规划主管部门或者省、自治区、直辖市人民政府确定的镇人民政府申请办理建设工程规划许可证。申请办理建设工程规划许可证,应当提交使用土地的有关证明文件、建设工程设计方案等材料。需要建设单位编制修建性详细规划的建设项目,还应当提交修建性详细规划。对符合控制性详细规划和规划条件的,由城市、县人民政府城乡规划主管部门或者省、自治区、直辖市人民政府确定的镇人民政府核发建设工程规划许可证。城市、县人民政府城乡规划主管部门或者省、自治区、直辖市人民政府确定的镇人民政府应当依法将经审定的修建性详细规划、建设工程设计方案的总平面图予以公布。"

二、《建筑法》及其相关法规对工程建设的规定

《建筑法》第 7 条规定:"建筑工程开工前,建设单位应当按照国家有关规定向工程所在地县级以上人民政府建设行政主管部门申请领取施工许可证;但是,国务院建设行政主管部门确定的限额以下的小型工程除外。按照国务院规定的权限和程序批准开工报告的建筑工程,不再领取施工许可证。"同时,第 8 条规定了申请领取施工许可证应当具备的八项条件:

①已经办理该建筑工程用地批准手续;

②在城市规划区的建筑工程,已经取得规划许可证;

③需要拆迁的,其拆迁进度符合施工要求;

④已经确定建筑施工企业;

⑤有满足施工需要的施工图纸及技术资料;

⑥有保证工程质量和安全的具体措施;

⑦建设资金已经落实；

⑧法律、行政法规规定的其他条件。

建设行政主管部门应当自收到申请之日起15日内,对符合条件的申请颁发施工许可证。《建筑法》规定国家推行建筑工程监理制度,国务院可以规定实行强制监理的建筑工程的范围。实行监理的建筑工程,由建设单位委托具有相应资质条件的工程监理单位监理。建设单位与其委托的工程监理单位应当订立书面委托监理合同。

三、《城镇燃气管理条例》对工程建设的规定

《城镇燃气管理条例》(国务院第583号令)第11条规定:"进行新区建设、旧区改造,应当按照城乡规划和燃气发展规划配套建设燃气设施或者预留燃气设施建设用地。对燃气发展规划范围内的燃气设施建设工程,城乡规划主管部门在依法核发选址意见书时,应当就燃气设施建设是否符合燃气发展规划征求燃气管理部门的意见;不需要核发选址意见书的,城乡规划主管部门在依法核发建设用地规划许可证或者乡村建设规划许可证时,应当就燃气设施建设是否符合燃气发展规划征求燃气管理部门的意见。燃气设施建设工程竣工后,建设单位应当依法组织竣工验收,并自竣工验收合格之日起15日内,将竣工验收情况报燃气管理部门备案。"

1. 配套建设燃气设施或者预留燃气设施建设用地

新区建设、旧区改造要依据燃气发展规划,配套建设燃气设施。燃气设施配套建设,是指按照城乡规划、燃气发展规划,在进行一定的新开发建设区域或改建区域建设时,应当充分考虑到人民群众生产、生活需要,同时进行相应燃气设施的投资和建设,以保证城镇功能健全、协调发展,减少重复投资避免浪费。预留燃气设施配套建设用地,是指在不具备建设条件时,应预留燃气设施建设用地。燃气设施建设用地属于城镇基础设施用地。按照《城乡规划法》第17条的规定,基础设施和公共服务设施用地等内容,属于城市总体规划、镇总体规划的强制性内容。同时,《城乡规划法》第35条规定,城乡规划确定的基础设施、公共服务设施用地以及其他需要依法保护的用地,禁止擅自改变用途。因此,对规划确定的燃气设施建设用地应当实施规划控制,不得擅自改变土地规划用途或者改作他用。

2. 燃气设施建设工程规划许可

城乡规划部门对燃气设施建设工程做出规划许可时应遵守法定程序。考虑到燃气设施的建设与燃气发展规划的实施密切相关,为确保燃气发展规划的有效实施,城乡规划主管部门在实施规划许可前,应当就燃气设施建设工程是否符合燃气发展规划征求燃气管理部门意见。从燃气设施建设的时序来看,建设单位应当先行办理选址意见书,因此城乡规划主管部门在核发选址意见书时需征求燃气管理部门意见。同时,鉴于并非所有的燃气设施建设项目均需领取选址意见书,对不需要核发选址意见书的燃气设施建设项目,城乡规划主管部门应当在核发建设用地规划许可证或者乡村建设规划许可证时征求燃气管理部门意见。燃气管理部门则应当依据燃气发展规划提出意见,并按照有关规定及时将意见反馈城乡规划主管部门。为此,各地城乡规划主管部门和燃气管理部门应当建立联动工作机制,明确相应的工作程序和要求。

第二节
燃气工程建设程序和质量管理

一、燃气工程基本建设程序

工程建设程序是指工程项目从策划、评估、决策、设计、施工到竣工验收、投入生产或交付使用的整个建设过程中,各项工作必须遵循的先后工作次序。工程建设程序是工程建设过程客观规律的反映,是建设工程科学决策和顺利进行的重要保证。燃气工程基本建设程序包括燃气工程专业审查,燃气工程的审批,燃气工程建设单位企业资质,燃气工程建设监理单位对工程监理资质工程质量的管理五方面内容。

(一)燃气工程含义

燃气工程是指燃气设施和燃气供应站点的新建、改建、扩建工程。燃气设施,是指气源生产厂家以外的储气厂、门站、汽化站、混气站、储配站、调压站、各种燃气管网及其附属设施的总称。燃气供应站点是指为用户供气的瓶组汽化站、瓶装供应站、燃气车辆加气站、压气站等。燃气设施和燃气供应站点的新建、改建、扩建工程都属于燃气工程的范畴。

(二)燃气工程的专业审查

燃气工程的专业审查包括三个方面:一是燃气管理部门审查工程是否符合燃气发展规划要求,主要审查工程的选址、气源方案、供气方式和规模、输配系统、消防规划、环保规划等内容;二是燃气管理部门审查工程是否符合国家有关燃气安全标准、规范、规定的要求,例如工程设计方案是否符合《城镇燃气设计规范》GB 50028—2006、《建筑设计防火规范》GB 50016—2006 等技术规范要求;三是公安消防机构进行消防专业审查,根据《中华人民共和国消防法》(以下简称《消防法》)和消防技术规范的有关规定进行审查。

(1)燃气管道的敷设:城镇燃气管道宜沿城市非主干道路、人行便道敷设,也可敷设在绿化地带内,一般采用地下敷设。室内燃气管道系统由用户引入管、干管、立管、用户支管、燃气计量表等组成。用户引入管与城市或庭院低压管道等连接,在分支管处设阀门;燃气立管一般应敷设在厨房或走廊内;由立管引出的用户支管,在厨房内其高度不低于 1.7 m;引入管敷设坡度为 0.001,其他为 0.003(室内干燃气不设坡度),并由燃气计量表分别接向立管和灶具。室内燃气管道应为明管敷设,且不得敷设在卧室、浴室、地下室、易燃易爆品仓库、配电间、通风机室、潮湿或有腐蚀性介质的房间内。当燃气管道必须穿过卧室或浴室时,该管段的长度应尽量短,且必须设置在套管内。

(2)城镇燃气区域调压室或调压计量站:调压室为二级防火建筑,与周围建筑之间的安全距离应符合规范要求,距离重要的公共建筑物不应小于 25 m。调压室内部的布置要便于管理及维修,设备布置要紧凑,管道及辅助管线力求简短。

(3)燃气储配站:储配站总平面应满足如下要求:①储气柜之间的距离及储气柜与其他建筑物、构筑物的距离应符合《建筑设计防火规范》GB 50016—2006 的有关规定;②储配站应设置坚实的围墙;③站区燃气管道的布置和阀门的设置应满足燃气安全调度、操作方便、储气柜之间燃气互换的要求。

(4)液化气瓶装供应站:瓶装供应站应满足以下防火要求:①供应站的瓶库建筑的耐火等级为二级,当瓶库为非敞开式建筑时,应有良好的通风措施;②从防火安全出发,瓶库用电负荷为三级;③站内应设置便携式检漏报警器,用以巡视检测;④供应站应有直通外线电话;⑤供应站内及瓶库内应设有干粉灭火器。

(三)燃气工程的审批

所谓"按照国家和省的规定报有关部门审批",是指燃气工程作为一类建设工程所需办理的工程立项、规划许可、土地使用、消防审查、施工许可等法定手续。《建筑法》第7条和第8条对建筑工程开工及申请领取施工许可证的规定适用于燃气工程的审批。

(四)工程建设企业资质

燃气工程属于建筑工程的一部分,《建筑法》第13条规定"从事建筑活动的建筑施工企业、勘察单位、设计单位和工程监理单位,按照其拥有的注册资本、专业技术人员、技术装备和已完成的建筑工程业绩等资质条件,划分为不同的资质等级,经资质审查合格,取得相应等级的资质证书后,方可在其资质等级许可的范围内从事建筑活动。"建筑活动不同于一般的经济活动,建筑活动耗资巨大,建设周期长,生产场地移动,社会影响广泛,与人民生命财产关系密切,并且,从业单位资质等级的高低直接影响建筑工程质量和建筑安全生产。因此,国家对从事建筑活动的单位,必须实行严格的从业许可制度,即资质管理制度。从事建筑活动的建筑施工企业、勘察单位、设计单位和工程监理单位,均需经过建设行政主管部门对其拥有的注册资金、专业技术人员、技术装备和已经完成的建筑工程业绩、管理水平等进行审查,以确定其承担任务的范围,发给其资质证书,并须在其资质等级许可的范围内从事建筑活动。

1.建筑施工企业的资质

2007 年 6 月 26 日,建设部根据《建筑法》《行政许可法》《建设工程质量管理条例》《建设工程安全生产管理条例》等法律、行政法规的规定,制定发布了《建筑业企业资质管理规定》(建设部令第 159 号),对建筑业企业的资质等级、资质标准、申请与审批、业务范围等做出了明确规定。建筑业企业资质分为施工总承包、专业承包和劳务分包三个序列。获得施工总承包资质的企业,可以对工程实行施工总承包或者对主体工程实行施工承包。承担施工总承包的企业可以对所承接的工程全部自行施工,也可以将非主体工程或者劳务作业分包给具有相应专业承包资质或者劳务分包资质的其他建筑业企业。燃气工程施工资质属于市政公用工程总承包资质序列。

根据《建筑业企业资质等级标准》(建建[2001]82号)和《关于印发〈施工总承包企业特级资质标准〉的通知》(住房和城乡建设部建市[2007]72号)规定,市政公用工程总承包资质标准,分为特级企业、一级企业、二级企业、三级企业。特级企业可承担各类市政公用工程的施工,包括各类燃气工程。一级企业可承担单项合同额不超过企业注册资本金5倍的各类市政公用工程(包括燃气工程)的施工。二级企业可承担总储存容积1 000 m³及以下液化气储罐场(站),供气规模15万 m³/d燃气工程,中压及以下燃气管道、调压站。三级企业可承担单项合同额不超过企业注册资本金5倍的燃气工程施工,即总储存容积500 m³及以下液化气储罐场(站),供气规模5万 m³/d燃气工程,196.133 kPa(2 kgf/cm²)及以下中压、低压燃气管道、调压站。

2. 勘察单位、设计单位的资质

《建设工程勘察设计企业资质管理规定》(建设部令第93号)对工程勘察设计单位的资质等级、资质标准、申请与审批、业务范围等做出了明确规定。建设工程勘察、设计资质分为工程勘察资质、工程设计资质。工程勘察资质分为工程勘察综合资质、工程勘察专业资质、工程勘察劳务资质。

工程勘察综合资质只设甲级;工程勘察专业资质根据工程性质和技术特点设立类别和级别;工程勘察劳务资质不分级别。取得工程勘察综合资质的企业,承接工程勘察业务范围不受限制;取得工程勘察专业资质的企业,可以承接同级别相应专业的工程勘察业务;取得工程勘察劳务资质的企业,可以承接岩土工程治理、工程钻探、凿井工程勘察劳务工作。

工程设计资质分为工程设计综合资质、工程设计行业资质、工程设计专项资质。工程设计综合资质只设甲级;工程设计行业资质和工程设计专项资质根据工程性质和技术特点设立类别和级别。取得工程设计综合资质的企业,其承接工程设计业务范围不受限制;取得工程设计行业资质的企业,可以承接本行业范围内同级别的相应专项工程设计业务,不需再单独领取工程设计专项资质,也可以承接同级别相应行业的工程设计业务;取得工程设计专项资质的企业,可以承接同级别相应的专项工程设计业务。燃气工程设计资质属于市政公用行业工程设计专业的一类,其甲级设计单位可以承担的工程项目范围和地区不限;乙级设计单位可以承担中型(管道燃气、气源厂:10~30万 m³/d;液化气:0.5~3万 t/a)、小型(管道燃气、气源厂≤10万 m³/d;液化气≤0.5万 t/a)燃气工程设计任务,承担工程任务的地区不受限制;丙级设计单位可以承担小型燃气工程设计任务,承担工程任务的地区限定在本省范围内。

(五)工程监理单位的资质管理

《工程监理企业资质管理规定》(建设部令第102号),对工程监理单位的资质等级、资质标准、申请与审批、业务范围等做出了明确规定。

工程监理企业的资质等级分为甲级、乙级和丙级,并按照工程性质和技术特点划分为若干工程类别。甲级工程监理企业可以监理经核定的工程类别中一、二、三等工程;乙级工程监理企业可以监理经核定的工程类别中二、三等工程;丙级工程监理企业可以监理经核定的工程类别中三等工程。

取得相应资质的勘察、设计、施工、监理单位,必须在其资质等级许可的范围内承揽业务。严禁无资质或者超越资质等级承揽燃气勘察、设计、施工、监理业务,这是保证燃气工程质量和燃气安全的基本要求。《建设工程质量管理条例》(国务院令第 279 号)第 7 条规定:"建设单位应当将工程发包给具有相应资质等级的单位。"第 54 条规定:"违反本条例规定,建设单位将建设工程发包给不具有相应资质等级的勘察、设计、施工单位或者委托给不具有相应资质等级的工程监理单位的,责令改正,处 50 万元以上 100 万元以下的罚款。"第 60 条规定:"违反本条例规定,勘察、设计、施工、工程监理单位超越本单位资质等级承揽工程的,责令停止违法行为,对勘察、设计单位或者工程监理单位处合同约定的勘察费、设计费或者监理酬金 1 倍以上 2 倍以下的罚款;对施工单位处工程合同价款 2% 以上 4% 以下的罚款,可以责令停业整顿,降低资质等级;情节严重的,吊销资质证书;有违法所得的,予以没收。未取得资质证书承揽工程的,予以取缔,依照前款规定处以罚款;有违法所得的,予以没收。"

二、燃气工程质量管理

燃气工程的质量,不但关系到生产经营活动的正常运行,更关系到人民生命财产安全和社会公共安全。燃气工程建设、勘察、设计、施工、监理单位依法对燃气工程的质量负责。燃气工程建设、勘察、设计、施工和监理单位,应当严格执行国家和地方有关技术规范、标准和规定,确保燃气工程质量。《建设工程质量管理条例》(国务院令第 279 号)对工程各方的质量责任做出了集中、明确的规定。

(一)建设单位的质量责任和义务

建设单位应当将工程发包给具有相应资质等级的单位。建设单位不得将建设工程分解发包。建设单位应当依法对工程建设项目的勘察、设计、施工、监理以及与工程建设有关的重要设备、材料等的采购进行招标。建设单位必须向有关的勘察、设计、施工、工程监理等单位提供与建设工程有关的原始资料,资料必须真实、准确、齐全。建设工程发包单位不得迫使承包方以低于成本的价格竞标,不得任意压缩合理工期。建设单位不得明示或者暗示设计单位或者施工单位违反工程建设强制性标准,降低建设工程质量。建设单位应当将施工图、设计文件报县级以上人民政府建设行政主管部门或者其他有关部门审查。施工图设计文件未经审查批准的,不得使用。实行监理的建设工程,建设单位应当委托具有相应资质等级的工程监理单位进行监理,也可以委托具有工程监理相应资质等级并与被监理工程的施工承包单位没有隶属关系或者其他利害关系的该工程的设计单位进行监理。建设单位在领取施工许可证或者开工报告前,应当按照国家有关规定办理工程质量监督手续。按照合同约定,由建设单位采购建筑材料、建筑构配件和设备的,建设单位应当保证建筑材料、建筑构配件和设备符合设计文件和合同要求。建设单位不得明示或者暗示施工单位使用不合格的建筑材料、建筑构配件和设备。涉及建筑主体和承重结构变动的装修工程,建设单位应当在施工前委托原设计单位或者具有相应资质等级的设计单位提出设计方案。没有设计方案的,不得施工。

（二）勘察、设计单位的质量责任和义务

禁止勘察、设计单位超越其资质等级许可的范围或者以其他勘察、设计单位的名义承揽工程。禁止勘察、设计单位允许其他单位或者个人以本单位的名义承揽工程。勘察、设计单位不得转包或者违法分包所承揽的工程。勘察、设计单位必须按照工程建设强制性标准进行勘察、设计，并对其勘察、设计的质量负责。注册建筑师、注册结构工程师等注册执业人员应当在设计文件上签字，对设计文件负责。勘察单位提供的地质、测量、水文等勘察成果必须真实、准确。设计单位应当根据勘察成果文件进行建设工程设计。设计文件应当符合国家规定的设计深度要求，注明工程合理使用年限。设计单位在设计文件中选用的建筑材料、建筑构配件和设备，应当注明规格、型号、性能等技术指标，其质量要求必须符合国家规定的标准。除有特殊要求的建筑材料、专用设备、工艺生产线等外，设计单位不得指定生产厂、供应商。设计单位应当就审查合格的施工图设计文件向施工单位做出详细说明。设计单位应当参与建设工程质量事故分析，并对因设计造成的质量事故，提出相应的技术处理方案。

（三）施工单位的质量责任和义务

禁止施工单位超越本单位资质等级许可的业务范围或者以其他施工单位的名义承揽工程。禁止施工单位允许其他单位或者个人以本单位的名义承揽工程。施工单位不得转包或者违法分包工程。施工单位对建设工程的施工质量负责。施工单位应当建立质量责任制，确定工程项目的项目经理、技术负责人和施工管理负责人。建设工程实行总承包的，总承包单位应当对全部建设工程质量负责；建设工程勘察、设计、施工、设备采购的一项或者多项实行总承包的，总承包单位应当对其承包的建设工程或者采购的设备的质量负责。总承包单位依法将建设工程分包给其他单位的，分包单位应当按照分包合同的约定对其分包工程的质量向总承包单位负责，总承包单位与分包单位对分包工程的质量承担连带责任。施工单位必须按照工程设计图纸和施工技术标准施工，不得擅自修改工程设计，不得偷工减料。施工单位在施工过程中发现设计文件和图纸有差错的，应当及时提出意见和建议。施工单位必须按照工程设计要求、施工技术标准、合同约定，对建筑材料、建筑构配件、设备和商品混凝土进行检验，检验应当有书面记录和专人签字；未经检验或者检验不合格的，不得使用。施工单位必须建立、健全施工质量的检验制度，严格工序管理，做好隐蔽工程的质量检查和记录。隐蔽工程在隐蔽前，施工单位应当通知建设单位和建设工程质量监督机构。对涉及结构安全的试块、试件以及有关材料，施工人员应当在建设单位或者工程监理单位监督下现场取样，并送具有相应资质等级的质量检测单位进行检测。对施工中出现质量问题的建设工程或者竣工验收不合格的建设工程，施工单位应当负责返修。

（四）工程监理单位的质量责任和义务

禁止工程监理单位超越本单位资质等级许可的范围或者以其他工程监理单位的名义承担工程监理业务。禁止工程监理单位允许其他单位或者个人以本单位的名义承担工程监理业务。

工程监理单位不得转让工程监理业务。与被监理工程的施工承包单位以及建筑材料、建筑构配件和设备供应单位有隶属关系或者其他利害关系的工程监理单位,不得承担该项建设工程的监理业务。工程监理单位应当依照法律、法规以及有关技术标准、设计文件和建设工程承包合同,代表建设单位对施工质量实施监理,并对施工质量承担监理责任。工程监理单位应当选派具备相应资格的总监理工程师和监理工程师进驻施工现场。未经监理工程师签字,建筑材料、建筑构配件和设备不得在工程上安装或使用,施工单位不得进行下一道工序的施工。未经总监理工程师签字,建设单位不拨付工程款,不进行竣工验收。监理工程师应当按照工程监理规范的要求,采取旁站、巡视和平行检验等形式,对建设工程实施监理。《建设工程质量管理条例》(国务院令第 279 号)第 47 条还规定,县级以上地方人民政府建设行政主管部门和其他有关部门应当加强对有关建设工程质量的法律、法规和强制性标准执行情况的监督检查。各级燃气管理部门,有权依据该规定,对燃气工程质量情况进行监督检查,并在履行监督检查职责时,有权依法采取下列措施:①要求被检查的单位提供有关工程质量的文件和资料;②进入被检查单位的施工现场进行检查;③发现有影响工程质量的问题时,责令改正。

(五)燃气工程的竣工验收

燃气工程的竣工验收是保障燃气安全的最后一道工程建设工序,其重要性是不言而喻的,国家相关法规都做出了明确规定,建设单位必须组织相关勘察设计、施工、监理、设备安装、材料供应等单位进行工程验收,并依法进行备案。进行备案的部门依国家法规规定是建设行政主管部门或者其他有关部门。《城镇燃气管理条例》第 11 条规定:"燃气设施建设工程竣工后,建设单位应当依法组织竣工验收,并自竣工验收合格之日起 15 日内,将竣工验收情况报燃气管理部门备案。"这里"建设单位应当依法组织竣工验收",是指建设单位应当按照《建设工程质量管理条例》(国务院令第 279 号)的规定组织竣工验收。建设工程经验收合格的,方可交付使用。工程项目的竣工验收是施工全过程的最后一道程序,是建设投资成果转入生产或使用的标志,也是全面考核投资效益、检验设计和施工质量的重要环节。

1.建设单位在工程竣工检查和验收方面的权利和义务

建设单位收到建设工程竣工报告后,应当根据施工图纸及说明书、国家颁发的施工验收规范和质量检验标准,及时组织设计、施工、工程监理等有关单位进行竣工验收。交付竣工验收的建筑工程,应当符合以下条件:

①完成建设工程设计和合同约定的各项内容。建设工程设计和合同约定的内容,主要是指设计文件所确定的、承包合同"承包人承揽工程项目一览表"中所说明的工作范围,也包括监理工程师签发的变更通知单中所确定的工作内容。承包单位必须按合同约定,按质、按量、按时完成上述工作内容,使工程具有正常的使用功能。

②有完整的技术档案和施工管理资料。工程技术档案和施工管理资料是工程竣工验收和质量保证的重要依据之一,主要包括以下档案和资料:工程项目竣工报告;分项、分部工程和单位工程技术人员名单;图纸会审和设计交底记录;设计变更通知单,技术变更核实单;工程质量事故发生后调查和处理资料;隐蔽验收记录及施工日志;竣工图;质量检验评定资料;

合同约定的其他资料。

③有材料、设备、构配件的质量合格证明资料和试验、检验报告。建设工程使用的主要建筑材料、建筑构配件和设备的进场,除具有质量合格证明资料外,还应当有试验、检验报告。试验、检验报告中应当注明其规格、型号、用于工程的部位、批量批次、性能等技术指标,其质量要求必须符合国家规定的标准。

④有勘察、设计、施工、工程监理等单位分别签署的质量合格文件。勘察、设计、施工、工程监理等有关单位依据工程设计文件及承包合同所要求的质量标准,对竣工工程进行检查和评定,符合规定的,签署合格文件。竣工验收所依据的国家强制性标准有土建工程、安装工程、人防工程、管道工程、桥梁工程、电气工程及铁路建筑安装工程验收标准等。

⑤有施工单位签署的工程质量保修书。施工单位同建设单位签署的工程质量保修书也是交付竣工验收的条件之一。工程质量保修是指建设工程在办理交工验收手续后,在规定的保修期限内,因勘察设计、施工、材料等原因造成的质量缺陷,由施工单位负责维修,由责任方承担维修费用并赔偿损失。施工单位与建设单位应在竣工验收前签署工程质量保修书。工程质量保修书是施工合同的附合同,其内容包括保修项目内容及范围、保修期、保修责任和保修金支付方法等。健全完善的工程保修制度,对于促进承包方加强质量管理,保护用户及消费者的合法权益可起到重要的保障作用。

2. 燃气建设工程交付使用和竣工验收备案制度

无论是单项工程提前交付使用,还是全部工程整体交付使用,都必须经过竣工验收这一环节,并且还必须验收合格。没有经过竣工验收或者经过竣工验收确定为不合格的建设工程,不得交付使用。如果建设单位为提前获得投资效益,在工程未经验收即提前投产使用是违法的,由此所发生的质量问题,建设单位要承担责任。燃气工程建设单位应当自工程竣工验收合格之日起 15 日内,将建设工程竣工验收报告,以及规划、公安消防、环保等部门出具的认可文件或者准许使用文件报建设行政主管部门及燃气管理部门备案。燃气建设工程竣工验收备案制度是加强政府监督管理,防止不合格工程流向社会的一个重要手段。建设单位应依据国家有关规定,在工程竣工验收合格后的 15 日内到县级以上人民政府建设行政主管部门及燃气管理部门备案。建设单位办理工程竣工验收备案应提交以下材料:

①房屋建筑和市政基础设施工程竣工验收备案表;

②建设工程竣工验收报告(包括工程报建日期,施工许可证号,施工图设计文件审查意见,市政基础设施的有关质量检测和功能性试验资料,勘察、设计、施工、工程监理等单位分别签署的工程验收文件及验收人员签署的竣工验收原始文件等);

③规划、消防、环保等部门出具的认可文件或者准许使用文件;

④施工单位签署的工程质量保修书,住宅工程的《住宅工程质量保证书》和《住宅工程使用说明书》。

办理竣工验收备案时应符合有关程序规定要求。建设行政主管部门及燃气管理部门收到建设单位的竣工验收备案文件后,依据质量监督机构的监督报告,发现建设单位在竣工验收过程中有违反国家有关建设工程质量管理规定行为的,责令停止使用,限期整改,重新组织竣工验收后,再办理竣工验收备案。

需要说明的是,向建设行政主管部门备案的主要目的在于保障工程质量符合国家规定;而向燃气管理部门备案的主要目的在于确保燃气设施建设符合燃气发展规划。因此,《城镇燃气管理条例》规定的备案制度并非取代《建设工程质量管理条例》中的备案制度,而是对燃气设施建设工程建设单位新增加的要求。

3. 燃气工程建设项目档案管理

燃气工程建设项目的档案管理是城建档案管理的重要内容之一,必须按照城建档案管理的有关规定搞好燃气工程建设项目的资料整理和归档。《中华人民共和国档案法》(以下简称《档案法》)对城建档案管理做出了明确的规定,建设单位应当严格按照国家有关档案管理的规定,及时收集、整理建设项目各环节的文件资料,建立、健全建设项目档案,并在建设工程竣工验收后,及时向城建档案管理机构和其他有关部门移交建设项目档案。建设工程是百年大计,在建筑物使用期间,会遇到对建筑物的改建(包括装修)、扩建或拆除活动,以及在其周边进行建设活动,评估对该建筑物可能的不利影响等,都要参考原始的勘察、设计、施工资料,因此,所有的建筑活动都应建立完整的建设项目档案。建设单位作为建设工程的投资人和业主,是建设全过程的总负责方,应在合同中明确要求勘察单位、设计单位、施工单位分别提供有关勘察、设计、施工的档案资料,如勘察报告、设计图纸和计算书、竣工图等,及时收集整理,在工程竣工后及时向有关部门移交建设项目档案。根据《档案法》的规定"机关、团体、企业事业单位和其他组织必须按照国家规定,定期向档案馆移交档案"。按照《城市建设档案管理规定》(建设部令第 61 号)的要求,国务院建设行政主管部门负责全国城建档案(指在城市规划、建设及管理活动中直接形成对国家和社会具有保存价值的文字、图纸、图表、声像等各种载体的文件材料)管理工作。县级以上地方人民政府建设行政主管部门负责本行政区域内的城建档案管理工作,业务上受同级档案部门的监督、指导。建设单位应当严格按照《城市建设档案管理规定》(建设部令第 61 号),及时收集、认真整理建设项目各环节的文件资料,努力建立、健全建设项目档案,在工程竣工验收后 6 个月内,向城建档案馆移交一套符合规定的工程建设项目档案原件。一套完整的工程建设项目档案一般包括以下文件材料:

①立项依据审批文件;
②征地、勘察、测绘、设计、招投标、监理文件;
③项目审批文件;
④施工技术文件和竣工验收文件;
⑤竣工图。

凡工程建设项目档案不全的,应当限期补充。对改建、扩建和重要部位维修工程,建设单位应当组织设计、施工单位据实修改、补充和完善原工程建设项目档案。凡结构和平面布置等改变的,应当重新编制建设项目档案,并在工程项目竣工后三个月内向城建档案馆移交。

第三节
燃气工程安全管理

一、燃气工程安全管理要素

燃气工程是《建筑法》规定的建设工程的重要组成部分,适用于所有建设工程管理的法规。建设工程安全管理是一个系统性、综合性的管理,其管理内容涉及工程建设的各个环节。燃气建设工程安全管理的基本原理主要包括五个要素。

1.政策

任何一个施工单位要想成功地进行安全管理,都必须有明确的安全政策。这种政策不仅要满足法律的规定和道义上的责任,而且要最大限度地满足业主、雇员和全社会的要求。施工单位的安全政策必须有效并有明确的目标。政策的目标应保证现有的人力、物力资源的有效利用,并且减少发生经济损失和承担责任的风险。安全政策能够影响施工单位很多决定和行为,包括资源和信息的选择、产品的设计和施工以及现场废弃物的处理等。

2.组织

施工单位的安全管理应包括一定的组织结构和系统,以确保安全目标的顺利实现。建立积极的安全文化,将施工单位中各个阶层的人员都融入安全管理中,有助于施工单位组织系统的运转。施工单位应注意有效的沟通交流和员工能力的培养,使全体员工为施工单位安全生产管理做出贡献。施工单位的最高管理者应用实际行动营造一个安全管理的文化氛围,目标不应仅仅是避免事故,更应该是激励和授权员工进行安全工作。领导层的意识、价值观和决策将影响施工单位的所有员工。

3.计划和实施

成功的施工单位能够有计划地、系统地落实所制定的安全政策。计划和实施的目标是最大限度地减少施工过程中的事故损失。计划和实施的重点是使用风险管理的方法确定消除危险和规避风险的目标以及应该采取的步骤和先后顺序,建立有关标准以规范各种操作。对于必须采取的预防事故和规避风险的措施应该预先加以计划。要尽可能通过对设备的精心选择和设计,消除或通过使用物理控制措施来减少风险。如果上述措施仍不能满足要求,就必须使用相应的工作设备和个人保护装备来控制风险。

4.业绩评价

施工单位的安全业绩,即施工单位对安全生产管理成功与否,应该由事先订立的评价标准进行评价,以发现何时何地需要改进哪方面的工作。施工单位应采用涉及一系列方法的自我监控技术,用于控制风险的措施成功与否,包括对硬件(设备、材料)和软件(人员、程序和系统),也包括对个人行为的检查进行评价,也可通过对事故及可能造成损失的事件的调查和分析,识别安全控制失败的原因。但不管是主动的评价还是对事故的调查,其目的都不仅仅是评价各种标准中所规定的行为本身,更重要的是找出存在于安全管理系统的设计和实施过程中存在的问题,以避免事故和损失。

5.业绩总结

施工单位应总结经验和教训,要对过去的资料和数据进行系统的分析总结,并用于今后工作的参考,这是安全生产管理的重要工作环节。安全业绩良好的施工单位能通过企业内部的自我规范和约束以及同竞争对手的比较,不断持续改进。

二、燃气工程建设安全生产管理体制

燃气工程属于一类特殊的建设工程。其特点是产品固定而作业人员流动性较大,施工周期长、涉及面广,工程样式多,工程技术要求高,受地理环境和气象条件的影响大,而且施工作业人员的操作不稳定,这些使燃气工程施工成为一个高风险、高技术的行业。高风险、高技术的行业就需要有严格的管理,因此建立自国家有关部门直至施工企业的安全生产管理体系就更为重要。

国务院 2006 年 1 月 9 日颁发了《国务院关于进一步加强安全生产工作的决定》(国发〔2006〕2 号,以下简称《决定》)。《决定》中指出:要构建全社会齐抓共管的安全生产工作格局,努力构建"政府统一领导、部门依法监管、企业全面负责、群众参与监督、全社会广泛支持"的安全生产工作格局。政府统一领导是指国务院以及县级以上地方人民政府有关部门对建设工程安全生产进行的综合和专业的管理,主要是监督有关国家法律法规和方针政策的执行情况,预防和纠正违反法律法规和方针政策的现象。部门依法监管是指各级建设行政主管部门要组织贯彻国家的法律法规和方针政策,依法制定建设行业的规章制度和规范标准,对建设行业的安全生产工作进行计划、组织、监督检查和考核评价,指导企业搞好安全生产。企业全面负责,对于建筑行业,既是指施工单位主要负责人依法对本单位的安全生产工作全面负责,同时也包括建设单位、勘察单位、设计单位工程监理单位及其他与建设工程安全生产有关的单位必须遵守安全生产法律、法规的规定,保证建设工程安全生产,依法承担建设工程安全生产责任。所有有关单位都必须坚决贯彻执行国家的法律、法规和方针政策,建立和保持安全生产管理体系。

群众参与监督是指群众组织和劳动者个人对于建设工程安全生产应负的责任。工会是代表群众的主要组织,工会有权对危害职工健康安全的现象提出意见、进行抵制,也有权越级控告,工会也担负着教育劳动者遵章守纪的责任。群众监督是与行业管理、国家监察相辅相成的一种自下而上的监督。群众监督有助于建立企业的安全文化,促进形成"安全生产人人有责"的环境,它是专业管理以外的一支不可忽视的安全管理力量。全社会广泛支持是指提高全社会的安全意识,形成全社会共同"关注安全、关爱生命"。

社会各界的广泛参与,必须有政策、法律、环境等多个方面的支持,就是要通过全社会的共同努力,提高安全意识,增强防范能力,大幅度地减少事故,为我国经济社会的全面、协调、可持续发展奠定坚实的基础。

三、燃气建设工程各方责任主体的安全责任

我国在 1998 年开始实施的《建筑法》中就规定了有关部门和单位的安全生产责任。2003 年国务院通过并在 2004 年开始实施的《建设工程安全生产管理条例》（国务院令第 393 号）对于各级部门和建设工程有关单位的安全责任有了更为明确的规定。主要规定如下。

（一）建设单位的安全责任

建设单位应当向施工单位提供施工现场及毗邻区域内供水、排水、供电、供气、供热、通信、广播电视等地下管线资料，气象和水文观测资料，相邻建筑物和构筑物、地下工程的有关资料，并保证资料的真实、准确、完整。

建设单位不得对勘察、设计、施工、工程监理等单位提出不符合建设工程安全生产法律、法规和强制性标准规定的要求，不得压缩合同约定的工期。建设单位在编制工程概算时，应当确定建设工程安全作业环境及安全施工措施所需费用。建设单位不得明示或者暗示施工单位购买、租赁、使用不符合安全施工要求的安全防护用具、机械设备、施工机具及配件、消防设施和器材。建设单位在申请领取施工许可证时，应当提供建设工程有关安全施工措施的资料。依法批准开工报告的建设工程，建设单位应当自开工报告批准之日起 15 日内，将保证安全施工的措施报送建设工程所在地的县级以上地方人民政府建设行政主管部门或者其他有关部门备案，建设单位应当将拆除工程发包给具有相应资质等级的施工单位，并应在拆除工程施工 15 日前，将下列资料报送建设工程所在地的县级以上地方人民政府建设行政主管部门或者其他有关部门备案：①施工单位资质等级证明；②拟拆除建筑物、构筑物及可能危及毗邻建筑的说明；③拆除施工组织方案；④堆放、清除废弃物的措施。

（二）勘察单位的安全责任

勘察单位应当按照法律、法规和工程建设强制性标准进行勘察，提供的勘察文件应当真实、准确，满足建设工程安全生产的需要。勘察单位在勘察作业时，应当严格执行操作规程，采取措施保证各类管线、设施和周边建筑物、构筑物的安全。

（三）设计单位的安全责任

设计单位应当按规定设计，预防安全事故的发生。设计单位和注册建筑师等注册执业人员应当对其设计负责。设计单位应当考虑施工安全操作和防护的需要，对涉及施工安全的重点部位和环节在设计文件中注明，并对防范生产安全事故提出指导意见。对于采用新结构、新材料、新工艺的建设工程和特殊结构的建设工程，设计单位应当在设计中提出保障施工作业人员安全和预防生产安全事故的措施建议。

（四）工程监理单位的安全责任

工程监理单位和监理工程师应当按照法律法规和工程建设强制性标准实施监理，并对建设工程安全生产承担监理责任。工程监理单位应当审查施工组织设计中的安全技术措施

或者专项施工方案是否符合工程建设强制性标准。工程监理单位在实施监理过程中,发现存在安全事故隐患的,应当要求施工单位整改,情况严重的,应当要求施工单位暂停施工,并及时报告建设单位。施工单位拒不整改或者不停止施工的,工程监理单位应当及时向有关主管部门报告。

(五)施工单位的安全责任

1.施工单位的安全生产责任

施工单位从事建设工程的新建、扩建、改建和拆除等活动,应当具备国家规定的注册资本、专业技术人员、技术装备和安全生产条件等,依法取得相应等级的资质证书,并在其资质等级许可的范围内承揽工程。

施工单位主要负责人依法对本单位的安全生产工作全面负责。施工单位应当建立、健全安全生产责任制度和安全生产教育培训制度,制订安全生产规章制度和操作规程,对所承担的建设工程进行定期和专项安全检查,并做好安全检查记录。要保证本单位安全生产条件所需资金的投入,对于列入建设工程概算的安全作业环境及安全施工措施所需费用,应当说明是用于施工安全防护用具及设施的采购和更新、安全施工措施的落实或安全生产条件的改善,不得挪作他用。

施工单位应当设立安全生产管理机构,配备专职安全生产管理人员。

施工单位应当在施工组织设计中编制安全技术措施和施工现场临时用电方案,对下列达到一定规模的危险较大的部分项目工程编制专项施工方案,并附具安全验算结果,经施工单位技术负责人、总监理工程师签字后实施,由专职安全生产管理人员进行现场监督:①基坑支护与降水工程;②土方开挖工程;③模板工程;④脚手架工程;⑤拆除、爆破工程;⑥国务院建设行政主管部门或者其他有关部门规定的其他危险性较大的工程。对前款所列工程中涉及深基坑、地下暗挖工程、高大模板工程的专项施工方案,施工单位还应当组织专家进行论证、审查。

施工单位应当在施工现场入口、施工起重机械、临时用电设施、脚手架、出入通道口、楼梯口、电梯井口、孔洞口、桥梁口、隧道口、基坑边沿、爆破物及有害危险气体和液体存放处等关键部位,设置明显的安全警示标志。安全警示标志必须符合国家标准。施工单位应当根据不同施工阶段和周围环境及季节、气候的变化,在施工现场采取相应的安全施工措施。

施工现场暂时停止施工的,施工单位应当做好现场防护,所需费用由责任方承担,或者按照合同约定执行。单位应当将施工现场的办公、生活区与作业区分开设置,并保持安全距离,办公、生活区的选址应当符合安全性要求。职工的膳食、饮水、休息场所等应当符合卫生标准。施工单位不得在尚未竣工的建筑物内设置员工集体宿舍。施工现场临时搭建的建筑物应当符合安全使用要求。施工现场使用的装配式活动房屋应当具有产品合格证。

施工单位对因建设工程施工可能造成损害的毗邻建筑物、构筑物和地下管线等,应当采取专项防护措施。施工单位应当遵守有关环境保护法律、法规的规定,在施工现场采取措施,防止或者减少粉尘、废气、废水、固体废物、噪声、振动和施工照明对人和环境的危害和污染。在城市市区内的建设工程,施工单位应当对施工现场实行封闭围挡。

施工单位应当在施工现场建立消防安全责任制度,确定消防安全责任人,制定用火、用电、使用易燃易爆材料等各项消防安全管理制度和操作规程,设置消防通道、消防水源,配备消防设施和灭火器材,并在施工现场入口处设置明显标志。

施工单位应当向作业人员提供安全防护用具和安全防护服装,并书面告知危险岗位的操作规程和违章操作的危害。施工单位采购、租赁的安全防护用具、机械设备、施工机具及配件,应当具有生产(制造)许可证、产品合格证,并在进入施工现场前进行查验。施工现场的安全防护用具、机械设备、施工机具及配件必须由专人管理,定期进行检查、维修和保养,建立相应的资料档案,并按照国家有关规定及时报废。

施工单位在使用施工起重机械和整体提升脚手架、模板等自升式架设设施前,应当组织有关单位进行验收,也可以委托具有相应资质的检验检测机构进行验收;使用承租的机械设备和施工机具及配件的,由施工总承包单位、分包单位、出租单位和安装单位共同进行验收,验收合格的方可使用。《特种设备安全监察条例》(国务院令第 549 号)规定的施工起重机械,在验收前应当经有相应资质的检验检测机构监督检验合格。施工单位应当自施工起重机械和整体提升脚手架、模板等自升式架设设施验收合格之日起 30 日内,向建设行政主管部门或者其他有关部门登记。登记标志应当置于或者附着于该设备的显著位置。

施工单位的主要负责人、项目负责人、专职安全生产管理人员经建设行政主管部门或者其他有关部门考核合格后方可任职。施工单位应当对管理人员和作业人员每年至少进行一次安全生产教育培训,其教育培训情况记入个人工作档案。安全生产教育培训考核不合格的人员,不得上岗。施工单位在采用新技术、新工艺、新设备、新材料时,应当对作业人员进行相应的安全生产教育培训。

施工单位应当为施工现场从事危险作业的人员办理意外伤害保险。意外伤害保险费由施工单位支付。实行施工总承包的,由总承包单位支付意外伤害保险费。意外伤害保险期限自建设工程开工之日起至竣工验收合格止。

施工单位应当制订本单位生产安全事故应急救援预案,建立应急救援组织或者配备应急救援人员,配备必要的应急救援器材、设备,并定期组织操练。施工单位应当根据建设工程的特点、范围,对施工现场易发生重大事故的部位、环节进行监控,制订施工现场生产安全事故应急救援预案,工程总承包单位和分包单位按照应急救援预案,各自建立应急救援组织或者配备应急救援人员,配备救援器材、设备,并定期组织操练。

施工单位发生生产安全事故,应当按照国家有关伤亡事故报告和调查处理的规定,及时、如实地向负责安全生产监督管理的部门、建设行政主管部门或者其他有关部门报告;特种设备发生事故的,还应当同时向特种设备安全监督管理部门报告。发生生产安全事故后,施工单位应当采取措施防止事故扩大,保护事故现场。需要移动现场物品时,应当做出标记和书面记录,妥善保管有关证物。

2. 总分包单位的安全责任

实行施工总承包的建设工程,由总承包单位对施工现场的安全生产负总责。总承包单位的安全责任是:

(1)总承包单位应当自行完成建设工程主体结构的施工。

（2）总承包单位依法将建设工程分包给其他单位的，分包合同中应当明确各自的安全责任，生产方的权利、义务。总承包单位和分包单位对分包工程的安全生产承担连带责任。

（3）建设工程实行总承包的，如发生事故，由总承包单位负责上报事故。分包单位应当服从总承包单位的安全生产管理，分包单位不服从管理导致生产安全事故的，由分包单位承担主要责任。

3. 施工单位内部的安全职责分工

对于单位的内部安全职责分工应按照《建设工程安全生产管理条例》（国务院令第 393 号）的要求进行职责划分。特别是施工单位在"安全生产、人人有责"的思想指导下，在建立安全生产管理体系的基础上，按照所确定的目标和方针，将各级管理责任人、各职能部门和各岗位员工所应做的工作及应负的责任加以明确规定。要求通过合理分工，明确责任，增强各级人员的责任心，共同协调配合，努力实现既定的目标。职责分工应包括纵向各级人员，即主要负责人、管理者代表、技术负责人、财务负责人、经济负责人、党政工团、项目经理，以及员工的责任制和横向各专业部门，即安全、质量、设备、技术、生产、保卫、采购、行政、财务等部门的责任制。

（1）施工企业的主要负责人的职责是：①贯彻执行国家有关安全生产的方针政策和法规、规范；②建立、健全本单位的安全生产责任制，承担本单位安全生产的最终责任；③组织制订本单位安全生产规章制度和操作规程；④保证本单位安全生产投入的有效实施；⑤督促、检查本单位的安全生产工作，及时消除安全事故隐患；⑥组织制订并实施本单位的生产安全事故应急救援预案；⑦及时、如实报告安全事故。

（2）技术负责人的职责是：①贯彻执行国家有关安全生产的方针政策、法规和有关规范、标准，并组织落实；②组织编制和审批施工组织设计或专项施工组织设计；③对新工艺、新技术、新材料的使用，负责审核其实施过程中的安全性，提出预防措施，组织编制相应的操作规程和组织交底工作；④领导安全生产技术改进和研究项目；⑤参与重大安全事故的调查，分析原因，提出纠正措施，并检查措施的落实，做到持续改进。

（3）财务负责人的职责是：保证安全生产的资金能做到专项专用，并检查资金的使用是否正确。

（4）工会的职责是：①工会有权对违反安全生产法律、法规，侵犯员工合法权益的行为要求纠正；②发现违章指挥、强令冒险作业或者发现事故隐患时，有权提出解决的建议，单位应当及时研究答复；③发现危及员工生命的情况时，有权建议组织员工撤离危险场所，单位必须立即处理；④工会有权依法参加事故调查，向有关部门提出处理意见，并要求追究有关人员的责任。

（5）安全部门的职责是：①贯彻执行安全生产的有关法规、标准和规定，做好安全生产的宣传教育工作；②参与施工组织设计和安全技术措施的编制，并组织进行定期和不定期的安全生产检查，对贯彻执行情况进行监督检查，发现问题及时改进；③制止违章指挥和违章作业，遇有紧急情况有权暂停生产，并报告有关部门；④推广总结先进经验，积极提出预防和纠正措施，使安全生产工作能持续改进；⑤建立、健全安全生产档案，定期进行统计分析，探索安全生产的规律。

（6）生产部门的职责是：合理组织生产，遵守施工顺序，将安全所需的工序和资源排入计划。

（7）技术部门的职责是：按照有关标准和安全生产要求编制施工组织设计，提出相应的措施，进行安全生产技术指导。

（8）设备材料采购部门的职责是：保证所供应的设备安全技术性能可靠，并具有必要的安全防护装置，按机械使用说明书的要求进行保养和检修设备，确保安全运行。确保所供应的材料和安全防护用品的质量。

（9）财务部门的职责是：按照规定提供实现安全生产措施、安全教育培训、宣传的经费，并监督其合理使用。

（10）教育部门的职责是：将安全生产教育列入培训计划，按工作需要组织各级员工的安全生产教育。

（11）劳务管理部门的职责是：做好新员工上岗前培训、换岗培训，并考核培训的效果，组织特殊工种的取证工作。

（12）卫生部门的职责是：定期对员工进行体格检查，发现有不适合现岗的员工要立即提出。要指导组织监测有毒有害作业场所的有害程度，提出职业病防治和改善卫生条件的措施。

施工企业的项目经理部应根据安全生产管理体系要求，由项目经理主持，把安全生产责任目标分解到岗，落实到人。国家标准《建设工程项目管理规范》GB/T 50326—2006 规定项目经理部的安全生产责任制包括以下内容：

①项目经理应当由取得相应执业资格的人员担任，对建设工程项目的安全施工负责，其安全职责应包括：认真贯彻安全生产方针、政策、法规和各项规章制度，制订和执行安全生产管理办法，严格执行安全考核指标和安全生产奖惩办法，确保安全生产措施费用的有效使用，严格执行安全技术措施审批和施工安全技术措施交底制度；建设工程施工前，施工单位负责项目管理的技术人员应当对有关安全施工的技术要求向施工作业班组、作业人员做出详细说明，并由双方签字确认；施工中定期组织安全生产检查和分析，针对可能产生的安全隐患制订相应的预防措施；当施工过程中发生安全事故时，项目经理必须按安全事故处理的有关规定和程序及时如实上报和处置，并制订防止同类事故再次发生的措施。

②施工单位安全员的安全职责应包括：对安全生产进行现场监督检查，发现安全事故隐患，应当及时向项目负责人和安全生产管理机构报告；对违章指挥、违章操作的，应当立即制止。

③作业队长安全职责应包括：向本工种作业人员进行安全技术措施交底，严格执行本工种安全技术操作规程，拒绝违章指挥。组织实施安全技术措施，作业前应对本次作业所使用的机具、设备、防护用具、设施及作业环境进行安全检查，消除安全隐患，检查安全标牌是否按规定设置，标志方法和内容是否正确完整；组织班组开展安全活动，对作业人员进行安全操作规程培训，提高作业人员的安全意识，召开上岗前安全生产会，每周应进行安全讲评。当发生重大或恶性工伤事故时，应保护现场，立即上报并参与事故调查处理。

④作业人员安全职责应包括：认真学习并严格执行安全技术操作规程，自觉遵守安全生

产规章制度,执行安全技术交底和有关安全生产的规定;不违章作业;服从安全监督人员的指导,积极参加安全活动;爱护安全设施。作业人员有权对施工现场的作业条件、作业程序和作业方式中存在的安全问题提出批评、检举和控告;有权对不安全作业提出意见,拒绝违章指挥和强令冒险作业;在施工中发生危及人身安全的紧急情况时,作业人员有权立即停止作业或者在采取必要的应急措施后撤离危险区域。作业人员应当遵守安全施工的强制性标准、规章制度和操作规程,正确使用安全防护用具、机械设备等。作业人员进入新的岗位或者新的施工现场前,应当接受安全生产教育培训;未经教育培训或者教育培训不合格的人员,不得上岗作业。垂直运输机械作业人员、安装拆卸工、爆破作业人员、起重信号工、登高架设人员等特种作业人员,必须按照有关规定经过专门的安全作业培训,并取得特种作业操作资格证书后,方可上岗作业。作业人员应当努力学习安全技术,提高自我保护意识和自我保护能力。

安全员安全职责应包括:落实安全设施的设置;对施工全过程的安全进行监督,纠正违章作业,配合有关部门排除安全隐患,组织安全教育和全员安全活动,监督检查劳保用品质量和正确使用。

4. 其他有关单位的安全责任

为建设工程提供机械设备和配件的单位,应当按照安全施工的要求配备齐全有效的保险、限位等安全设施和装置。所出租的机械设备、施工机具及配件,应当具有生产(制造)许可证、产品合格证。出租单位应当对出租的机械设备、施工机具及配件的安全性能进行检测,在签订租赁协议时,应当出具检测合格证明;禁止出租检测不合格的机械设备和施工机具及配件。在施工现场安装、拆卸施工起重机械和整体提升脚手架、模板等自升式架设设施,必须由具有相应资质的单位承担,并应当编制拆装方案、制订安全施工措施,并由专业技术人员现场监督。施工起重机械和整体提升脚手架、模板等自升式架设设施安装完毕后,安装单位应当自检,出具自检合格证明,并向施工单位进行安全使用说明,办理验收手续并签字。

第四节
燃气工程安全生产管理制度

燃气建设工程劳动人数多、工作环境复杂多变、技术要求高,安全生产的难度很大。通过建立各项制度,规范燃气建设工程的建设行为,对于提高建设工程安全生产水平是非常重要的。《建筑法》《安全生产法》《安全生产许可证条例》(国务院令397号)、《建筑施工企业安全生产许可证管理规定》(建设部令第128号)等与燃气建设工程有关的法律法规和部门规章,对政府部门、有关企业及相关人员的建设工程安全生产和管理行为进行了全面的规范,确立了一系列建设工程安全生产管理制度。其中,涉及政府部门安全生产的监管制度有建筑施工企业安全生产许可制度,三类人员考核任职制度,特种作业人员持证上岗制度,政府安全监督检查制度,危及施工安全工艺、设备、材料淘汰制度,生产安全事故报告制度和施工起重机械使用登记制度等;涉及施工企业的安全生产制度有安全生产教育培训制度、专项施工方案专家论证审查制度、施工现场消防安全责任制度、意外伤害保险制度和生产安全事故应急救援制度等。

一、施工企业安全生产许可制度

建设部根据《安全生产许可证条例》(国务院令 397 号)、《建设工程安全生产管理条例》(国务院令第 393 号)等有关行政法规,于 2006 年 7 月制定《建筑施工企业安全生产许可证管理规定》(建设部令第 128 号),建立建筑施工企业安全生产许可制度。建筑施工企业未取得安全生产许可证的,不得从事建筑施工活动。

(一)安全生产许可证的申请条件

建筑施工企业取得安全生产许可证,应当具备下列安全生产条件:①建立、健全安全生产责任制,制订完备的安全生产规章制度和操作规程;②保证本单位安全生产条件所需资金的投入;③设备安全生产管理机构,按照国家有关规定配备专职安全生产管理人员;④主要负责人、项目负责人、专职安全生产管理人员经建设主管部门或者其他有关部门考核合格;⑤特种作业人员经有关业务主管部门考核合格,取得特种作业操作资格证书;⑥管理人员和作业人员每年至少进行一次安全生产教育培训并考核合格;⑦依法参加工伤保险,依法为施工现场从事危险作业的人员办理意外伤害保险,为从业人员交纳保险费;⑧施工现场的办公、生活区及作业场所和安全防护用具、机械设备、施工机具及配件符合有关安全生产法律、法规、标准和规程的要求;⑨有职业危害防治措施,并为作业人员配备符合国家标准或者行业标准的安全防护用具和安全防护服装;⑩对危险性较大的分部分项工程及施工现场易发生重大事故的部位、环节有预防、监控措施和应急预案;⑪有生产安全事故应急救援预案、应急救援组织或者应急救援人员,配备必要的应急救援器材、设备;⑫法律、法规规定的其他条件。

(二)安全生产许可证的申请与颁发

建筑工程施工企业从事建筑施工活动前,应当向省级以上建设主管部门申请领取安全生产许可证。中央管理的建筑施工企业(集团公司、总公司)应当向国务院建设主管部门申请领取安全生产许可证,其他的建筑施工企业,包括中央管理的建筑施工企业(集团公司、总公司)下属的建筑施工企业,应当向企业注册所在地省、自治区、直辖市人民政府建设主管部门申请领取安全生产许可证。建设主管部门应当自受理建筑施工企业的申请之日起 45 日内审查完毕:经审查符合安全生产条件的,颁发安全生产许可证;不符合安全生产条件的,不予颁发安全生产许可证,书面通知企业并说明理由。企业自接到通知之日起应当进行整改,整改合格后方可再次提出申请。建设主管部门审查建筑施工企业安全生产许可证申请,涉及铁路、交通、水利等有关专业工程时,可以征求铁路、交通、水利等有关部门的意见。安全生产许可证的有效期为 3 年,有效期满需要延期的,企业应当于期满前 3 个月向原安全生产许可证颁发管理机关申请办理延期手续。企业在安全生产许可证有效期内,严格遵守有关安全生产的法律法规,未发生死亡事故的,安全生产许可证有效期届满时,经原安全生产许可证颁发管理机关同意,不再审查,安全生产许可证有效期延期 3 年。建筑施工企业变更名称、法定代表人等,应当在变更后 10 日内,到原安全生产许可证颁发管理机关办理安全生产许可证变更手续。建筑施工企业破产、倒闭、撤销的,应当将安全生产许可证交回原安全生产许可证颁发管理机关予以注销。申请补办安全生产许可证,建筑施工企业应当先向生产许可证颁发机关报告,并在公众媒体上声明作废。

(三)安全生产许可证的监督管理

县级以上人民政府建设主管部门应当加强对建筑施工企业安全生产许可证的监督管理。建设主管部门在审核发放施工许可证时,应当对已经确定的建筑施工企业是否有安全生产许可证进行审查,对没有取得安全生产许可证的,不得颁发施工许可证。

跨省从事建筑施工活动的建筑施工企业有违反本规定行为的,由工程所在地的省级人民政府建设主管部门将建筑施工企业在本地区的违法事实、处理结果和处理建议抄告原安全生产许可证颁发管理机关。

建筑施工企业取得安全生产许可证后,不得降低安全生产条件,并应当加强日常安全生产管理,接受建设主管部门的监督检查。安全生产许可证颁发管理机关发现企业不再具备安全生产条件的,应当暂扣或者吊销安全生产许可证。

安全生产许可证颁发管理机关或者其上级行政机关发现有下列情形之一的,可以撤销已经颁发的安全生产许可证:①安全生产许可证颁发管理机关工作人员滥用职权、玩忽职守颁发安全生产许可证;②超越法定职权颁发安全生产许可证;③违反法定程序颁发安全生产许可证;④对不具备安全生产条件的建筑施工企业颁发安全生产许可证;⑤依法可以撤销已经颁发的安全生产许可证的其他情形。

依照前款规定撤销安全生产许可证,建筑施工企业的合法权益受到损害的,建设主管部门应当依法给予赔偿。安全生产许可证颁发管理机关应当建立、健全安全生产许可证档案管理制度,定期向社会公布企业取得安全生产许可证的情况,每年向同级安全生产监督管理部门通报建筑施工企业安全生产许可证颁发和管理情况。建设主管部门工作人员在安全生产许可证颁发、管理和监督检查工作中,不得索取或者接受建筑施工企业的财物,不得谋取其他利益。任何单位或者个人对违反本规定的行为,有权向安全生产许可证颁发管理机关或者监察机关等有关部门举报。

(四)法律责任

违反规定,建设主管部门工作人员有下列行为之一的,给予降级或者撤职的行政处分;构成犯罪的,依法追究刑事责任:①向不符合安全生产条件的建筑施工企业颁发安全生产许可证的;②发现建筑施工企业未依法取得安全生产许可证擅自从事建筑施工活动,不依法处理的;③发现取得安全生产许可证的建筑施工企业不再具备安全生产条件,不依法处理的;

④接到对违反本规定行为的举报后,不及时处理的;⑤在安全生产许可证颁发、管理和监督检查工作中索取或者接受建筑施工企业的财物,或者谋取其他利益的。

由于建筑施工企业弄虚作假,造成前款①项行为的,对建设主管部门工作人员不予处分。

取得安全生产许可证的建筑施工企业,发生重大安全事故的,暂扣安全生产许可证并限期整改。建筑施工企业不再具备安全生产条件的,暂扣安全生产许可证并限期整改;情节严重的,吊销安全生产许可证。

违反规定,建筑施工企业未取得安全生产许可证擅自从事建筑施工活动的,责令其在建项目停止施工,没收违法所得,并处10万元以上50万元以下的罚款;造成重大安全事故或者其他严重后果,构成犯罪的,依法追究刑事责任。

违反规定,安全生产许可证有效期满未办理延期手续,继续从事建筑施工活动的,责令其在建项目停止施工,限期补办延期手续,没收违法所得,并处5万元以上10万元以下的罚款;逾期仍不办理延期手续,继续从事建筑施工活动的,依照"未取得安全生产许可证"的规定处罚。

违反规定,建筑施工企业隐瞒有关情况或者提供虚假材料申请安全生产许可证的,不予受理或者不予颁发安全生产许可证,并给予警告,一年内不得申请安全生产许可证。建筑施工企业以欺骗、贿赂等不正当手段取得安全生产许可证的,撤销安全生产许可证,3年内不得再次申请安全生产许可证;构成犯罪的,依法追究刑事责任。

上述规定的暂扣、吊销安全生产许可证的行政处罚,由安全生产许可证的颁发管理机关决定;其他行政处罚,由县级以上地方人民政府建设主管部门决定。

二、政府安全监督检查制度

(一)建筑安全生产监督管理的含义

依据《建筑安全生产监督管理规定》(建设部令第13号)的内容,建筑安全生产监督管理是指各级人民政府、建设行政主管部门及其授权的建筑安全生产监督机构,对于建筑安全生产所实施的行业监督管理。凡从事房屋建筑、土木工程、设备安装、管线敷设等施工和构配件生产活动的单位及个人,都必须接受建设行政主管部门及其授权的建筑安全生产监督机构的行业监督管理,并依法接受国家安全监察。建筑安全生产监督管理根据"管生产必须管安全"的原则,贯彻"预防为主"的方针,依靠科学管理和技术进步,推动建筑安全生产工作的开展,避免人身伤亡事故的发生。

(二)《建设工程安全生产管理条例》对监督管理的规定

《建设工程安全生产管理条例》(国务院令第393号)第五章"监督管理"对建设工程安全生产的监督管理又做了新的明确规定,其主要内容如下。

1. 政府安全监督检查的管理体制

①国务院负责安全生产监督管理的部门依照《安全生产法》的规定,对全国建设工程安全生产工作实施综合监督管理。

②县级以上地方人民政府负责安全生产监督管理的部门依照《安全生产法》的规定,对

本行政区域内建设工程安全生产工作实施综合监督管理。

③国务院建设行政主管部门对全国的建设工程安全生产实施监督管理。国务院铁路、交通、水利等有关部门按照国务院规定的职责分工,负责有关专业建设工程安全生产的监督管理。

④县级以上地方人民政府建设行政主管部门对本行政区域内的建设工程安全生产实施监督管理。县级以上地方人民政府交通、水利等有关部门在各自的职责范围内,负责本行政区域内的专业建设工程安全生产的监督管理。

2. 政府安全监督检查的职责与权限

①建设行政主管部门和其他有关部门应当将依法批准开工的建设工程和拆除工程的有关备案资料主要内容,抄送同级负责安全生产监督管理的部门。

②建设行政主管部门在审核发放施工许可证时,应当对建设工程是否有安全施工措施进行审查,对没有安全施工措施的,不得颁发施工许可证。

③建设行政主管部门或者其他有关部门对建设工程是否有安全施工措施进行审查时,不得收取费用。

④县级以上人民政府负有建设工程安全生产监督管理职责的部门在各自的职责范围内履行安全监督检查职责时,有权采取下列措施:要求被检查单位提供有关建设工程安全生产的文件和资料;进入被检查单位施工现场进行检查;纠正施工中违反安全生产要求的行为;对检查中发现的安全事故隐患,责令立即排除;重大安全事故隐患排除前或者排除过程中无法保证安全的,责令从危险区域内撤出作业人员或者暂时停止施工。

⑤建设行政主管部门或者其他有关部门可以将施工现场的监督检查委托给建设工程安全监督机构具体实施。

⑥国家对严重危及施工安全的工艺、设备、材料实行淘汰制度。具体目录由国务院建设行政主管部门会同国务院其他有关部门制订并公布。

⑦县级以上人民政府建设行政主管部门和其他有关部门应当及时受理对建设工程生产安全事故及安全事故隐患的检举、控告和投诉。

三、安全生产责任制度

安全生产责任制度就是对各级负责人、各职能部门以及各类施工人员在管理和施工过程中,应当承担的责任做出明确的规定。具体来说,就是将安全生产责任分解到施工单位的主要负责人、项目负责人、班组长以及每个岗位的作业人员身上。安全生产责任制度是施工企业最基本的安全管理制度,是施工企业安全生产管理的核心和中心环节。依据《建设工程安全生产管理条例》(国务院令第 393 号)和《建筑施工安全检查标准》JGJ 59—99 的相关规定,安全生产责任制度的主要内容如下:

①安全生产责任制度主要包括施工企业主要负责人的安全责任,负责人或其他副职的安全责任,项目负责人(项目经理)的安全责任,生产、技术、材料等各职能管理负责人及其工作人员的安全责任,技术负责人(工程师)的安全责任,专职安全生产管理人员的安全责任,施工员的安全责任,班组长的安全责任和岗位人员的安全责任等。

②项目对各级、各部门安全生产责任制应规定检查和考核办法，并按规定期限进行考核，对考核结果及兑现情况应有记录。

③项目独立承包的工程在签订承包合同中必须有安全生产工作的具体指标和要求。工地由多单位施工时，总分包单位在签订分包合同的同时要签订安全生产合同（协议），签订合同前要检查分包单位的营业执照、企业资质证、安全资格证等。分包队伍的资质应与工程要求相符，在安全合同中应明确总分包单位各自的安全职责。原则上，实行总承包的由总承包单位负责，分包单位向总承包单位负责，服从总承包单位对施工现场的安全管理。分包单位在其分包范围内建立施工现场安全生产管理制度，并组织实施。

④项目的主要工种应有相应的安全技术操作规程，一般应包括：砌筑、拌灰、混凝土、木作、钢筋、机械、电气焊、起重司索、信号指挥、塔司、架子、水暖、油漆等工种，特种作业应另行补充。应将安全技术操作规程列为日常安全活动和安全教育的主要内容，并应悬挂在操作岗位前。

⑤施工现场应按工程项目大小配备专（兼）职安全人员。建筑面积 10 000 m² 以下的工地至少有一名专职人员；10 000 m² 以上的工地设 2 ~ 3 名专职人员；50 000 m² 以上的大型工地，按不同专业组成安全管理组进行安全监督检查。

四、建筑施工企业三类人员考核任职制度

依据建设部《关于印发〈建筑施工企业主要负责人、项目负责人、专职安全生产管理人员安全生产考核管理暂行规定〉的通知》（建质[2004]59 号）的规定，为贯彻落实《安全生产法》《建设工程安全生产管理条例》（国务院令第 393 号）和《安全生产许可证条例》（国务院令397 号），提高建筑施工企业主要负责人、项目负责人、专职安全生产管理人员安全生产知识水平和管理能力，保证建筑施工安全生产，对建筑施工企业三类人员进行考核认定。三类人员应当经建设行政主管部门或者其他有关部门考核合格后方可任职，考核内容主要是安全生产知识和安全管理能力。

（一）三类人员的定义

三类人员是指建筑施工企业的主要负责人、项目负责人、专职安全生产管理人员。

（1）建筑施工企业主要负责人：对本企业日常生产经营活动和安全生产工作全面负责、有生产经营决策权的人员，包括企业法定代表人、经理、企业分管安全生产工作的副经理等。

（2）建筑施工企业项目负责人：由企业法定代表人授权，负责建设工程项目管理的负责人等。

（3）建筑施工企业专职安全生产管理人员：在企业专职从事安全生产管理工作的人员，包括企业安全生产管理机构的负责人及其工作人员和施工现场专职安全生产管理人员。

（二）三类人员考核任职的主要规定

（1）考核的目的和依据：为了提高建筑施工企业主要负责人、项目负责人和专职安全生产管理人员（以下简称建筑施工企业管理人员）的安全生产知识水平和管理能力，保证建筑

施工安全生产,根据《安全生产法》《建设工程安全生产管理条例》(国务院令第 393 号)和《安全生产许可证条例》(国务院令 397 号)等法律法规,制订三类人员考核任职制度。

(2)考核范围:在中华人民共和国境内从事建设工程施工活动的建筑施工企业管理人员以及实施对建筑施工企业管理人员安全生产考核管理的,必须遵守本规定。建筑施工企业管理人员必须经建设行政主管部门或者其他有关部门安全生产考核,考核合格取得安全生产考核合格证书后,方可担任相应职务。

(3)三类人员考核的管理工作及相关要求:国务院建设行政主管部门负责全国建筑施工企业管理人员安全生产的考核工作,并负责中央管理的建筑施工企业管理人员的安全生产考核和发证工作。省、自治区、直辖市人民政府建设行政主管部门负责本行政区域内中央管理以外的建筑施工企业管理人员的安全生产考核和发证工作。建筑施工企业管理人员应当具备相应文化程度、专业技术职称和一定安全生产工作经历,并经企业年度安全生产教育培训合格后,方可参加建设行政主管部门组织的安全生产考核,考核内容包括安全生产知识和管理能力。

建设行政主管部门对建筑施工企业管理人员进行安全生产考核,不得收取考核费用,不得组织强制培训。安全生产考核合格的,由建设行政主管部门在 20 日内核发建筑施工企业管理人员安全生产考核合格证书;对不合格的,应通知本人并说明理由,限期重新考核。考核合格证书由国务院建设行政主管部门规定统一的式样。

建筑施工企业管理人员安全生产考核合格证书有效期为三年。有效期满需要延期的,应当于期满前三个月内向原发证机关申请办理延期手续。建筑施工企业管理人员变更姓名和所在法人单位等,应在一个月内到原安全生产考核合格证书发证机关办理变更手续。任何单位和个人不得伪造、转让、冒用建筑施工企业管理人员安全生产考核合格证书。建筑施工企业管理人员遗失安全生产考核合格证书,应在公共媒体上声明作废,并在一个月内到原安全生产考核合格证书发证机关办理补证手续。

建筑施工企业管理人员在安全生产考核合格证书有效期内,严格遵守安全生产法律法规,认真履行安全生产职责,接受建设行政主管部门的监督检查,按规定接受企业年度安全生产教育培训。期间未发生死亡事故的,安全生产考核合格证书有效期届满时,经原安全生产考核合格证书发证机关同意,不再考核,安全生产考核合格证书有效期延期三年。

建设行政主管部门应当建立、健全建筑施工企业管理人员安全生产考核档案管理制度,并定期向社会公布建筑施工企业管理人员取得安全生产考核合格证书的情况。

建设行政主管部门应当加强对建筑施工企业管理人员履行安全生产管理职责情况的监督检查,发现有违反安全生产法律法规、未履行安全生产管理职责、不按规定接受企业年度安全生产教育培训、发生死亡事故,情节严重的,应当收回安全生产考核合格证书。建设行政主管部门工作人员在建筑施工企业管理人员的安全生产考核、发证和监督安全检查工作中,不得索取或者接受企业和个人的财物,不得谋取其他利益。

任何单位或者个人对违反本规定的行为,有权向建设行政主管部门或者监察等有关部门举报。省、自治区、直辖市人民政府建设行政主管部门可以根据本规定制订实施细则。

（三）三类人员安全生产考核要点

1.建筑施工企业主要负责人

（1）安全生产知识考核要点：

①国家有关安全生产的方针政策、法律法规、部门规章、标准及有关规范性文件,本地区有关安全生产的法规、规章、标准及规范性文件;

②建筑施工企业安全生产管理的基本知识和相关专业知识;

③重特大事故防范、应急救援措施,报告制度及调查处理方法;

④企业安全生产责任制和安全生产规章制度的内容、制订方法;

⑤国内外安全生产管理经验;

⑥典型事故案例分析。

（2）安全生产管理能力考核要点：

①能认真贯彻执行国家安全生产方针、政策、法规和标准;

②能有效组织和督促本单位安全生产工作,建立、健全本单位安全生产责任制;

③能组织制订本单位安全生产规章制度和操作规程;

④能采取有效措施保证本单位安全生产所需资金的投入;

⑤能有效开展安全检查,及时消除生产安全事故隐患;

⑥能组织制订本单位生产安全事故应急救援预案,正确组织、指挥本单位事故应急救援工作;

⑦能及时、如实报告生产安全事故;

⑧安全生产业绩——自考核之日起,所在企业一年内未发生由其承担主要责任的死亡10人以上（含10人）的重大事故。

2.建筑施工企业项目负责人

（1）安全生产知识考核要点：

①国家有关安全生产的方针政策、法律法规、部门规章、标准及有关规范性文件,本地区有关安全生产的法规、规章、标准及规范性文件;

②工程项目安全生产管理的基本知识和相关专业知识;

③重大事故防范、应急救援措施,报告制度及调查处理方法;

④企业和项目安全生产责任制和安全生产规章制度内容、制订方法;

⑤施工现场安全生产监督检查的内容和方法;

⑥国内外安全生产管理经验;

⑦典型事故案例分析。

（2）安全生产管理能力考核要点：

①能认真贯彻执行国家安全生产方针、政策、法规和标准;

②能有效组织和督促本工程项目安全生产工作,落实安全生产责任制;

③能保证安全生产费用的有效使用;

④能根据工程的特点组织制订安全施工措施;

⑤能有效开展安全检查,及时消除生产安全事故隐患;

⑥能及时、如实报告生产安全事故;

⑦安全生产业绩——自考核之日起,所管理的项目一年内未发生由其承担主要责任的死亡事故。

3. 建筑施工企业专职安全生产管理人员

(1)安全生产知识考核要点:

①国家有关安全生产的方针政策、法律法规、部门规章、标准及有关规范性文件,本地区有关安全生产的法规、规章、标准及规范性文件;

②重大事故防范、应急救援措施,报告制度,调查处理方法以及防护救护方法;

③企业和项目安全生产责任制和安全生产规章制度;

④施工现场安全监督检查的内容和方法;

⑤典型事故案例分析。

(2)安全生产管理能力考核要点:

①能认真贯彻执行国家安全生产方针、政策、法规和标准;

②能有效对安全生产进行现场监督检查;

③发现生产安全事故隐患,能及时向项目负责人和安全生产管理机构报告,及时消除生产安全事故隐患;

④能及时制止现场违章指挥、违章操作行为;

⑤能及时、如实报告生产安全事故;

⑥安全生产业绩——自考核之日起,所在企业或项目一年内未发生由其承担主要责任的死亡事故。

五、安全生产教育培训制度

(一)教育和培训的时间

根据建设部建教[1997]83 号文件印发的《建筑业企业职工安全培训教育暂行规定》的要求如下:

①企业法人代表、项目经理每年不少于 30 学时;

②专职管理和技术人员每年不少于 40 学时;

③其他管理和技术人员每年不少于 20 学时;

④特殊工种每年不少于 20 学时;

⑤其他职工每年不少于 15 学时;

⑥待、转、换岗重新上岗前,接受一次不少于 20 学时的培训;

⑦新工人的公司、项目、班组三级培训教育时间分别不少于 15 学时、15 学时、20 学时。

(二)教育和培训的形式与内容

教育和培训按等级、层次和工作性质分别进行,管理人员的重点是安全生产意识和安全管理水平,操作者的重点是遵章守纪、自我保护和防范事故的能力。

①新工人(包括合同工、临时工、学徒工、实习和代培人员)必须进行公司、项目和班组的三级安全教育。教育内容包括安全生产方针、政策、法规、标准及安全技术知识、设备性能、操作规程、安全制度、严禁事项及本工种的安全操作规程。

②电工、焊工、架工、司炉工、爆破工、机操工及起重工、打桩机和各种机动车辆司机等特殊工种工人,除进行一般安全教育外,还要经过本工程的专业安全技术教育。

③采用新工艺、新技术、新设备施工和调换工作岗位时,对操作人员进行新技术、新岗位的安全教育。

(三)安全教育和培训的形式

1.新工人三级安全教育

三级安全教育是每个刚进企业的新工人必须接受的首次安全生产方面的基本教育,是指公司(即企业)、项目(或工程处、施工处、工区)、班组这三级。对新工人或调换工种的工人,必须按规定进行安全教育和技术培训,经考核合格,方准上岗。

(1)公司级:新工人在分配到施工队之前,必须进行初步的安全教育。教育内容如下:

①劳动保护的意义和任务的一般教育;

②安全生产方针、政策、法规、标准、规范、规程和安全知识;

③企业安全规章制度等。

(2)项目(或工程处、施工处、工区)级:新工人被分配到项目以后进行的安全教育。教育内容如下:

①建安工人安全生产技术操作一般规定;

②施工现场安全管理规章制度;

③安全生产纪律和文明生产要求;

④在施工程基本情况,包括现场环境、施工特点、可能存在不安全因素的危险作业部位及必须遵守的事项。

(3)班组级:即岗位教育,是新工人分配到班组后,开始工作前的一级教育。教育内容如下:

①本人从事施工生产工作的性质,必要的安全知识,机具设备及安全防护设施的性能和作用;

②本工种安全操作规程;

③班组安全生产、文明施工基本要求和劳动纪律;

④本工种事故案例剖析,易发事故部位及劳动防护用品的使用要求。

(4)三级教育的要求:

①三级教育一般由企业的安全、教育、劳动、技术等部门配合进行;

②受教育者必须经过考试合格后才准予进入生产岗位;

③给每一名职工建立职工劳动保护教育卡,记录三级教育、变换工种教育等教育考核情况,并由教育者与受教育者双方签字后入册。

2. 特种作业人员培训

除进行一般安全教育外,还要执行《特种作业人员安全技术考核管理规则》GB 5306—85 的有关规定,按国家、行业、地方和企业规定进行本工种专业培训、资格考核,取得《特种作业人员操作证》后方可上岗。

3. 特定情况下的适时安全教育

①季节性,如冬季、夏季、雨雪天、汛期施工;

②节假日前后;

③节假日加班或突击赶任务;

④工作对象改变;

⑤工种变换;

⑥新工艺、新材料、新技术、新设备施工;

⑦发现事故隐患或发生事故后;

⑧新进入现场等。

4. 三类人员的安全培训教育

施工单位的主要负责人是安全生产的第一责任人,必须经过考核合格后,做到持证上岗。在施工现场,项目负责人是施工项目安全生产的第一责任者,也必须持证上岗,加强对队伍的培训,使安全管理进入规范化。

5. 安全生产的经常性教育

企业在做好新工人入厂教育、特种作业人员安全生产教育和各级领导干部、安全管理干部的安全生产培训的同时,还必须把经常性的安全教育贯穿于管理工作的全过程,并根据接受教育对象的不同特点,采取多层次、多渠道和多种方法进行。安全生产宣传教育多种多样,应贯彻及时性、严肃性、真实性,做到简明、醒目,具体形式如下:

①施工现场(车间)入口处的安全纪律牌;

②举办安全生产训练班、讲座、报告会、事故分析会;

③建立安全保护教育室,举办安全保护展览;

④举办安全保护广播、印发安全保护简报、通报等,办安全保护黑板报、宣传栏;

⑤张挂安全保护挂图或宣传画、安全标志和标语口号;

⑥举办安全保护文艺演出、放映安全保护音像制品;

⑦组织家属做职工安全生产思想工作。

6. 班前安全活动

班组长在班前进行上岗交底、上岗检查,做好上岗记录。

(1)上岗交底:交当天的作业环境、气候情况、主要工作内容和各个环节的操作安全要求,以及特殊工种的配合等。

(2)上岗检查:查上岗人员的劳动防护情况,每个岗位周围作业环境是否安全无患,机械设备的安全保险装置是否完好有效,以及各类安全技术措施的落实情况等。

（四）培训效果检查

对安全教育与培训效果的检查主要为以下几个方面。

（1）检查施工单位的安全教育制度：建筑施工单位要广泛开展安全生产的宣传教育，使各级领导和广大职工真正认识到安全生产的重要性、必要性，懂得安全生产、文明施工的科学知识，牢固树立安全第一的思想，自觉地遵守各项安全生产法令和规章制度。

（2）检查新入厂工人是否进行三级安全教育：主要检查施工单位、工区、班组对新入厂工人的三级教育考核记录。现在临时劳务工多，伤亡事故多发于临时劳务工之中，因此在三级安全教育上，应将临时劳务工作为新入厂工人，进行三级安全教育。

（3）检查安全教育内容：主要检查每个工人包括特殊工种工人是否人手一册《建筑安装工人安全技术操作规程》，检查企业、工程处、项目经理部、班组的安全教育资料。要把《建筑安装工人安全技术操作规程》作为安全教育的重要内容，做到人手一册，除此以外，企业、工程处、项目经理部、班组都要有具体的安全教育内容。电工、焊工、架子工、司炉工、爆破工、机械工及起重工、打桩机和各种机动车辆司机等特殊工种工人，除进行一般安全教育外，还要经过本工种的安全技术教育，经考核合格发证后，方准独立操作，每年还要复审。对从事有尘毒危害作业的工人，要进行尘毒危害和防治知识教育。

（4）检查变换工种时是否进行安全教育：主要检查变换工种的工人在调换工种时是否重新进行安全教育的记录；检查采用新技术、新工艺、新设备施工时，是否有进行新技术操作安全教育的记录。各工种工人及特殊工种工人除懂得一般安全生产知识外，还要懂各自的安全技术操作规程。当采用新技术、新工艺、新设备施工和调换工作岗位时，要对操作人员进行新技术操作和新岗位的安全教育，未经教育不得上岗操作。

（5）检查工人对本工种安全技术操作规程的熟悉程度：该条是考核各工种工人掌握《建筑工人安全技术操作规程》的熟悉程度，也是施工单位对各工种工人安全教育效果的检验。按《建筑工人安全技术操作规程》的内容，到施工现场（车间）进行随机抽查各工种工人对本工种安全技术操作规程的问答，各工种工人宜抽两人以上进行回答。

（6）检查施工管理人员的年度培训：主要检查施工管理人员进行年度培训的记录。各级建设行政主管部门规定施工单位的施工管理人员进行年度有关安全生产方面的培训，施工单位应按各级建设行政主管部门文件规定，安排施工管理人员参加培训。施工单位内部也要规定施工管理人员每年进行有关安全生产工作的培训学习。

（7）检查专职安全员的年度培训考核情况：按上级建设行政管理部门和本企业有关安全生产管理文件，核查专职安全员是否进行年度安全培训考核、考核是否合格，未进行安全培训的或考核不合格的，是否仍在岗工作等。建设部及各省、自治区、直辖市建设行政主管部门规定专职安全员要进行年度培训考核，具体由县级、地区各级建设行政主管部门经办。建筑企业应根据上级建设行政主管部门的规定，对本企业的专职安全员进行年度培训考核，提高专职安全员的专业技术水平和安全生产工作的管理水平。

六、依法批准开工报告的建设工程备案制度

依法批准开工报告的建设工程,建设单位应当自开工报告批准之日起 15 日内,将保证安全施工的措施报送建设工程所在地的县级以上地方人民政府建设行政主管部门或者其他有关部门备案。

七、特种作业人员持证上岗制度

《建设工程安全生产管理条例》(国务院令第 393 号)第 25 条规定,垂直运输机械作业人员、安装拆卸工、爆破作业人员、起重信号工、登高架设作业人员等特种作业人员,必须按照国家有关规定经过专门的安全作业培训,并取得特种作业操作资格证书后,方可上岗作业。对于特种作业人员的范围,国务院有关部门做过一些规定。1999 年 7 月 12 日原国家经济贸易委员会发布的《特种作业人员安全技术培训考核管理办法》,明确特种作业包括:电工作业;金属焊接切割作业;起重机械(含电梯)作业;企业内机动车辆驾驶;登高架设作业;锅炉作业(含水质化验);压力容器操作;制冷作业;爆破作业;矿山通风作业(含瓦斯检验);矿山排水作业(含尾矿坝作业);由省、自治区、直辖市安全生产综合管理部门或国务院行业主管部门提出,并经原国家经济贸易委员会批准的其他作业。随着新材料、新工艺、新技术的应用和推广,特种作业人员的范围也随之发生变化,特别是在建设工程施工过程中,一些作业岗位的危险程度在逐步加大,专门的安全作业培训更为重要。

专门的安全作业培训,是指由有关主管部门组织的专门针对特种作业人员的培训,即特种作业人员在独立上岗作业前,必须进行的与本工种相适应的、专门的安全技术理论学习和实际操作训练。经培训考核合格,取得特种作业操作资格证书后,才能上岗作业。特种作业操作资格证书在全国范围内有效,离开特种作业岗位一定时间后,应当按照规定重新进行实际操作考核,经确认合格后方可上岗作业。对于未经培训考核即从事特种作业的,《建设工程安全生产管理条例》(国务院令第 393 号)第 62 条规定了行政处罚;造成重大安全事故,构成犯罪的,对直接责任人员,依照刑法的有关规定追究刑事责任。

1. 特种作业定义

根据《特种作业人员安全技术培训考核管理办法》(1999 年 7 月 12 日原国家经济贸易委员会令第 13 号)规定,特种作业是指容易发生人员伤亡事故,对操作者本人、他人及周围设施的安全有重大危害因素的作业。

2. 特种作业人员具备的条件

①年龄满 18 岁;

②身体健康、无妨碍从事相应工种作业的疾病和生理缺陷;

③初中以上文化程度,具备相应工程的安全技术知识,参加国家规定的安全技术理论和实际操作考核且成绩合格;

④符合相应工种作业特点需要的其他条件。

3. 培训内容

培训内容包括安全技术理论和实际操作技能的培训。

4. 考核、发证

①特种作业操作证由原国家经济贸易委员会制作,并由当地安全生产综合管理部门负责签发;

②特种作业操作证,每两年复审一次,连续从事本工种10年以上的,经用人单位进行知识更新教育后,复审时间可延长至每4年一次;

③离开特种作业岗位6个月以上的特种作业人员,应当重新进行特种作业考核,经确认合格后方可上岗作业。

5. 专项施工方案专家论证审查制度

依据《建设工程安全生产管理条例》(国务院令第393号)第26条的规定,施工单位应当在施工组织设计中编制安全技术措施和施工现场临时用电方案,对下列达到一定规模的危险性较大的部分项目工程编制专项施工方案,并附具安全验算结果,经施工单位技术负责人、总监理工程师签字后实施,由专职安全生产管理人员进行现场监督:①基坑支护与降水工程;②土方开挖工程;③模板工程;④起重吊装工程;⑤脚手架工程;⑥拆除、爆破工程;⑦国务院建设行政主管部门或者其他有关部门规定的其他危险性较大的工程。对前款所列工程中涉及深基坑、地下暗挖工程、高大模板工程的专项施工方案,施工单位还应当组织专家进行论证、审查。

本条第一款规定的达到一定规模的危险性较大工程的标准,由国务院建设行政主管部门会同国务院其他有关部门制定。对于"专项施工方案专家论证审查制度"的具体要求,如对专家的要求、对论证结果的要求及相应的责任问题等,暂时还没有更详细的制度去约束。

八、危及施工安全工艺、设备、材料淘汰制度

严重危及施工安全的工艺、设备、材料是指不符合生产安全要求,极有可能导致生产安全事故发生,致使人民生命和财产遭受重大损失的工艺、设备和材料。工艺、设备和材料在建设活动中属于物的因素,相对于人的因素来说,这种因素对安全生产的影响是一种"硬约束",即只要使用了严重危及施工安全的工艺、设备和材料,即使安全管理措施再严格,人的作用发挥得再充分,也仍然难以避免安全生产事故的发生。

《建设工程安全生产管理条例》(国务院令第393号)第45条规定,国家对严重危及施工安全的工艺、设备、材料实行淘汰制度,具体目录由建设部会同国务院其他有关部门制定并且以明示的方法予以公布。这一方面有利于保障安全生产;另一方面也体现了优胜劣汰的市场经济规律,有利于提高生产经营单位的工艺水平,促进设备更新。

对于已经公布的严重危及施工安全的工艺、设备和材料,建设单位和施工单位都应当严格遵守和执行,不得继续使用此类工艺和设备,也不得转让他人使用。

九、施工现场消防安全责任制度

1. 防火制度的建立

①施工现场都要建立、健全防火检查制度。

②建立义务消防队,人数不少于施工总人员的10%。

2. 消防器材的配备

①临时搭设的建筑物区域内,每100 m² 配备 2 只 10 L 灭火器。

②大型临时设施总面积超过 1 200 m²,应备有专供消防用的积水桶(池)、黄沙池等设施,上述设施周围不得堆放物品。

③临时木工间、油漆间和木、机具间等每 25 m² 配备一只种类合适的灭火器,油库危险品仓库应配备足够数量、种类合适的灭火器。

④24 m 高度以上高层建筑施工现场,应设置具有足够扬程的高压水泵或其他防火设备和设施。

3. 施工现场的防火要求

①各单位在编制施工组织设计时,施工总平面图、施工方法和施工技术均要符合消防安全要求。

②施工现场应明确划分用火作业区、易燃可燃材料堆场、仓库、易燃废品集中站和生活区等区域。

③施工现场夜间应有照明设备,保持消防车通道畅通无阻,并要安排力量加强值班巡逻。

④施工作业期间需搭设临时性建筑时,必须经施工企业技术负责人批准,施工结束应及时拆除。但不得在高压架空下面搭设临时性建筑物或堆放可燃物品。

⑤施工现场应配备足够的消防器材,指定专人维护、管理、定期更新,保证完整好用。

⑥在土建施工时,应先将消防器材和设施配备好,有条件的,应敷设好室外消防水管和消防栓。

⑦焊、割作业点与氧气瓶、电石桶和乙炔发生器等危险物品的距离不得少于 10 m,与易燃易爆物品的距离不得少于 30 m;如达不到上述要求的,应执行动火审批制度,并采取有效的安全隔离措施。

⑧乙炔发生器和氧气瓶的存放之间距离不得小于 2 m,使用时,二者的距离不得小于 5 m。

⑨氧气瓶、乙炔发生器等焊割设备上的安全附件应完整有效,否则不准使用。

⑩施工现场的焊、割作用,必须符合防火要求,严格执行"十不烧"规定。

⑪冬季施工采用保温加热措施时,应符合以下要求:采用电热器加温,应设电压调整器控制电压,导线应绝缘良好,连接牢固,并在现场设置多处测量点;采用锯末生石灰蓄热,应选择安全配方比,并经工程技术人员同意后方可使用;采用保温或加热措施前,应进行安全教育,施工过程中,应安排专人巡逻检查,发现隐患及时处理。

⑫施工现场的动火作业,必须执行审批制度:一级动火作业须由所在单位行政负责人填写动火申请表,编制安全技术措施方案,报公司保卫部门及消防部门审查批准;二级动火作业须由所在工地、车间的负责人填写动火申请表,编制安全技术措施方案;三级动火作业须由所在班组填写动火申请表,经工地、车间负责人及主管人员审查批准;古建筑和重要文物单位等场所动火作业,按一级动火手续上报审批。

十、生产安全事故应急救援制度

(一)应急救援预案的主要规定

①县级以上地方人民政府建设行政主管部门应当根据本级人民政府的要求,制订本行政区域内建设工程特大生产安全事故应急救援预案。

②施工单位应当制订本单位生产安全事故应急救援预案,建立应急救援组织或者配备应急救援人员,配备必要的应急救援器材、设备,并定期组织演练。

③施工单位应当根据建设工程施工的特点、范围,对施工现场易发生重大事故的部位、环节进行监控,制订施工现场生产安全事故应急救援预案;实行施工总承包的,由总承包单位统一组织编制建设工程生产安全事故应急救援预案;工程总承包单位和分包单位按照应急救援预案,各自建立应急救援组织或者配备应急救援人员,配备救援器材、设备,并定期组织演练。

④工程项目经理部应针对可能发生的事故制订相应的应急救援预案,准备应急救援的物资,并在事故发生时组织实施,防止事故扩大,以减少与之有关的伤害和不利环境影响。

(二)现场应急预案的编制和管理

1.编制、审核和确认

(1)现场应急预案的编制:现场应急预案的编制应与安保计划同步进行。根据对危险源与不利环境因素的识别结果,确定对可能发生的事故或紧急情况的控制措施、失效时所采取的补救措施和抢救行动,并针对可能随之引发的伤害和其他影响所采取的措施。

现场应急预案应包括施工现场范围出现的事故或紧急情况的救援和处理。

①应急预案中应明确应急救援组织、职责和人员的安排,应急救援器材、设备的准备和平时的维护保养。

②在作业场所发生事故时应明确抢救方案,如使用什么器材、设备,如何组织抢救、保护事故现场的安排。

③根据事故性质,明确内部和外部联系的方法、渠道,内容包括在多长时间内由谁如何向企业上级、政府主管部门和其他有关部门、需要通知的近邻及消防、救险、医疗等单位联系。

④工作场所内全体人员如何疏散的要求。

⑤应急救援的方案在上级批准以后,项目部还应根据实际情况定期和不定期举行应急救援的演练,检验应急准备工作的能力。

(2)现场应急预案的审核和确认:由施工现场项目经理部的上级有关部门,对应急预案的适宜性进行审核和确认。

2.现场应急救援预案

应急救援预案可以包括下列内容,但不局限于下列内容:

①目的;

②适用范围;

③引用的相关文件；

④应急准备,包括领导小组组长、副组长及联系电话；组员,办公场所(指挥中心)及电话；项目经理部应急救援指挥流程图,以及急救工具、用具(列出急救的器材、名称)。

(三)应急响应

(1)一般事故的应急响应:当事故或紧急情况发生后,应明确由谁向谁汇报,同时采取什么措施防止事态扩大；现场领导如何组织处理,同时在多长时间内向公司(企业)领导或主管部门汇报。

(2)重大事故的应急响应:重大事故发生后,由谁在最短时间内向项目领导汇报,如何组织抢救,由谁指挥、配合对伤员、财物的急救处理,防止事故扩大。项目部立即汇报:向内汇报——多长时间、报告哪个部门、报告的内容；向外报告——什么事故,可以由项目部直接向外报警,什么事故应由项目部上级公司(企业)向有关上级部门上报。

(四)演练和预案的评价及修改

项目部应规定演练的要求和具体项目。应急预案应报有关部门备案后,项目部要定期组织演习,且每年不得少于 1 次。对演练中发现的问题和具体情况对应急预案及时进行评价、调整和修订。

十一、意外伤害保险制度

根据《建筑法》第 48 条规定,建筑职工意外伤害保险是法定的强制性保险,也是保护建筑业从业人员合法权益、转移企业事故风险、增强企业预防和控制事故能力、促进企业安全生产的重要手段。建设部于 2003 年 5 月 23 日公布了《建设部关于加强建筑意外伤害保险工作的指导意见》(建质[2003]107 号),从 9 个方面对加强和规范建筑意外伤害保险工作提出了较详尽的规定,明确了建筑施工企业应当为施工现场从事施工作业和管理的人员办理建筑意外伤害保险、支付保险费,并为施工活动过程中发生人身意外伤亡事故的受害人员提供保障。同时,还对保险期限与金额、保费、投保方式、索赔、安全服务及行业自保等都提出了指导性意见,其内容如下。

1. 建筑意外伤害保险的范围

建筑施工企业应当为施工现场从事施工作业和管理的人员办理建筑意外伤害保险并支付保险费,范围应当覆盖工程项目。已在企业所在地参加工伤保险的人员,从事现场施工时仍可参加建筑意外伤害保险。各地建设行政主管部门可根据本地区实际情况,规定建筑意外伤害保险的附加险要求。

2. 建筑意外伤害保险的保险期限

保险期限应涵盖工程项目开工之日到工程竣工验收合格日。提前竣工的,保险责任自行终止；延长工期的,应当办理保险顺延手续。

3. 建筑意外伤害保险的金额

各地建设行政主管部门结合本地区实际情况,确定合理的最低保险金额。最低保险金额要能够保障施工伤亡人员得到有效的经济补偿。施工企业办理建筑意外伤害保险时,投保的保险金额不得低于此标准。

4. 建筑意外伤害保险的保险费用

保险费应当列入建筑安装工程费用。保险费由施工企业支付,施工企业不得向职工进行摊派。

施工企业和保险公司双方应本着平等协商的原则,根据各类风险因素商定建筑意外伤害保险费率,提倡差别费率和浮动费率。差别费率可与工程规模、类型、工程项目风险程度和施工现场环境等因素挂钩;浮动费率可与施工企业安全生产业绩、安全生产管理状况等因素挂钩。对重视安全生产管理、安全业绩好的企业可采用下浮费率;对安全生产业绩差、安全管理不善的企业可采用上浮费率。通过浮动费率机制,激励投保企业安全生产的积极性。

5. 建筑意外伤害保险的投保手续

施工企业应在工程项目开工前,办理完投保手续。鉴于工程建设项目施工工艺流程,分包单位的由总承包施工企业统一办理,分包单位合理承担投保费用。业主直接发包的工程项目由承包企业直接办理。各级建设行政主管部门要强化监督管理,把在建工程项目开工前是否投保建筑意外伤害保险情况作为审查企业安全生产条件的重要内容之一;未投保的工程项目,不予发放施工许可证。投保人办理投保手续后,应将投保有关信息以布告形式张贴于施工现场,告之被保险人。

6. 关于建筑意外伤害保险的索赔

建筑意外伤害保险应规范和简化索赔程序,搞好索赔服务。各地建设行政主管部门要积极创造条件,引导投保企业在发生意外事故后立即向保险公司提出索赔,使施工伤亡人员能够得到及时、足额的赔付。各级建设行政主管部门应设置专门电话接受举报,凡被保险人发生意外伤害事故,企业和工程项目负责人隐瞒不报、不索赔的,要严肃查处。

7. 关于建筑意外伤害保险的安全服务

施工企业应当选择能提供建筑安全生产风险管理、事故防范等安全服务和有保险能力的保险公司,以保证事故后能及时补偿,事故前能主动防范。目前还不能提供安全风险管理和事故预防的保险公司,应通过建筑安全服务中介组织向施工企业提供与建筑意外伤害保险相关的安全服务。建筑安全服务中介组织必须拥有一定数量、专业配套、具备建筑安全知识和管理经验的专业技术人员。安全服务内容可包括施工现场风险评估、安全技术咨询、人员培训、防灾防损设备配置、安全技术研究等。施工企业在投保时可与保险机构商定具体服务内容。各地建设行政主管部门应积极支持行业协会或者其他中介组织开展安全咨询服务工作,大力培育建筑安全中介服务市场。

8. 关于建筑意外伤害保险行业自保

一些国家和地区结合建筑行业高风险的特点,采取建筑意外伤害保险行业自保或企业联合自保形式,并取得了一定的成功经验。有条件的省(自治区、直辖市)可根据本地的实际情况,研究建筑意外伤害保险行业自保。

案例分析

【案例一】燃气用户要求排除妨碍被依法驳回

【原告】李某,某公司职员,住某市某区某公寓 A 座

【第一被告】某市燃气集团有限公司

【第二被告】某市某信托集团有限公司

【案情介绍】2004 年 12 月第一被告某市燃气集团有限公司为第二被告某市某信托集团有限公司开发建设的某区某公寓商品住宅实施燃气配套工程,第一被告的施工单位在原告住宅阳台外沿安装燃气管道时,原告要求停止施工,改变管道走向,并称燃气管道的安装影响住宅使用,易造成被盗,带来安全隐患。施工被迫停止三天。第一被告、第二被告及施工单位多次与原告协商,但未能达成协议。施工单位继续进行了施工。2005 年 1 月原告以排除妨碍、恢复原状为由,将第一被告、第二被告列为共同被告,向某市人民法院提起了诉讼。一审法院审理后做出裁判,原告不服一审法院判决又向某市第一中级人民法院提起上诉,但被判决维持原判,至此该案件终结。

【审理结果】某市某区人民法院经审理后做出判决:对原告要求二被告排除妨碍,拆除燃气管道的请求予以驳回,案件受理费由原告承担。法院认为,公寓房屋的业主对公寓大厦共有部分享有共有权,燃气管道是建筑物的附属物,其所有权归全体业主所有,是共用设施。二被告建设的燃气管道为建筑物的附属物,原告的个人要求不能得到支持。

【分析】本案中主要问题:

1. 原告作为房屋所有人是否有权拒绝在房屋阳台外安装燃气管道。

本案中原告购买了所居住的商品房并取得所有权后,仍不能拒绝在房屋阳台外安装燃气管道设施。主要依据为:

(1)燃气建设项目是经城市建设行政主管部门按照城乡发展规划批准的可实施行为。

《城市燃气管理办法》(建设部令第 62 号)第 15 条规定:"任何单位和个人无正当理由不得阻挠经批准的公共管道燃气工程项目的施工安装"。显然,李某的个人主张与国家规定是相违背的。

(2)原告主张恢复原状、排除燃气管道的妨碍更是对财产所有权、相邻权的主张不当。

公民购买商品房后同时也购买了燃气的使用权及相关的权利。燃气使用权是财产所有权人对同一项所有权享有的权利,也就是财产共有的权利,或者按份或者共同共有,同时归共有人享有的权属状态,共享权利,共担义务,个人行使权利不得妨碍其他共有人权利义务的行使。《民法通

则》、《建设工程安全生产管理条例》(国务院令第393号)分别就公民行使自己权利不得损害他人合法权利做出明确的规定。本案中,原告主张的排除妨碍,显然违背了共有权利的行使,拒绝安装燃气管道设施无理由,无依据,不可能得到法院的支持。

2.第一被告与第二被告对涉及安装燃气管道取得规划许可后如何对待阻止施工行为。

对待原告阻挠施工安装燃气管道设施应采取以下行为:

首先,第一被告施工单位进行燃气工程施工时,应办理完毕从设计到施工的相关手续,做到完全符合国家的规定,施工单位与建设单位有合同,在合同中明确对影响施工环境的由一方或双方负责进行约定。

其次,第一被告施工单位按照合同进行施工时,对出现的阻挠施工等行为依据合同约定请求建设单位协调、调解或提出明确的要求,对由此不能按期履行合同讲明理由、等候答复,并提出影响工程进度造成的经济损失。

最后,在调解无效的情况下,寻求行政管理机关进行处理或诉请人民法院以排除妨碍为由提起诉讼。

【案例二】燃气管道设施竣工后的民事纠纷

【原告】刘某,男,33岁,住某市某区某大街

【被告】某燃气经营企业××施工队

【案情介绍】2003年7月,原告以被告拆除燃气管道施工后,原架设该管道的水泥板脱落砸伤为由,要求赔偿伤害治疗费用11万元,向人民法院提起民事诉讼。

【审理结果】被告按照政府指令,配合城市景观建设,拆除某施工场内的燃气管道迁移他处。对拆除后原架设燃气管道的水泥板仍保存了原状,未有警示标志。原告为避雨被脱落的水泥板砸伤。被告指出,在实施拆除管道设施前和施工过程中,××施工队均采取了安全保护措施并制订了应急预案,按施工方案进行了作业,竣工后撤出了现场。市政建设单位对整个施工现场进行了封闭,发布禁止车辆、行人出行的通告。施工后未发生任何事故。原告在施工后一周称被水泥板砸伤无任何事实依据。庭审中法院对被告的主张予以了认可,对原告的诉讼请求不予支持。为息诉在法院的主持下给予原告一定量的经济补偿,使此案终结。

【分析】本案中某施工队依据《建筑法》和地方燃气法规的若干规定,加强在施工中的安全工作,施工前制订方案,施工中加强安全管理,施工后做好清理工作,对竣工后所发生的纠纷并无不当,应该说不承担任何责任。

《建筑法》规定建筑工程的安全工作是一项十分重要的工作,施工采

取总承包的由总承包方负责,分包单位应向总承包单位负责。若签订安全协议则更有利于安全工作的管理。

学习鉴定

一、填空题

1. 建筑工程开工前,建设单位应当按照国家有关规定向工程所在地县级以上人民政府建设行政主管部门申请领取_____;但是,国务院建设行政主管部门确定的限额以下的小型工程除外。

2. 依法批准开工报告的建设工程,建设单位应当自开工报告批准之日起_____日内,将保证安全施工的措施报送建设工程所在地的县级以上地方人民政府建设行政主管部门或者其他有关部门备案。

3. 燃气设施建设工程竣工后,建设单位应当依法组织竣工验收,并自竣工验收合格之日起_____日内,将竣工验收情况报燃气管理部门备案。

4. 建设单位应当严格按照《城市建设档案管理规定》(建设部令第 61 号)的要求,在工程竣工验收后_____个月内,向城建档案馆移交一套符合规定的工程建设项目档案原件。

5. 施工单位对因建设工程施工可能造成损害的毗邻建筑物、构筑物和地下管线等,应当采取_____措施。

6. 实行施工总承包的建设工程,由_____对施工现场的安全生产负总责。

7. _____必须组织相关勘察设计、施工、监理、设备安装、材料供应等单位进行工程验收,并依法进行备案。

8. 特种作业人员必须按照国家有关规定经过专门的安全作业培训,并取得_____后,方可上岗作业。

9. _____中应明确应急救援组织、职责和人员的安排,应急救援器材、设备的准备和平时的维护保养。

二、问答题

1. 申请领取施工许可证应当具备什么条件?

2. 燃气工程的专业审查包括几方面内容?

3. 一套完整的工程建设项目档案一般包括哪些材料?

4.《城镇燃气管理条例》规定的备案与《建设工程质量管理条例》规定的备案有何区别?

5. 燃气建设工程的安全管理涉及哪些责任主体?

6. 燃气工程安全生产管理制度有哪些(至少写出 8 条)?

第 4 章　燃气经营与服务

核心知识

- 燃气经营许可
- 燃气经营管理制度的内容
- 管道燃气经营者的经营服务
- 瓶装燃气经营者的经营服务
- 燃气价格和收费
- 燃气标准化服务

学习目标

- 了解取得燃气经营许可证的依据和条件
- 了解燃气经营管理的几项主要制度
- 掌握燃气经营者的禁止行为
- 了解燃气价格确定、调整和收费
- 了解燃气标准化服务的主要内容

第一节
燃气经营许可

国家对燃气经营实行许可证准入制度,要求所有的燃气经营企业必须取得燃气经营许可证后,方可从事燃气经营活动。这对加强行业管理、规范市场秩序、保障公共安全和人民生命财产安全具有重要作用。所谓燃气经营许可,是燃气管理部门根据准备经营燃气的企业的申请,并依据《行政许可法》和《城镇燃气管理条例》规定的条件进行审查,准予其从事燃气经营活动的行政行为。

一、燃气经营许可的依据

1. 设定燃气经营许可的法律依据

燃气具有易燃、易爆、易中毒等特点,稍有不慎,极有可能发生事故。燃气事业直接关系公共利益,关系人民群众生命和财产安全,不能实行完全自由的市场准入政策,应当设立必要的市场准入制度。燃气经营者承担着保障安全生产、安全供气的责任,应当具备承担安全生产、供应服务的条件和能力。通过设立燃气经营许可制度,明确燃气经营许可条件以及燃气经营者的权利和义务,可以有效规范燃气经营活动,保证燃气供应安全。

设立燃气经营许可的主要依据是《行政许可法》的有关规定。《行政许可法》第 12 条对需要设定行政许可的事项做了规定:第一项规定"直接涉及国家安全、公共安全、经济宏观调控、生态环境保护以及直接关系人身健康、生命财产安全等特定活动,需要按照法定条件予以批准的事项";第二项规定"有限自然资源开发利用、公共资源配置以及直接关系公共利益的特定行业的市场准入等,需要赋予特定权利的事项";第三项规定"提供公众服务并且直接关系公共利益的职业、行业,需要确定具备特殊信誉、特殊条件或者特殊技能等资格、资质的事项"。

2. 设定燃气经营许可可以更合理配置资源、维护公共利益

燃气是现代城市赖以生存和发展的重要能源基础之一,也是国家能源战略中重点建设和发展的事业,燃气的普及应用对优化城乡能源结构、改善环境质量、提高人民生活水平、提升城市载体功能发挥着极其重要的作用。燃气又是一种不可再生资源,保障燃气供给,维护公众利益,是各级政府的义务。燃气供给方式、设点布局、安全防护等应符合城乡规划、建设和管理的要求。管道燃气供应更具规划性、区域性和垄断性的特点,其规划建设和经营需在规划指导下有限度地实行市场竞争,如果不加以限定,随意经营,擅自铺设管道,重复建设,争夺资源,势必造成资源的浪费、城市管理的混乱和安全隐患。通过设立经营许可证制度,可以促进有限燃气资源的合理利用和配置,有利于燃气事业的健康发展。

3. 各地实行燃气经营许可的实践

《行政许可法》施行后,山东、江苏、北京、天津、上海等省、市陆续颁布地方性法规,设立了燃气经营许可制度。《山东省燃气管理条例》第 15 条规定:"经营燃气的企业必须按照国家和省有关规定取得燃气经营许可后,方可从事燃气经营活动。"《江苏省燃气管理条例》第 19 条第 1 款规定:"从事瓶装燃气经营的企业,应当具备下列条件,并向设区的市建设主管部门申请,由其依照行政许可法规定的程序核发瓶装燃气经营许可证……"《北京市燃气管理条例》第 14 条第 1 款规定:"在本市行政区域内从事燃气供应经营活动的,应当取得燃气行政管理部门颁发的燃气经营许可证。"《上海市燃气管理条例》第 18 条第 1 款规定:"从事燃气生产、输配以及销售活动的,应当取得燃气经营许可证。"从目前情况看,燃气经营许可证制度发挥了应有的作用,得到了燃气行业和公众的认同,各地在实施燃气经营许可过程中也积累了比较丰富的经验,为建立统一的燃气经营许可证制度奠定了基础。

许多国家和地区都已依法设立燃气经营许可证制度。明确要求燃气经营者必须具备相应的条件,在取得许可证后,方可从事燃气的经营活动。我国香港地区《气体安全条例》规定,申请注册为燃气公司,必须提供证明自己足以保障业务经营计划实施和承担相应法律责任的物质资源,以及确保遵守相关法定义务的文件;经特首委任的气体安全监督批准并取得注册证明方可成为燃气公司。

二、燃气经营许可的条件

燃气经营许可是燃气管理部门实施市场准入管理和安全管理的重要手段。经营燃气的企业必须经过燃气管理部门许可,并取得燃气管理部门颁发的燃气经营许可证后,方可从事燃气经营活动。燃气管理部门在实施经营许可时应当按照国家和地方规定的程序和权限进行审批。

燃气管理部门实施燃气经营许可的程序包括以下内容:①明确经营燃气的企业办理燃气经营许可证的程序、时间、办法;②对燃气经营企业停业、歇业、分离、合并等方面的内容作出规定;③各级燃气管理部门的审查审批权限、程序、时间,应当下达的有关文书和颁发证件的期限等;④燃气经营许可证件的管理制度等。只有明确上述内容,才能使燃气经营者在办理经营许可证时有章可循,同时规范和约束燃气管理部门的审查审批行为。

《城镇燃气管理条例》(国务院第 583 号令)第 15 条规定,国家对燃气经营实行许可证制度。从事燃气经营活动的企业,应当具备下列五项条件:

①符合燃气发展规划要求;
②有符合国家标准的燃气气源和燃气设施;
③有固定的经营场所、完善的安全管理制度和健全的经营方案;
④企业的主要负责人、安全生产管理人员以及运行、维护和抢修人员经专业培训并考核合格;
⑤法律、法规规定的其他条件。

符合前款规定条件的,由县级以上地方人民政府燃气管理部门核发燃气经营许可证。申请人凭燃气经营许可证到工商行政管理部门依法办理登记手续。

由于管道燃气在设施、供气压力、供气范围和计量的特殊要求,禁止个人从事管道燃气经营活动。

三、燃气经营者的选择

燃气经营者是指从事燃气商品经营及其他营利性燃气服务的法人和其他经济组织。随着经济体制改革的逐步深入,过去在燃气建设投资和经营方面国有资产一股独大的局面已经被打破。《城镇燃气管理条例》第14条规定:"政府投资建设的燃气设施,应当通过招标投标方式选择燃气经营者。社会资金投资建设的燃气设施,投资方可以自行经营,也可以另行选择燃气经营者。"

1. 政府投资新建的燃气设施选择燃气设施运营管理单位的方式

政府投资新建燃气设施,应通过招投标的方式选择燃气设施运营管理单位。它是政府选择燃气设施运营管理单位方式的一项重大改革:运用市场竞争机制,树立公平、公开、公正的实施原则,由政府择优选定燃气设施运营管理单位。这实际上是一种行政合同管理方式,它是政府通过行政合同这种形式在公共领域内实施管理的一种行政手段。

招标是指由行政主体事先设定行政合同的标底,行政相对人根据预定的程序进行竞投,行政主体对投标书进行比较之后,选择最优者订立行政合同。实践证明,招标投标制度是比较成熟而且科学合理的运营发包方式,也是保证燃气设施安全运营,加快投资回收进度,取得理想经济效益的最佳办法。

2. 对社会资金新建的燃气设施选择管理运营单位的规定

对社会资金投资新建的燃气设施,由投资方自行运营管理,也可以另行选择燃气设施运营管理单位,即对新建的燃气设施的管理可通过运营企业来实现。燃气设施投资者和运营主体既可以是统一的,也可以是分离的。这是对现行燃气设施投融资制度和管理工作机制的完善,对进一步吸引民间资金、外资等社会资金投资燃气行业、加快行业发展将产生积极作用。

四、管道燃气经营企业的特许经营

1. 特许经营的概念

特许即一般说的特许经营权,是由政府或监管机构在那些符合进入标准或具备一定资格的申请人之间,选择一个或几个申请人给予其进入市场的资格。由于申请人之间存在着进入市场的竞争,因此特许适用于寡头垄断或垄断竞争性领域,以及只有通过占有有限自然资源才能提供服务的领域。

市政公用事业特许经营,是指政府按照有关法律、法规规定,通过市场竞争机制选择市政公用事业投资者或者经营者,明确其在一定期限和范围内经营某项市政公用事业产品或者提供某项服务的制度。城市供水、供气、供热、公共交通、污水处理、垃圾处理等行业,依法实施特许经营。实施特许经营的项目由省、自治区、直辖市通过法定形式和程序确定。

实行特许经营,是传统公用事业运营模式改革的方向。英国和美国在法律上将公用事业定义为"受公共利益影响的经济行业及其活动"。在一般意义上,公用事业是指传统上由国家垄断经营的铁路、航空、邮电、天然气、电力、供水、排水等关系人民生活和经济发展的基础设施事业。在我国,根据部门间的分工,市政公用事业包括供水、供气、供热、排水、污水处理、垃圾处理、公共交通以及市容环境卫生和园林绿化等。城镇燃气是城镇公用事业重要的组成部分,也是城市重要的基础设施。由于公用事业与广大人民群众的生活息息相关,对国民经济其他部门也有重大影响,因此,在公用事业领域对社会资本开放之后,政府必须加强对公用事业企业的监管。特许经营权的意义在于:通过投标者在中标前为获得特许经营权所进行的竞争,提高垄断性市场的可竞争性。

2. 特许经营的监管

监管任务必须由监管机构来实施。传统上,监管机构就是政府的政策部门或行业主管部门。但随着竞争性市场结构和多元化投资主体的出现,必须构造新的监管机构,这种监管机构应当具有独立性、透明性、责任性、专业性和可信性。

公用事业监管的内容主要包括市场准入、价格监管、信息披露、互联互通、反垄断政策以及普遍服务机制等。市场准入是一种行政许可行为,是一种授意性行政行为。行政许可又可分为特殊许可和普通许可,需要依据《行政许可法》的规定实施。公用事业的市场准入,可以有企业进入市场并提供服务、有限资源占用、入网设备、投资准入等多种许可形式,但这些形式,并不一定必须采取行政许可的方式。在程序上,对竞争性接入的特许业务和资源的分配,政府或监管机构应通过公开招标、拍卖等方式,按照择优原则做出行政许可决定。价格监管主要是对那些经过特许而进入市场,并提供垄断性服务的运营商的服务收费水准及收费结构进行的控制,它是最重要也是难度最大的一项监管内容。普遍服务是指特许经营者应在任何地方,以可承受的价格向每一个潜在的消费者提供必需的服务。普遍服务一方面是讲享有各种生活必需品是消费者拥有的权利,另一方面它是作为公众利益代表者的政府的一种承诺,而政府将提供服务的职能委托给了特许经营企业,它也就成为企业必须履行的一项义务。

3. 特许经营的内容

(1)参与特许经营权竞标者应当具备的条件:①依法注册的企业法人;②有相应的注册资金和设施、设备;③有良好的银行资信、财务状况及相应的偿债能力;④有相应的从业经历和良好的业绩;⑤有相应数量的技术、财务、经营等关键岗位人员;⑥有切实可行的经营方案;⑦地方性法规、规章规定的其他条件。

(2)主管部门选择投资者或者经营者应当遵循的程序:①提出市政公用事业特许经营项目,报直辖市、市、县人民政府批准后,向社会公开发布招标条件,受理投标;②根据招标条件,对特许经营权的投标人进行资格审查和方案预审,推荐出符合条件的投标候选人;③组织评审委员会依法进行评审,并经过质询和公开答辩,择优选择特许经营权授予对象;④向社会公示中标结果,公示时间不少于 20 天;⑤公示期满对中标者没有异议的,经直辖市、市、县人民政府批准,与中标者(以下称"获得特许经营权的企业")签订特许经营协议。

(3)特许经营协议应当包括以下内容:①特许经营内容、区域、范围及有效期限;②产品和服务标准;③价格和收费的确定方法、标准以及调整程序;④设施的权属与处置;⑤设施维护和更新改造;⑥安全管理;⑦履约担保;⑧特许经营权的终止和变更;⑨违约责任;⑩争议解决方式;⑪双方认为应该约定的其他事项。

(4)主管部门应当履行下列责任:①协助相关部门核算和监控企业成本,提出价格调整意见;②监督获得特许经营权的企业履行法定义务和协议书规定的义务;③对获得特许经营权的企业的经营计划实施情况、产品和服务的质量以及安全生产情况进行监督;④受理公众对获得特许经营权的企业的投诉;⑤向政府提交年度特许经营监督检查报告;⑥在危及或者可能危及公共利益、公共安全等紧急情况下,临时接管特许经营项目;⑦协议约定的其他责任。

(5)获得特许经营权的企业应当履行下列责任:①科学合理地制订企业年度生产、供应计划;②按照国家安全生产法规和行业安全生产标准规范,组织企业安全生产;③履行经营协议,为社会提供足量的、符合标准的产品和服务;④接受主管部门对产品和服务质量的监督检查;⑤按规定的时间将中长期发展规划、年度经营计划、年度报告、董事会决议等报主管部门备案;⑥加强对生产设施、设备的运行维护和更新改造。确保设施完好;⑦协议约定的其他责任。

市政公用企业要依法自主经营。取得特许经营权的企业要在政府公共资源配置总体规划的指导下,科学合理地制订企业年度生产计划,为社会提供足量的符合标准的产品或优质服务,要自觉接受政府的监管,制订严格的财务会计制度,定期向政府及主管部门汇报经营情况,如实提供反映企业履行合同情况的有关材料。市政公用企业应通过合法经营取得合理的投资回报,实现经营利润,同时承担相应的经营风险和法律责任,真正成为自主经营、自负盈亏、自我发展的市场主体。

4. 特许经营权的变更与终止

在合同期限内,若特许经营的内容发生变更,合同双方必须在共同协商的基础上签订相关的补充协议。若因企业原因导致经营内容发生重大变更,政府应根据变更的情况,决定是否继续授予其特许经营权;若政府根据发展需要调整规划和合同时,应充分考虑原获得特许经营权的企业的合理利益。

特许经营权期满前(一般不少于一年),特许经营企业可按照规定申请延长特许权期限。经主管部门按规定的程序组织审议并报城市政府批准后,可以延长特许经营权期限。

获得特许经营权的企业在经营期间如出现以下所列情况,由市政公用行业主管部门报城市政府批准后予以相应处理,对情节严重的,应取消其特许经营权:

①未按要求履行合同,产品和服务质量不符合标准,并未按市政公用行业主管部门要求进行限期整改的;

②未经政府及行业主管部门批准,擅自转让或变更特许经营权的;

③未经城市政府及行业主管部门批准,擅自停业、歇业,影响到社会公共利益和安全的;

④发生重大质量事故、安全生产事故或企业法人有重大违规违纪行为的。

在特许经营权发生变更或终止时,必须做好资产的处置和人员的安置工作,必须保证服务的连续性。

5. 政府主管部门的职责

城市人民政府负责本行政区域内特许经营权的授予工作。各城市市政公用行业主管部门由当地政府授权代表城市政府负责特许经营的具体管理工作,并行使授权方相关权利,承担授权方相关责任。

市政公用行业主管部门的主要职责是认真贯彻国家有关法律法规,制订行业发展政策、规划和建设计划;制订市政公用行业的市场规则,创造公开、公平的市场竞争环境;加强市场监管,规范市场行为;对进入市政公用行业的企业资格和市场行为、产品和服务质量、企业履行合同的情况进行监督;对市场行为不规范、产品和服务质量不达标或违反特许经营合同规定的企业进行处罚。

市政公用行业主管部门的管理方式,从直接管理转变为宏观管理,从管行业转变为管市场,从对企业负责转变为对公众负责、对社会负责。

市政公用产品和服务价格由政府审定和监管。应在充分考虑资源的合理配置和保证社会公共利益的前提下,遵循市场经济规律,根据行业平均成本并兼顾企业合理利润来确定市政公用产品或服务的价格(收费)标准。

市政公用企业通过合法经营获得的合理回报应予保障。若为满足社会公众利益需要,企业的产品和服务定价低于成本,或企业为完成政府公益性目标而承担政府指令性任务,政府应给予相应的补贴。

6. 管道燃气特许经营概况

《市政公用事业特许经营管理办法》(建设部令第 126 号)明确提出了,城市供气、供热等实行特许经营的具体规定。我国建设行政主管部门在 2003 年起对管道燃气经营企业开始实行管道特许经营,开展了管道燃气特许经营的合同签订及各项管理工作。实行管道燃气特许经营有利于行政管理目标的实现;有利于调动管道燃气经营企业从事燃气经营的积极性、创造性;有利于燃气市场经营活动的顺利开展;有利于保障燃气供用气安全运行和社会公共安全。从事管道燃气经营企业要取得特许经营应具备特许经营条件,获得特许经营权的经营者与直辖市、市、县级人民政府燃气管理部门签订特许经营协议,报直辖市、市、县级人民政府批准成为"获特许经营权的企业",履行特许经营协议,开展经营活动。

第二节
燃气经营制度

保障燃气安全,制度建设是关键。燃气经营者必须依法建立健全安全管理制度和企业内部管理制度,燃气经营者对安全生产负有主要责任。其中安全管理制度包括安全管理责任制、岗位责任制、抢险抢修制度、对用户的安全用气指导与检查制度、安全管理网络等;内部管理制度有企业章程、生产管理制度、财务管理制度、人员管理制度、工资制度、服务规范等。这两类制度的主要目的是为了确保燃气经营者能够履行安全供气和规范服务的职责，能够切实承担法定的民事责任和法律责任，遇到事故能够及时抢险抢修，最终确保燃气安全。本节从中选择几项重点制度加以介绍。

一、安全管理制度

燃气经营者必须依法建立安全管理制度和安全管理网络，确保燃气安全。

1. 安全管理责任制

燃气安全管理责任制，是指为确保燃气安全而建立的有关管理责任的制度，包括企业负责人应当承担的安全管理责任，安全管理人员应当承担的安全管理责任，岗位操作人员应当承担的安全责任，抢险抢修人员、抄表人员、检查人员等应当承担的责任等。其内容应当包括安全管理、资金投入、监督检查、操作规范、隐患清除、事故处理、运行记录等。

安全管理网络是一种覆盖经营活动的所有环节，包含所有经营活动过程和人员的网络化管理模式，从经营企业管理人员、技术人员、岗位操作人员，到用户都被赋予安全管理的责任，从燃气经营者的储配站、输配管网、各种调压站（箱）、阀门，到用户内设施、器具都纳入安全管理的范畴。

燃气经营者的主要负责人是安全生产的第一责任人。任何燃气经营者都必须建立、健全安全生产责任制，健全从主要负责人、分管负责人、中层管理人员直到一线操作人员的安全管理网络，层层分解安全责任，一级抓一级，层层抓落实，只有这样，才能尽可能避免、消除安全隐患。

2. 日常巡查和定期检查制度

燃气安全日常巡查和定期检查制度是保障燃气安全的最有效的制度。燃气经营者对燃气设施进行日常巡回检查，是多年来管理规范的燃气经营者总结出来的一条安全管理的经验；有些燃气经营者疏于检查或者不实行日常检查，是造成安全事故的重要因素。因此，一些地方法规就规定了燃气经营者必须对燃气设施的运行状况实行日常巡查，日常巡查的时间、次数由各企业根据工作实际确定。

近几年来，随着管道燃气的发展，管道燃气用户大幅度增加，因用户缺乏安全意识、设施老化陈旧、更新不及时、使用不合格的燃气器具及其零配件等造成的安全事故时有发生。为堵住这一管理上的漏洞，一些地方法规赋予燃气经营者对用户安全用气进行定期检查的责任和义务，各有关企业可根据用户燃气设施运行和安全用气的情况，确定定期检查的时间间隔，但根据当前燃气设施的运行状况，一般每年检查次数为一至两次。

燃气经营者进行的安全巡查和定期检查都要做出相应的记录，发现安全隐患的，要下达隐患整改通知书，由责任人签字，限期进行整改。为保证燃气用户的合法权益不受侵害，燃气经营者的巡查人员入户检查时，应当主动出示有效证件。有效证件是指根据国家和省级燃气行业职业技能培训的有关规定，燃气经营者的检查人员经燃气管理部门组织培训考核，考核合格者由省级燃气管理部门颁发的证件。

二、从业人员资格和培训制度

《安全生产法》对燃气企业的管理人员和特种作业人员培训做出了规定,一些地方法规依据《安全生产法》对从业人员的资格提出了更具体的要求。

燃气经营者从事安全管理、作业和抢险抢修的人员,应当按照国家和地方有关规定接受培训,经考核合格,取得相应资格后,方可从事相应的安全管理或者作业活动。对于燃气经营者从事安全管理、作业和抢险抢修人员的从业资格,建设部《关于印发〈建设劳务资格鉴定和证书制度试行办法〉的通知》(建人[1994]665号),《关于印发〈全面实行建设职业技能岗位证书制度促进建设劳动力市场管理的意见〉的通知》(建人[1996]478号),《关于加强建设职业技能岗位培训与鉴定工作的通知》(建人[1997]341号)和建设部、公安部、国家工商局《关于清理整顿城镇燃气市场加强燃气安全管理的通知》(建城[2000]139号)等文件和规章都做出了明确规定。建人[1997]341号文提出了"建设职业技能岗位证书制度,实行全国统一职业范围、统一技能标准、统一岗位鉴定规范、统一试题库、统一培训教材、统一岗位证书'六统一'管理"。

"企业的主要负责人、安全生产管理人员以及运行、维护和抢修人员经专业培训并考核合格"是对燃气经营者管理、技术和操作人员资格条件的规定。"主要负责人"是指燃气企业法定代表人、董事长、总经理,"安全生产管理人员"是指负责安全运行的企业经理、副经理和负责安全管理的部门负责人和管理人员,"运行、维护和抢修人员"是指负责燃气设施设备运行、维护和燃气设施设备故障或者事故抢险抢修的管理和一线操作人员。上述人员应当依据《安全生产法》和《城镇燃气管理条例》等有关法律法规的规定,进行相应的燃气专业管理技能和操作技能培训,经燃气管理部门会同有关部门依法考核,考核合格后方可持证上岗。专业培训可以采取企业培训和社会机构培训相结合的方式。社会培训机构应当具备必要的燃气专业培训能力,并经省级以上燃气管理部门备案。省级以上燃气管理部门可以编写培训大纲,规定培训内容、考核方式方法和有关要求并组织实施。

三、燃气经营者日常服务规范和对用户安全用气宣传制度

城镇燃气是公用事业,燃气经营者必须履行普遍服务的义务,有些地方性法规对此也做出了规定。如《江苏省燃气管理条例》第28条规定:"管道燃气经营企业应当履行普遍服务义务。对申请使用管道燃气并符合使用条件的单位和个人,管道燃气经营企业应当与之签订供气合同,明确双方的权利、义务。居民用户申请使用家用燃气锅炉的,管道燃气经营企业应当对其安全使用条件等进行检查。符合条件的,方可安装使用。"《山东省燃气管理条例》第23条规定:"燃气经营企业应当向用户公布并履行服务承诺,提高服务水平。燃气经营企业应当制订用户安全用气规则,向用户发放安全用气手册,并安排专职人员对用户进行燃气安全使用教育、解答用户咨询。"为切实增强燃气经营者的服务意识,提高服务水平和服务质量,教育指导用户安全用气,安全宣传制度应包含用户宣传计划、宣传专题、内容、方式、周期、组织等事项。安全用气宣传内容至少应有下述内容:①安全使用燃气的基本知识;②正确使用燃气器具的方法;③应急处置的联系方法、联系电话;④防范和处置燃气事故的

措施;⑤保护燃气设施的义务等内容。

四、燃气质量检测制度

目前,城镇使用的燃气通常为天然气、液化石油气和人工燃气;有些地方也使用地下矿井煤炭气化气、工业余气或者其他复合气体燃料,其成分复杂,质量难免产生波动。而燃气质量涉及用户切身利益和安全,实践证明燃气质量不达标极易导致燃气事故的发生。《中华人民共和国产品质量法》(以下简称《产品质量法》)第 34 条规定,销售者应当采取措施,保持销售产品的质量。燃气经营者经营燃气产品,要对产品质量负责,对用户负责。确保向用户供应符合国家标准的燃气产品,是燃气经营者应履行的义务。燃气质量包括燃气组分、热值、压力、加臭等指标,我国已对城镇燃气质量标准做出了明确规定。这里的国家标准是指《城镇燃气设计规范》(GB 50028—2006)和《天然气》(GB 17820—1999)、《液化石油气》(GB 9052.1—1998)或者(GB 11174—1997)、《人工煤气》(GB 13612—92)等标准。对于没有国家标准的新型复合气体燃料要经过省燃气管理部门会同省质量技术监督、公安消防机构审查同意。燃气经营者应建立健全燃气质量检测制度,采取自行质量检测或请具有专业资质的检测机构进行质量检测等方式,对所供燃气进行质量检测,保证燃气质量符合国家标准。

同时县级以上地方人民政府质量监督、工商行政管理、燃气管理等部门应当按照职责分工,依法加强对燃气质量的监督检查,确保燃气经营者认真履行此项制度。

此外燃气经营者还应建立燃气安全风险评价制度和燃气事故应急救援预案制度等一系列与燃气安全经营有关的制度。

第三节
管道燃气经营者的经营服务

管道燃气是指用燃气管道输送的天然气、液化气和人工燃气等。管道燃气经营者的经营与服务应满足以下要求。

一、发展用户

管道燃气经营者发展用户应当履行普遍义务和遵循燃气发展规划,适应当地经济发展和居民生活需要,制订发展用户的供用气条件,公示管道供应能力范围。供气条件应包括供气管道覆盖的区域和用气场所的安全用气条件等。

管道燃气经营者应当公示发展用户业务办理流程和流程业务环节的接待时间、负责部门、办事准则和办理期限,主要流程至少具有以下内容:①前期咨询;②申请受理;③现场查勘;④接气方案确定;⑤合同签订;⑥接气装表施工;⑦工程验收;⑧置换通气等。

管道燃气经营者在其经营范围内,不应拒绝符合供用气条件的用气申请者。对在供应范围内,但受到已有管道供气能力限制的用气申请者,应告知需要新接入干管、支管、庭院管等的工程量及费用。

管道燃气经营者受理用气申请后,经勘测符合供用气条件的,应当与申请用气者签订施工通气合同,明确双方权利、义务及收费标准、工程期限,并按照合同约定期限完工通气。

管道燃气经营者还应当建立用户档案。用户档案应包括能为用户提供方便、快捷、全面服务所需的全部信息。

二、运行服务

管道燃气经营者应当采取措施,保证稳定、持续供气。为保证供气压力稳定,燃气燃烧器具前压力检查应符合下列要求:

①管道燃气经营企业应当在调压装置出口的近端和最远端实施监控:每年按规定定期检查用户燃气燃烧器具前压力,但每 2 个月不应少于一次,每次测试户数按当地实际确定;中压进户的用户燃气燃烧器具前压力检测按照当地规定实施。

②检测点应具有随机性和符合气种特性。

③按照国家标准持续稳定供气,在用气高峰时,燃气燃烧器具前压力不低于燃烧器额定压力的 0.75 倍;在用气低峰时,燃气燃烧器具前压力不高于燃烧器额定压力的 1.5 倍。

管道燃气经营者应当按照国家《计量法》的有关规定,使用经过具备计量装置检验资格的机构检验合格的计量装置进行计量,并定期更新、检定燃气计量表。非在线检测燃气计量表时,应向用户提供备用燃气计量表或者与用户商定检测期内的计量方式。

对燃气计量有异议的,可向法定检测机构提出检定申请,包含以下情况:

①检定结果超出国家规定误差标准的,由燃气经营者提供更换使用的燃气计量表并承担相关检定费用;检定结果符合国家规定的,由提出检定申请方承担检定燃气表的相关费用。

②对于超出的误差,应当给予损失方按照计量误差累积量补偿用气费,累计时间按照自拆表检定之日前 1 年计算。该表安装使用不足 1 年的,按实际使用时间计算。

③计量表因故障失去计量功能的,按该用户停表前 12 个月的平均月用气量计算应补气量费,无准确数据时,居民用户可按该地区上年度户平均月用气量计算应补气量费。其他用户依据供气合同处理。

④燃气用户的用气量以基表显示的数据为基准数据。

三、抄表服务

管道燃气经营者应当做到抄表作业及时准确。对使用机械表的用户,管道燃气经营者应当按照约定的时间到户抄表作业。抄表应按照规定周期进行,可通过账单提示等方式告知用户下次抄表时间。若需要变更抄表周期,应提前通知用户。

对居民用户长期不在家而无法上门抄表或暂时无法正确抄表的,计量可以按以下方法进行估量并告知用户:

①估量不应高于该用户过去一年中最高的单月抄表量;

②对同一用户的连续估量不应超出 2 次;

③估量后第一次进户抄表作业时,应当按照"多退少补"的原则与用户结算。

管道燃气经营者不应当对非居民用户进行估量抄表。

管道燃气经营者抄表后,应当向用户送达缴纳燃气费通知。缴费通知应当按照企业规定的时间送达。对拒收该通知的用户,另采取有效方式送达。管道燃气经营者的缴纳燃气费通知应当具有下列内容:

①企业名称;

②用户编号、户名、地址;

③抄表数和用户当期使用的燃气量;

④燃气的价格和用户应缴纳的燃气费金额;

⑤缴纳燃气费的地址、时间和时限及缴费方式的提示;

⑥企业的缴费查询电话、服务投诉电话、监督电话或其他联系方式。

四、管道燃气经营者的供气和暂停供气

管道燃气经营者必须按照国家法律法规和地方规定的燃气质量、压力和计量标准连续、不间断地供气,不能无故中断供气。因管道燃气设施施工、检修等原因确需调整供气量或者暂停供气的,管道燃气经营者应当提前48小时(在2日前)予以公告或书面通知燃气用户,目的是保证所有的用户都能知晓。公告的内容应当包括停气时间、原因、恢复供气的时间等,并在施工、检修完毕后按规定时间恢复供气,但禁止在夜间恢复供气。有的地方还规定:若遇特殊情况应当在暂停供气、调整供气量后48小时内恢复供气,燃气经营者可根据情况酌情掌控;超出48小时的应当另采取措施保障居民用气。

由于道路机械挖掘、自然灾害或突发事故等原因迫使降压或者暂停供气的,应当及时通知用户(包含两个意思):一是在暂停供气或者调整供气量后,要及时通知用户;二是在恢复正常供气前,还要向用户公告,使其知晓,并有时间检查是否关闭灶前阀或者采取其他安全保障措施,避免出现意外。

五、管道燃气经营者的停业和歇业

管道燃气经营者停业或者歇业,应当提前90个工作日向燃气管理部门提出书面申请。

因为管道燃气经营者一旦停业、歇业将给广大用户带来生活上的不便,原则上不准予停业、歇业。确因特殊情况,如经营出现问题、存在短时间难以消除的重大隐患等原因需要停业或者歇业的,应当提前90个工作日向当地燃气管理部门提出书面申请,说明停业或者歇业的理由、时间,以及采取的解决用户用气的过渡措施等。当地燃气管理部门应当根据企业的申请,对企业停业或者歇业的原因进行分析:对确实有充足理由停业的,应当及早确定新的具备资格的燃气经营者接管停业企业的业务,并书面批准其停业;对确实有理由歇业,并制订了解决用户用气过渡措施的企业,书面批准其歇业。管道燃气经营者应当按照批准时间停业或者歇业。

六、燃气经营者的禁止行为

燃气经营者在燃气经营活动中不得有以下行为:

①拒绝向市政燃气管网覆盖范围内符合用气条件的单位或者个人供气;

②倒卖、抵押、出租、出借、转让、涂改燃气经营许可证;

③未履行必要告知义务擅自停止供气、调整供气量,或者未经审批擅自停业或者歇业;

④向未取得燃气经营许可证的单位或者个人提供用于经营的燃气;

⑤在不具备安全条件的场所储存燃气;

⑥要求燃气用户购买其指定的产品或者接受其提供的服务;

⑦冒用其他企业名称或者标志从事燃气经营、服务活动。

此外,瓶装燃气经营者不得擅自为非自有气瓶充装燃气,燃气经营者不得销售未经许可的充装单位充装的瓶装燃气或充装单位擅自为非自有气瓶充装的瓶装燃气(在第四节中详述)。

第四节
瓶装燃气经营者的经营服务

一、从事瓶装燃气经营服务应具备的条件

经营瓶装燃气供应站点、充气瓶装的企业,在依法取得气瓶燃气经营许可证或气瓶供应许可证后,方可从事瓶装燃气供应活动。

(一)从事瓶装燃气经营的企业应当具备的条件

从事瓶装燃气经营的企业,应当具备下列条件,并向设区的市燃气管理部门申请,获得其依照《行政许可法》规定程序核发的瓶装燃气经营许可证:

①有稳定的、符合国家标准的燃气气源;

②有符合国家标准的储存、充装、供应设施,并取得省质量技术监督部门核发的气瓶充装许可证;

③有与经营规模相适应的资金和管理、技术人员;

④有固定的、符合消防等安全条件的经营场所;

⑤有相应的抢险抢修人员和设备;

⑥有健全的安全管理和经营管理制度;

⑦法律、法规规定的其他条件。

燃气机动车加气站除具备前款规定的条件外,还应当有符合标准的燃气储存、充装等设

备。此处的标准是指《城镇燃气设计规范》(GB 50028—2006)、《汽车加油加气站设计施工规范》(GB 50156—2002)(2006 版)、《城镇燃气输配工程施工及验收规范》(CJJ 33—2005)等，这些规范标准对燃气储存、输配、充装设施做出了明确的规定，燃气设计、施工、验收、经营等环节必须严格执行规范标准要求。

(二)气瓶充装的相关规定

1.气瓶充装应具备的条件

燃气经营者从事燃气气瓶的经营活动，主要包括气瓶的充装和气瓶的销售及维修服务，其中燃气气瓶的充装是除管道燃气供用气方式以外的重要经营活动。根据《气瓶安全监察规定》(国家质量监督检验检疫总局令第 46 号)第 23 条的规定，气瓶充装单位应当向省级质监部门特种设备安全监察机构提出书面充装许可申请，经审查，确认符合条件者，由省级质监部门颁发《气瓶充装许可证》；未取得《气瓶充装许可证》的，不得从事气瓶充装工作。

气瓶充装单位应当符合以下条件：

①具有营业执照；

②有适应气瓶充装和安全管理需要的技术人员和特种设备作业人员，具有与充装的气体种类相适应的完好的充装设施、检测手段、场地厂房，有符合要求的安全设施；

③具有一定的气瓶储存能力和足够数量的自有产权气瓶；

④符合相应气瓶充装站安全技术规范及国家标准的要求，有健全的气瓶充装质量保证体系和安全管理制度。

《气瓶充装许可证》有效期为 4 年，有效期满前，气瓶充装单位应当向原批准部门申请更换《气瓶充装许可证》。未按规定提出申请或未获准更换《气瓶充装许可证》的，有效期满后不得继续从事气瓶充装工作。

2.气瓶充装的禁止行为

燃气经营者从事气瓶充装、销售瓶装燃气时，主要有以下两种禁止行为。

(1)燃气经营者不得擅自为非自有气瓶充装燃气：

这里强调瓶装液化石油气充装企业所能充装的气瓶范围。根据《气瓶安全监察规定》(国家质量监督检验检疫总局令第 46 号)第 29 条规定，气瓶充装单位只能充装自有产权气瓶(车用气瓶、呼吸用气瓶、灭火用气瓶、非重复充装气瓶和其他经省级质监部门安全监察机构同意的气瓶除外)，不得充装技术档案不在本充装单位的气瓶。

(2)燃气经营者不得销售未经许可的充装单位充装的瓶装燃气或充装单位擅自为非自有气瓶充装的瓶装燃气：

根据《气瓶安全监察规定》(国家质量监督检验检疫总局令第 46 号)第 26 条规定："气瓶充装单位应当负责气瓶的维护、保养和颜色标志的涂敷工作"，"负责气瓶的送检工作，将不符合安全要求的气瓶送交地(市)级或地(市)级以上质监部门指定的气瓶检验机构报废销毁"。所以，气瓶的维护、保养和送检的责任主体应当是气瓶充装单位。但从目前大部分瓶装液化石油气经营者的经营模式来看，供应站实际上充当了瓶装液化石油气充装企业与用户之间的"二传手"，而供应站的规模、人员、专业技术水平等方面都无法与瓶装液化石油气充装企业相比。因此,为了保证瓶装液化石油气的使用安全,加强对气瓶的维护、保养和送检工作的管理,液化石油气充装企业应负责气瓶的维护和保养,并应当按照国家和地方的有关规定,定期将气瓶送检验机构进行检验。

另外,其他一些法律法规对气瓶充装行为也分别做出了规定,如《气瓶充装许可规则》(TSGR 4001—2006)、《气瓶安全监察规程》(质技局国发[2000]250号)等规章,燃气经营者也应遵守。

二、对个人从事瓶装燃气经营活动的规定

由各省、自治区、直辖市根据当地具体情况,根据地方法规明确市场准入条件,个人欲从事瓶装燃气的应依据其准入条件,取得相关证照后开展经营活动。

三、瓶装燃气经营者的经营行为

1. 供气服务

瓶装燃气经营者应当依照燃气规划设置瓶装气供应站,从事瓶装气经营服务。因城镇改造需要撤销或者搬迁瓶装气供应站的,应当制订方案,妥善安排用户的用气,并于瓶装气供应站撤销或者搬迁前,按照当地规定的时限,在该供应站公开通知,通知应当具有以下内容:

①瓶装燃气经营企业名称;
②撤销或者搬迁的瓶装气供应站名称;
③撤销或者搬迁的日期;
④妥善安排用户用气措施;
⑤新设供应站的站名、地址、方位图、服务电话或呼叫中心统一电话。

2. 送气服务

瓶装燃气经营者为用户提供送气上门服务的,应当按约定的时间,将相关合法收费凭证随同送达。承诺免费送气上门的,不应向用户收取送气上门服务费;实行有偿送气上门的,送气上门服务费应当符合物价行政主管部门的规定,并向用户出具收取送气上门服务费的合法收费凭证。送气上门后,送气人员应当为用户安装好实瓶,并对安装部位进行泄漏检查和点火调试,直到使用正常,要求用户签收;若用户明确提出不要求送气人员安装,送气人员应该告知用户正确的安装、调试方法,并在签收单上注明。搬运燃气容器和液化石油气钢瓶不应在地上拖动、滚动,应当轻置轻放。

3. 服务窗口

瓶装燃气经营者应当保障节假日期间持续稳定的瓶装燃气供应服务,保证服务窗口按照公示的工作时间准时营业,在营业时间内进入服务窗口的用户未办理完事项前,服务窗口不应终止服务。

瓶装燃气经营者服务窗口的场所和设施应当具备方便、迅速、舒适、安全的功能,满足用户服务需求。与用户直接接触的服务窗口应保持整洁,不应放置与服务无关的物品。入口处应设置明显的标志牌;设置无障碍通道,并保持畅通;服务设施齐全、完好。

瓶装燃气经营者的瓶装燃气供应站应当符合以下要求：

①符合国家设立瓶装燃气供应站的安全技术要求；

②站点门楣应有统一的企业名称、标志等；

③设有受理业务的服务柜台；

④有服务业务电话；

⑤有供用户检查质量的并符合国家规定的计量器具；

⑥有供用户检漏的装置和材料；

⑦有可燃气体浓度检测报警器；

⑧设有醒目的禁火、机动车禁入标志；

⑨有符合规定的消防器材、电器、通风设施；

⑩存瓶场所与服务场所分离，实行空、实瓶分区码放，并留有通道。

瓶装燃气经营企业应当在服务窗口张贴公示内容，帮助用户准确、方便、无误、有效地得到服务。公示内容至少包含以下方面：

①办理业务的项目、程序、条件、时限；

②残液标准和超标处置办法；

③国家规定的商品燃气质量和充装质量标准；

④国家规定的容器和液化石油气钢瓶强制检测、报废时间标准；

⑤销售价格、各项关联服务项目、收费标准、收费依据以及免费服务项目；

⑥燃气管理部门颁发的瓶装燃气供应许可证和工商行政主管部门颁发的证照；

⑦营业时间；

⑧服务（业务、报修、投诉）电话和监督电话。

四、合格容器与充装质量

1.合格容器

瓶装燃气经营者向用户提供的燃气容器应当符合以下要求：

①标注企业名称、服务电话、监督电话，实行信息化管理；

②在检修周期之内，充装前应当有专人对容器进行检查；

③由取得国家颁发制造许可证的企业生产；

④外表无损伤、腐蚀、严重变形；

⑤新投入的容器已经置换或抽真空处理；

⑥配件完整、牢固，焊接件无脱焊、破损、变形；

⑦进口容器符合国家规定；

⑧外观漆色干净整齐，无大面积油漆脱落、污垢。

燃气钢瓶属于特种设备，有固定的使用年限和检验周期，《液化石油气定期检验与评定》（GB 8334—87）规定，钢瓶使用不满20年者，每5年检验一次；使用20年以上者，每两年检验一次。当钢瓶受到严重腐蚀或其他严重损伤时，应提前进行检验。超期限未检验或者检验不合格的钢瓶存在较大的安全隐患，从事瓶装燃气充装活动的燃气经营者不得给予充装燃气;如果给予充装了燃气,一旦发生事故,将承担相应的法律责任。

2. 充装质量

瓶装燃气经营者应当保证所售燃气的气质和充装质量符合国家规定。这既是维护用户的合法权益,也可避免因残液过多用户自行倾倒所引发的安全事故。液化石油气充装质量应符合以下规定:

①YSP—5 型钢瓶充装质量允许偏差 4.8 ± 0.2 kg;

②YSP—10 型钢瓶充装质量允许偏差 9.5 ± 0.3 kg;

③YSP—12 型钢瓶充装质量允许偏差 11.6 ± 0.4 kg;

④YSP—15 型钢瓶充装质量允许偏差 14.5 ± 0.5 kg;

⑤YSP—50 型钢瓶充装质量允许偏差 49.0 ± 1.0 kg。

瓶装液化石油气经营企业应保证液化气钢瓶内液化气残液量符合以下规定:

①YSP—5 型钢瓶内残液量不大于 0.15 kg;

②YSP—10 型钢瓶内残液量不大于 0.3 kg;

③YSP—12 型钢瓶内残液量不大于 0.4 kg;

④YSP—15 型钢瓶内残液量不大于 0.5 kg;

⑤YSP—50 型钢瓶内残液量不大于 1.5 kg。

瓶装燃气经营者应对超出前款规定的液化气残液量给予用户补偿,补偿费应当在当地规定的时间内返还给用户,并写明详细情况,由用户签收。补偿费计算办法为:超标残液质量×液化气每千克单价。

瓶装燃气经营者应按照规定对其销售的液化气实瓶进行角阀封口。封口套应当具有下列内容:①企业名称;②充装合格标志;③有关规定的内容。

第五节
燃气价格与收费

一、燃气的价格

政府对关系公用事业的生活、生产用气价格实行政府报批和听证会审议备案等制度,保证了燃气价格及服务收费的统一性,规范了市场秩序,有利于市场稳定。

燃气价格的定价按照其价格种类应执行国家确定的价格标准。燃气价格的确定对燃气经营者的经营至关重要,在签订供用气合同中燃气价格常常成为关注的焦点。此问题在工业、商业及公共建筑用户中更应注意把握:一是根据按质定价原理确定燃气价格,考虑价格构成要素、条件;二是与用户所确定的价格应保持在规定的幅度内,特别是与国内企业、中外合资企业、外资企业所商定的价格,偏高或偏低都是不可取的;三是应注意价格术语和其他条件的一致性;四是随着工业、商业、外资企业用气需求的大量增加,对燃气价格要认真履行国际惯例或国际条约的承诺(我国在加入 WTO 所签订的《中华人民共和国加入议定书》附件 4 中明确了实行国家定价的产品"天然气"和实行政府定价的公用事业的"民用煤气价格");五是在经济开发区、保税区的公用燃气价格,要认真执行开发区、保税区的特殊规定。

📖 知识窗

《中华人民共和国价格法》(以下简称《价格法》)规定了三种价格,即市场调节价、政府指导价和政府定价。市场调节价,是指由经营者自主制订,通过市场竞争形成的价格。政府指导价,是指依照《价格法》规定,由政府价格主管部门或者其他有关部门,按照定价权限和范围规定基准价及其浮动幅度,指导经营者制订的价格。政府定价,是指由政府价格主管部门或者其他有关部门,按照定价权限和范围制订的价格。国家定价的商品和劳务必须执行国家定价;执行国家指导价的,定价不得超过规定的幅度,不得突破最高限价和最低保护价。

现阶段大多数商品或服务价格实行市场调节价,极少数商品和服务价格实行政府指导价或者政府定价。目前我国主要有以下商品或服务的价格实行政府指导价或者政府定价:

①与国民经济发展和人民生活关系重大的极少数商品价格;

②资源稀缺的少数商品价格;

③自然垄断经营的商品价格;

④重要的公用事业价格;

⑤重要的公益性服务价格。

二、燃气价格的确定和调整

1. 燃气价格的确定

各地燃气管理部门应认真搞好燃气定价工作,提出价格及收费标准。燃气销售价格应当根据购气成本、经营成本和当地经济社会发展水平合理确定。燃气的种类不同,其销售价格也不同。目前我国的现状是大多数地区的天然气价格实行政府定价,压缩天然气价格实行政府指导价,瓶装液化石油气均已实行开放价格——价格随市场供求变化而变化。

2. 燃气价格的调整

管道燃气销售价格的确定和调整,应当依照《价格法》的有关规定建立听证会制度,征求管道燃气用户、管道燃气经营者和有关方面的意见。根据《价格法》第 23 条的规定,制订关系群众切身利益的公用事业价格、公益性服务价格、自然垄断经营的商品价格等政府指导价、政府定价,应当建立听证会制度,由政府价格主管部门主持,征求消费者、经营者和有关方面的意见,论证其必要性、可行性。

当购气成本、经营成本和当地经济发展水平发生变化,燃气销售价格确需调整时,要严格按照程序调价:首先,由县级以上人民政府燃气管理部门提出管道燃气价格调整方案,报当地价格主管部门批准;其次,确定和调整管道燃气价格应征求燃气用户、燃气经营者和有关方面的意见;最后,确定和调整管道燃气销售价格应予以公布,包括具体起止日期、各类用户的收费标准等。

三、燃气用户交纳气费的规定

燃气用户与燃气经营者签订供用气合同,双方即成为具有平等权利义务的主体,双方应该按照所签合同的内容全面履行合同。交纳气费是管道用户的一项重要的合同义务,燃气经营者有权按照约定收取气费,并且对在约定收取气费中有违约行为的按照规定进行纠正,以保证气费及时收缴。从目前运行情况上看,燃气用户违反约定交纳气费的行为主要有以下几种:

①拖延交纳气费行为:是指应该按照约定的时间交纳气费,而故意不按时交纳气费(正常情况是按月收费)或存在着某些客观特殊情况及委托他人代缴导致不能按时交纳气费的行为。

②拒交气费行为:是指燃气用户在约定的时间内,故意不交纳气费,经教育及下达催欠通知单后仍不交费的行为。

③盗用燃气行为:是指开启旁通阀,使用抽气设备或者其他方法盗用燃气的行为。

以上三种违反约定交纳气费的行为,燃气用户视情节轻重承担不同法律责任,本书将在《法律责任》一章中进一步阐述。

四、气费收缴

燃气经营者在气费收缴过程中应把握这样几个问题:

①根据供用气合同的议定,确定按月或按约定时间进行收费。

②拖欠缓交燃气费用的用户可实行逾期交纳违约金制度,具体数额或比例可在燃气供用气合同中约定。

③收费凭证要统一印刷,收费凭证必须交用户保留一份,收费应以燃气用户使用的计量器具为依据,对有争议的计量器具,可在双方认可前停止供气,执行《计量法》的规定。应交气费方经下达催欠通知单后,仍不交纳气费及违约金的可先中止供气。

用智能卡、磁卡收费或委托收费,应严格履行签订的合同,并坚持定期到燃气用户家中核查计量器具。

燃气经营者应该向用户公布气费的标准及服务标准、收费价格,用户有权查询,燃气经营者对查询应该给予解答,用户也有权针对存在的问题向燃气管理部门投诉。

工程施工过程中遇到燃气泄漏情况,施工人员应该及时向燃气经营者报告,并采取紧急措施,防止事故发生,待抢修结束后,再和燃气经营者双方确定泄漏气量损失情况,经技术部门计算确认后,对气费的损失予以补交。

燃气居民用户、生产企业以违法手段使用燃气被发现制止后,如何对其收费,应做具体分析。对确定为偷窃行为的气费计量方法,可执行国家或地方的相关规定(如天津市公安局、司法局、人民检察院、高级人民法院、技术监督局《关于办理盗窃燃气违法犯罪案件适用法律问题的若干规定》标准)确定气量后收缴气费。有的情况比较复杂,既有偷窃后生产企业自用,又有将房屋转租他人使用,只收租金等情况,应区别对待。

五、燃气用户办理变更手续的规定

燃气用户应当严格按照燃气经营者规定的手续办理变更用户名称、燃气用途、停止使用等手续,不得私下自行办理过户、迁移等相关手续。燃气经营者对燃气用户在交纳气费、办理手续等方面,应当向燃气用户公布办事指南、收费实施细则,提高服务质量,方便用户。

第六节
燃气服务标准化

一、燃气服务概述

服务消费当今已成为一种主要的消费形式,在市场经济中,占有越来越重要的地位。服务消费不同于一般的商品消费,主要表现在消费服务的内容、消费服务的方式,以及服务的结果方面。做好燃气服务是燃气经营者的一项法定义务,燃气经营者应当积极开展燃气经营服务工作,按照国家燃气服务标准提供服务,牢固树立为广大燃气用户服务的理念,将服务从标准化提高到优质化,让燃气经营与服务的水平不断满足市场需求,满足公众对燃气事业发展的需要。

服务承诺是建设系统推行的一种规范化服务制度。燃气经营者服务承诺的内容一般应当包括:供气安全稳定、供气价格、质量、抢险抢修、用户操作规程、安全用气技术咨询、设施与器具的安装维修等。燃气经营者应当向用户公布并履行服务承诺,这是燃气经营者的法定义务。

二、燃气标准化服务规定

燃气经营者按照国家服务标准向广大燃气用户提供服务是燃气经营者的责任和义务。燃气服务标准化一直贯穿于燃气经营活动的全过程,为此各省、自治区、直辖市在燃气经营与服务中依据当地实际情况,出台了许多地方标准,例如《江苏省城镇燃气服务质量标准》《天津市城镇燃气供气服务管理标准》等。燃气经营者的服务管理制度应当包括服务承诺、首问负责、服务投诉处理、服务监督、服务责任问责、安全宣传等内容。所有服务业务应从项目、标准、流程、时限、地点、责任、岗位等方面做出具体规定。

三、首问负责制度

首问负责制度应当符合以下要求：

①首问责任人为第一个接听来电或者接待来访的人员。

②首问责任人对来电（来访）人的咨询、投诉，不论是否是本职范围内的事项，都应当热情接待、受理，不应推诿。

③首问责任人对属于本职范围内的事项，能立即答复的应当当场答复；不能立即答复的，一般情况应当在 5 个工作日内，特殊情况应当在 7 个工作日内，将处理结果答复来电（来访）人。

④对客户反映的售后服务问题应当在售后服务处理期限内处理。

⑤首问责任人对不属于本职责但属于本单位范围内的事项，一时无法解决或者答复的，应当留下来电（来访）人的联系方式，处置后予以答复；对处理期限内不能解决的，应当向用户说明原因，并确定解决时间；对非分工服务范围的，应当向用户说明并转有关部门处理。

⑥不属于本单位解决的问题，应当告知用户。

四、燃气信息化服务

1. 信息公示

任何行业的经营者都有向消费者提供信息的义务，消费者享有对商品和服务的各项知情权。燃气经营与服务事关供用气活动的正常进行，事关燃气的安全与社会公共安全。为克服信息不均衡而给燃气使用者带来的不利影响，对消费行为做出正确的判断而依赖其必要的信息提供，燃气经营者所公示的信息要做到全面、真实，经营与服务项目收费应明码标价。

2. 信息公示的内容

信息公示的内容包括以下三方面：一是燃气经营业务流程，燃气服务所承诺的事项，燃气经营与服务的质量标准、收费标准以及所在区域范围内的服务热线等其他方面的信息；二是燃气管理部门应当向社会公布本行政区域内燃气种类和气质成分信息；三是县级以上地方人民政府燃气管理部门应当会同城乡规划等有关部门按照国家有关标准和规定划定燃气设施保护范围，并向社会公布。

除以上信息内容需向社会公示外，其他法律法规对燃气经营者、燃气管理部门应当公布的信息也有相应的要求，燃气经营者、燃气管理部门应当依法进行信息公示。

3. 燃气经营者的信息化服务

燃气经营者实施信息化服务，宜建立企业网站，推行网上服务业务（包括积极利用网络通信技术及手段为用户提供供气信息、资费查询、咨询投诉和缴费等服务），满足不同层面用户的需求；宜建立集中电话呼叫中心，实施 24 小时全天候应急服务电话；应具备营业厅、信函等基本服务渠道；宜建立传真、网站、电子邮件、短信等多媒体服务及自助服务窗口，信息服务渠道应当保持通畅，信函及其他多媒体服务应在 5 个工作日内回应客户。

燃气经营者应向用户提供使用信息服务系统所需要的信息。

五、服务质量考核评价

1. 考核评价原则

燃气行业服务质量的考核评价应遵循政府监管、协会组织、社会参与、舆论监督、企业互评的原则,实行企业自我评价体系和社会评价体系相结合的方式。

2. 燃气经营者的自我评价体系

燃气经营者应依据本标准,建立以用户对服务满意度为基础的服务质量自我评价体系,可按照《质量管理体系要求》(GB/T 19001—2000)的规定实施。

3. 社会评价体系

要依照评价标准开展对城镇燃气服务质量进行社会评价。社会评价包括:按照有关标准定期开展客户满意度测评;地方人民政府管理部门、社会评价机构、协会以及消费者组织等对服务质量组织进行的评价;利用媒体公布燃气服务质量评价结果。

考核、评价数据来源可由以下渠道获得:从市民信访、投诉得到的服务质量信息;社会评价、调查机构对燃气行业服务进行的定期评价;通过燃气用户调查、专项服务项目咨询、社会征求意见、专家评议等方式取得服务质量信息;通过企业服务窗口和专题用户调查方式得到的服务质量信息。

六、燃气用户投诉

燃气用户享有知悉其购买、使用燃气或者服务的真实情况的权利,燃气用户有权根据燃气和服务的不同情况,要求燃气经营者提供燃气的价格、质量、费用及安全使用和服务信息等。燃气用户向燃气经营者查询以上信息时,燃气经营者必须自收到查询申请之日起5个工作日内予以答复。

燃气用户有权就燃气收费、服务等事项向县级以上地方人民政府价格主管部门、燃气管理部门以及其他有关部门进行投诉,有关部门应当自收到投诉之日起5个工作日内予以处理。县级以上地方人民政府价格主管部门、燃气管理部门应当建立举报和投诉制度,规范工作程序,充分发挥群众监督的作用,掌握燃气供应、服务等环节中的情况和线索,及时发现和处理存在的问题,从而有针对性地开展监督管理工作。

案例分析

【案例一】行使督促程序更适应解决燃气欠费纠纷

【原告】某市天然气公司(简称天然气公司)

【被告】某市某器材厂(简称某器材厂)

【案情介绍】某器材厂是天然气公司的用户,1994—1996年在使用天然气期间共欠天然气公司气费28万元,到1996年后,某器材厂停止使用天然气。天然气公司收费人员及清欠人员多次前往催缴气费,某器材厂以种种理由拒不付款,提出只承认应交气费18.8万元,对其他气费要求重新核实解决。1996年以来,天然气公司只在1997年发出过一次催款挂号信,此后再无书面证据。1999年12月立案时已超过2年法律规定的诉讼时效,况且某器材厂仍坚持要确认数额后再交纳气费,至此,天然气公司胜诉权已丧失。为此,天然气公司考虑到法律上有"超过诉讼时效期间,当事人自愿履行的,不受诉讼时效限制"的规定可适用此案。于是采取了多种方法使某器材厂确认了尚无争议的气费数额,签字后延续了诉讼时效,在某器材厂拒不还款的情况下,提起了诉讼。

【审理结果】1999年12月1日,天然气公司以申请支付令的形式请某市某区人民法院予以解决气费纠纷。

某市某区人民法院按照法律规定直接进入执行程序。

在申辩中,某器材厂认为:该厂没有拖欠气费28万元,是天然气公司的管理混乱造成计量不准,只对其中的18.8万元勉强认可,其余气费款应继续通过诉讼等程序解决。天然气公司认为:某器材厂拖欠气费已达3年之久,此事提起诉讼通过法院予以一并解决,避免形成积案。

天然气公司考虑:①由于天然气公司采用的是支付令督促程序,时间短,对某器材厂方不提出异议的部分确认气费,即进入执行程序,先行回收部分气费,否则贻误时机,若进入普通程序,结果难料。②争取在法院支持己方主张的情况下,迅速履行支付令程序。不能让支付令无效,已申请的确保胜诉。对不能马上解决的,待证据事实查清后,另行起诉解决。

某市某区人民法院即刻做出支付令书,某器材厂拒不执行支付令规定,未按规定履行法律文书确定的义务。某区法院在天然气公司申请强制执行后,双方在法院调解下达成和解执行协议,使长达3年没能解决的纠纷在半年内履行完毕。

【分析】

1.本案中用督促程序与普通程序的差异。

2.在同一债权中基于同一债权债务关系,债务人仅对其中某项有异议的效力。

督促程序是指债权人请求法院督促债务人履行一定给付义务的程序。该程序只适用于债权人请求债务人给付金钱、有价证券的案件。仅依债权人的主张向债务人发出附文件的支付令,该支付令即具有与生效判决同样的效力。用采取支付令的形式解决燃气单位用户拖欠气费的问题,充分利用这一法律程序解决拖欠气费的问题不乏是一种有效途径。

(1)督促程序与普通程序的差异

在解决拖欠气费纠纷上,体现在督促程序与普通程序上的差异主要有以下三点:

①程序上的不同:督促程序是一种简便、快捷的实现债权的非诉讼程

序。法院对债权人的请求不做实质性的审查,这样减少了债权人的举证负担,节省了参加诉讼的许多时间和精力。普通程序是民事诉讼的基础程序,是审判程序中最完整、系统的程序,囊括了从当事人起诉到审判的基本制度及全部过程,具有完备、完整充实的特点。因受审判程序的限制,需一定期限或花费较长时间。

②债权债务上不同:督促程序的申请方在提起诉讼时,已对债权人与债务人之间的实体权利义务做出了实质决断,只是提交法院确认后执行。燃气经营者对用户使用上债权债务关系明确,更适宜此程序。而普通程序中的债权债务方提起纠纷的必须由人民法院按照程序进行审理后做出实体权利义务的判决,而后进入执行程序。

③诉讼经济效益的差异(费用的差别,结案时间的差别):督促程序:支付令申请费,每案100元,执行申请费890元。结案10日后进入执行程序。普通程序:诉讼费以争议金额的大小按比例收取,标的不满1 000元的案件交纳50~100元。10万~20万元的按气费额的2%交纳,此案应交五千多元。而一审的时限为6个月,如上诉须等3个月后方可进行执行程序。

从以上结论不难看出,督促程序较普通程序诉讼时间短、诉讼费低、节省人力物力,免去多次到庭参与询问、质证、辩论的各个环节。

(2)在同一债权债务关系中债务人仅其中某部分债务有异议的效力

债权人在行使支付令申请时,对所提供的债权的数额做到胸有成竹,但也可能会出现债务人提出的任何部分债务的争议,当然这种争议是按督促程序被申请人异议外的理由。即一个债权关系中有某部分的争议而可能产生异议时,债务人可能以其异议造成支付令失效。按照督促程序中债务人提出的部分异议只影响部分效力的理论,在债权中对尚有争议的暂列支付令之外,使债务人的异议难以成立,对无争议的部分即刻进入督促程序。这样细分,使债权逐步得到实现。应该说这是一种充分运用该理论的具体实践。此案在解决某器材厂拖欠气费中运用这一理论进行尝试,既得到法院的支持,也维护了燃气经营者的合法权益,加速解决了经济纠纷。

【案例二】燃气经营者的查表收费

【原告】某市燃气集团有限公司

【被告】某市某区某物业公司

【案情介绍】2003年11月被告累计欠交原告燃气费44万元,在多次催缴无果的情况下,原告根据《合同法》和地方燃气法规的规定向被告提起诉讼。被告以要求交纳的燃气费数额不符拒绝交纳,并抗辩驳回。经法院允许原告对燃气费数额进行重新核定,发现在供气中因燃气计量表更换,某月所查燃气费的数量、价格记录有差别,也未经被告确认,实际气费交纳数额为 42 万元,相差 2 万元。

【审理结果】2003 年 12 月某市某区人民法院做出调解书,被告分期交付所欠燃气费 42 万元,而相差的 2 万元,由于证据不足法院对原告的主张不认可。

【分析】

1. 对拒交燃气费的燃气用户,在一定期限内采取法律诉讼维权是解决燃气费收缴难的有效措施。《合同法》和当地燃气管理条例对此内容的规定也较具体。原告依法维权表明企业在经营活动中依法收缴燃气费的能力在不断地提高,力度也在加强。实践表明对近一两年内完全无诚意履行合同仍使用燃气的用户,及时选择诉讼维权方式和措施是十分正确的。

2. 诉讼维权的一个重要证据是收费凭证,而且是关键所在,是直接证据。严格依照规定当月入户查验燃气计量表读数,做到准确记录,交与用气人签名确认是燃气经营者多年形成的操作规程,任何疏忽的多写或少写计量表读数都可能会产生纠纷。在诉讼维权过程中甚至其主张得不到法院的支持,起诉被驳回,并在社会中产生企业管理欠佳的名誉损害,使燃气经营者受到不应有的财产损失。

燃气经营者的燃气收费人员必须严格遵守持证上岗,入户查验燃气计量表收费的管理规定。《消费者权益保护法》在经营者的九项义务中列举了相关的两方面规定,即在计量保证方面要求按照《计量法》的规定维护消费者的合法权益及在价格方面应按照《价格法》的规定收取费用。本案中,被看作平常的查表收费工作涉及法律、法规的执行,国有资产的得失,因此依法查表收费是绝对不可忽略的。

学习鉴定

一、填空题

1. 国家对燃气经营实行_____制度。

2. 燃气经营企业的_____、安全生产管理人员以及运行、维护和抢修人员经专业培训并考核合格方可上岗。

3. 禁止_____从事管道燃气经营活动。

4. 管道燃气经营者因施工、检修等原因需要临时调整供气量或者暂停供气的,应当将作业时间和影响区域提前_____予以公告或者书面通知燃气用户,并按照有关规定及时恢复正常供气。

5. 燃气经营者停业、歇业的,应当事先对供气范围内的燃气用户的正常用气做出妥善安排,并在_____个工作日前向所在地燃气管理部门报告,经批准后方可停业、歇业。

6. 政府投资建设的燃气设施,应当通过_____方式选择燃气经营者。

7. 燃气经营者应当公示业务流程、服务承诺、收费标准和服务热线等信息,并按照_____提供服务。

8. 瓶装燃气经营者不得擅自为_____气瓶充装燃气。

9. 燃气经营者应当建立健全_____制度,确保所供应的燃气质量符合国家标准。

10. 气瓶的维护、保养和送检的责任主体应当是_____单位。

二、选择题

1. 某甲公司欲在 A 城市 B 区从事燃气经营活动,于 2011 年 4 月 1 日向有关部门申请领取燃气经营许可证。

(1) 某甲公司应当按照国家有关规定向_____申请领取燃气经营许可。(   )

A. A 城市人民政府　　　　　　　　B. A 城市 B 区燃气管理部门

C. 公司所在地燃气管理部门　　　　D. 公司所在地人民政府

(2) 申请从事燃气经营活动的企业应当具备_____的条件。(   )

A. 企业的主要负责人、安全生产管理人员以及运行维修和抢修人员经过专业培训并考核合格

B. 执行运行安全规程

C. 保证供气

D. 提供方便、简捷的服务

(3) 设定燃气经营许可的法律依据是_____。(   )

A.《消费者权益保护法》　　　　　　B.《城市燃气管理办法》

C.《行政许可法》　　　　　　　　　D.《××省(市)燃气管理条例》

(4) 某甲公司欲在 A 城市 B 区里只从事管道燃气经营活动,参与市政公用事业特许经营竞标,应具备的条件之一是_____。(   )

A. 接受主管部门检查监督

B. 有良好的银行资信、财务状况及相应的偿债能力

C. 协议约定的其他责任

D. 燃气主管部门确定的公示期限

2. 某企业依据《城镇燃气管理条例》的规定从事管道燃气经营活动。

(1) 因管道燃气设施施工、检修等原因确需调整供气量或者暂停供气的,管道燃气经营者应当提前_____小时予以公告或书面通知燃气用户。(   )

A. 12　　　　　　　B. 24　　　　　　　C. 48　　　　　　　D. 36

(2) 某企业是管道燃气经营者,应对_____燃气设施,承担运行、维护、抢修更新改装的责任。(   )

A. 燃气用户的燃气燃烧器具

B. 供气范围内的市政、建筑区划内业主专有部分以外

C. 供气单位用户

D. 所有供气用户

（3）管道燃气经营者应指导燃气用户安全用气、节约用气并对燃气设施_____进行安全检查。（　　）

A. 一年一次　　　　　B. 二年一次　　　　　C. 定期　　　　　D. 不定期

（4）燃气用户有权根据燃气和服务的不同情况，要求燃气经营者提供燃气的价格、质量、安全使用、服务和相关费用等信息。燃气用户对以上信息向燃气经营者查询时，燃气经营者必须自收到查询申请之日起_____个工作日内予以答复。（　　）

A. 2　　　　　　　　B. 3　　　　　　　　C. 4　　　　　　　　D. 5

三、问答题

1. 从事燃气经营活动的企业，应当具备哪些条件？

2. 对于不同投资主体建设的燃气设施如何选择燃气经营者？

3. 燃气经营者的禁止行为有哪些？（至少写出 7 条）

4. 什么是市政公用事业特许经营？

5. 燃气销售价格如何确定和调整？

6. 燃气用户及相关单位和个人在燃气使用中的禁止行为有哪些？

第 5 章　燃气设施管理与保护

■ 核心知识

- 燃气设施的概念

- 燃气设施管理权的划分

- 对燃气用户设施的安全检查

- 城镇燃气标志

■ 学习目标

- 掌握燃气设施的概念

- 掌握燃气设施管理权的责任划分

- 了解燃气设施的保护范围

- 掌握对燃气用户设施的安全检查要点

- 了解城镇燃气标志的作用

第一节
燃气设施管理权的界定

一、燃气设施管理权的概念

在计划经济时期由于燃气设施投资主体的单一性,形成管理权限的单一形式。随着市场经济的发展,投资主体的增加,新的燃气设施产权、管理权限的划分方法大量出现,使燃气设施管理的内容增加了许多,出现了分级、分区域管理的局面。

1.燃气设施

燃气设施,通常是指人工煤气生产厂、煤气储配站、门站、气化站、混气站、加气站、灌装站、供应站、调压站、市政燃气管网等的总称,包括市政燃气设施、建筑区划内业主专有部分以外的燃气设施以及户内燃气设施。

按燃气设施所在建筑区划范围,燃气设施可分为:

①市政公用燃气设施:指敷设、安装在道路红线以内的城镇公用燃气设施。

②建筑区划内业主专有部分以外的燃气设施:指敷设、安装在建筑物与市政道路红线之间和建筑区划内业主共有的燃气设施,包括燃气引入管、立管、阀门(含公用阀门)、水平管、计量器具前支管、燃气计量器具等。

③户内燃气设施:即燃气用户的燃气设施,包括用户支管、考克和与燃气燃烧器具相连的软管(除燃气器具外)等。用户的燃气设施又可分为燃气居民用户的燃气设施和单位用户的燃气设施。单位用户的燃气设施又可分为用气单位自行投资的燃气设施和国家投资的公用燃气设施。

此外,还可按燃气设施所有权的取得方式分为国家投资的公用燃气设施、燃气经营者投资建设的燃气设施和燃气用户投资建设的燃气设施等。掌握燃气设施的具体内容和分类是对燃气设施进行管理的前提条件。

2.燃气设施管理权

所谓燃气设施管理权是指燃气经营者与燃气用户对不同使用范围内的燃气设施、燃气器具以及连接管道以产权为界限划分各自负责范围内的经营、施工、维修、保护等各项活动的管理责任。对燃气设施而言,在双方按照合同划界后,供气方应在燃气质量上符合国家标准,燃气用户应在使用过程中按照用气规则来使用,从而为保障双方合法权益提供了共同的基础。燃气设施的管理范围也构成安全责任认定的前提条件,燃气设施的管理直接反映了燃气管理活动的特点,其主要特点就是所有权决定管理权。

二、燃气设施管理责任划分

管道燃气经营者和燃气用户从以下三个方面划分各自承担的对燃气设施运行、维护、维修和更新改造的责任。

1. 管道燃气经营者与管道燃气业主责任划分

管道燃气经营者应当对供气范围内的市政燃气设施、建筑区划内业主专有部分以外的燃气设施,承担运行、维护、检修和更新改造的责任。依据《物权法》及其司法解释,建筑区划分业主专有部分是指建筑区内符合下列条件的房屋、摊位等稳定空间:一是具有构造上的独立性,能够明确区分;二是具有利用上的独立性,可以排他使用;三是能够登记成为特定业主所有权的客体。

建筑区划内业主专有部分的燃气设施可根据物权法和地方法规进行界定,从各地运营实践情况看,通常将燃气计量器具作为管道燃气经营者与居民用户燃气设施的责任界定点:燃气计量器具前的燃气设施为共用燃气设施,由管道燃气经营者负责;燃气计量器具后的燃气设施、燃气燃烧器具、燃气热水器等由燃气居民用户承担维护、更新改造、安全运行等责任。《合同法》对供用电、水、气等就供用电设施的维护责任明确规定,应确认设施运行管理的分界点。供用气方应在合同中明确产权分界点,以分界点为界各自承担维护管理工作。

2. 管道燃气经营者与燃气单位用户的燃气设施责任划分

受产权归属等因素制约,管道燃气经营者与单位燃气用户之间形成的网络管道不可分割,这就出现从何处分界承担维护管理的责任问题。分清责任界定点有利于按责行使权利义务,使供用气双方利益得到充分保障,管道燃气经营者应该按合同约定承担相应的管理和服务责任。国家建设部、国家工商行政管理总局于1999年11月、2000年11月就燃气单位用户与燃气经营者双方权利义务、供用气履行地点、燃气设施维护责任等问题制订了《城市供用气合同》示范文本。《城市供用气合同》示范文本的推行保证了燃气供用双方的经营使用正常进行,有效地促进了燃气管理工作的规范化。

随着城镇供气规模的扩大,出现了新管道与旧管道接通的问题。燃气居民用户通常由一家投资所建,基本不会受到影响;但是有的单位用户建成后,会有新建户从原管道上接通发展新燃气用户的情况。单位用户应当服从政府规划,不应以原燃气单位用户进行了投资并已建成或让新用户必须承担所耗的费用为由拒绝接入使用。作为新燃气用户应当补偿管道建设费用。

3. 城市门站以外的天然气管道输送不属于城镇燃气设施

《城镇燃气管理条例》明确规定,城市门站以外的天然气管道虽然同属管道燃气设施,但在管理上有不同的要求。《石油天然气管道保护法》《城市道路管理条例》(国务院令198号)等法律法规对城市门站以外的天然气管道等燃气设施的管理另有规定,以城市门站为界划分天然气管道及燃气设施的管理权限,更利于明确燃气设施的管理责任。

第二节
燃气设施保护范围

《城镇燃气管理条例》第 33 条规定,县级以上地方人民政府燃气管理部门应当会同城乡规划等有关部门按照国家有关标准和规定划定燃气设施保护范围,并向社会公布。划定燃气设施的安全保护范围成为燃气管理部门的一项法定责任。

一、燃气设施保护范围的划定

燃气设施保护的内容繁杂、安全要求高、涉及众多相关行业,燃气管理部门必须会同城乡规划、建设、城市管理、公安消防、技术监督、水利堤防、电力电信等相关部门共同编制燃气设施保护范围和方案,以取得在燃气设施保护过程中的协调一致。

燃气设施保护范围所要保护的客体是燃气设施,所要防范的是任何单位和个人可能危及燃气设施安全的行为和活动。燃气设施保护范围划定要综合以下因素:

①依据《建筑法》《消防法》《建设工程安全生产管理条例》等法律法规的有关规定,以及《城镇燃气设计规范》(GB 50028—2006)、《中华人民共和国强制性标准条文》(城市建设部分)和《建筑设计防火规范》的技术要求;

②根据当地的总体规划、控制性详规、燃气发展规划和现行的国家、行业的相关技术标准规范;

③结合当地社会、环境、气候、地形、地貌、生产生活习惯等具体条件;

④结合可能危害燃气设施的第三方行为活动的种类和影响程度。

保护范围应根据标志技术的规定和要求,设立统一的安全保护范围标志,避免产生歧义和误解,使得全社会能清晰知晓,遵照执行。

二、在安全保护范围内禁止的行为

在燃气设施的安全保护范围内的禁止行为,共有以下五项:

①建设占压地下燃气管线的建筑物、构筑物或者其他设施。

在燃气设施的安全保护范围内建造建筑物、构筑物易造成对地下燃气管道占压,引起地下燃气管道变形破裂,引发燃气泄漏。泄漏的燃气一旦进入建筑物、构筑物,将形成爆炸空间,留下极大的安全隐患。

②进行爆破、取土等作业或者动用明火。

在燃气设施安全保护范围内爆破、取土等作业或者动用明火很容易破坏地下燃气管道等设施,引发安全事故。

③倾倒、排放腐蚀性物质。

在燃气设施安全保护范围内排放腐蚀性物质容易腐蚀燃气管道等设施,造成燃气管道等设施损坏,发生燃气泄漏,引发事故。

④放置易燃易爆危险物品或者种植深根植物。

在燃气设施安全保护范围内放置易燃易爆危险物品一旦发生事故很容易破坏地下燃气管道等设施,引发次生灾害。种植深根植物会破坏地下燃气管道的防腐层,引起地下燃气管道的腐蚀破裂,发生燃气泄漏,引发安全事故。

⑤其他危及燃气设施安全的活动。

这里主要是指国务院《危险化学品管理条例》等有关法律法规规定,包括禁止在燃气设施的安全保护范围内燃放爆竹、施放焰火、故意扔烟头等危害燃气设施安全的行为。

此外,由于燃气易燃易爆有毒,其设施具有较高的专业性和独特性,任何人均不得侵占、毁损、擅自拆除或者移动燃气设施(包括家庭户内燃气设施)。

三、管道设施与其他建设工程相遇关系的处理

管道燃气经营者应当将已建管道设施的有关资料和新建、改(扩)建管道设施规划或者计划报送当地城乡规划主管部门,当地城乡规划主管部门应当将管道设施的新建、改(扩)建计划纳入当地的总体规划。上述规定的有关资料、规划或者计划依照法律法规的规定需要报送当地其他有关主管部门的,管道燃气经营者应当依法报送。

管道燃气经营者进行管道设施维修作业和建设保护工程时,管道穿越区域的有关单位和个人应当给予必要的协助。上述作业对有关单位或者个人的合法权益造成损失的,管道企业应当依法给予补偿。

后建、改(扩)建的建设工程与已有的管道设施相遇而产生的管道设施保护问题,由后建、改(扩)建的建设工程项目单位与管道企业协商解决。后建、改(扩)建的建设工程需要管道设施改线、搬迁或者增加防护设施的,所需费用由后建、改(扩)建的建设工程项目单位承担。

水利部门在制订防洪措施、修筑堤坝时,应当注意保护管道设施的安全,需要在管道设施通过的区域泄洪时,应当及时将泄洪量和泄洪时间通知管道燃气经营者。建设跨(穿)越河道、河堤、航道的管道设施以及在河道中砌筑管道防护设施工程,必须符合国家防洪标准、通航标准。

其他单位在管道设施安全保护范围内进行下列施工时,应当事先通知管道燃气经营者,并采取相应的保护措施:①新建、改(扩)建铁路、公路、桥梁、河渠、架空电力线路;②埋设地下电(光)缆;③设置安全或者避雷接地体。

第三节
燃气设施管理

对燃气设施进行巡查、维修和保养是保障燃气经营者安全生产和用户安全用气的前提。《城镇燃气管理条例》第 35 条规定:"燃气经营者应当按照国家有关工程建设标准和安全生产管理的规定,设置燃气设施防腐、绝缘、防雷、降压、隔离等保护装置和安全警示标志,定期进行巡查、检测、维修和维护,确保燃气设施的安全运行。"

一、燃气设施的定期检查和维护

检测与维护是燃气设施管理工作中十分重要的环节,对保证燃气的正常使用、安全运行有着十分重要的作用。

燃气经营者与用户在分清燃气设施和燃气器具的产权归属的前提下,由责任方对其产权范围内的燃气设施和燃气器具进行定期检查、检修、检验,对不符合安全要求的设施、器具及其配件进行及时更换,对达到检验检定周期的设施、设备,主动要求具备资格的检验检定机构进行检验,检验不合格的应当主动进行更新。有些燃气经营者和用户签订了协议,协议规定了燃气设施和燃气器具由燃气经营者代为检验检修等的内容,应当按照协议的有关规定执行。燃气器具检验、检修发生的费用应当由产权所有者负担,或者按照有关协议负担。

燃气经营者使用的燃气设施有些属于特种设备,如燃气储罐、燃气锅炉、燃气钢瓶、压力在 1 MPa 以上的燃气管道等,适用于《特种设备安全监察条例》(国务院令第 549 号)有关规定。如《特种设备安全监察条例》(国务院令第 549 号)第 6 条规定:"特种设备检验检测机构,应当依照本条例规定,进行检验检测工作,对其检验检测结果、鉴定结论承担法律责任。"第 28 条规定:"特种设备使用单位应当按照安全技术规范的定期检验要求,在安全检验合格有效期届满前 1 个月向特种设备检验检测机构提出定期检验要求。检验检测机构接到定期检验要求后,应当按照安全技术规范的要求及时进行检验和能效测试。未经定期检验或者检验不合格的特种设备,不得继续使用。"

对计量器具如燃气计量表、燃气泄漏报警装置等,适用国家《计量法》《国家计量检定规程》的有关规定。《计量法》和《国家计量检定规程》对燃气计量装置的检验周期有明确规定。燃气计量表属于国家强制检定的产品范畴,安装使用前,有关单位和个人应当到具备检定资格的检验单位进行检验。以天然气为介质的燃气表使用期限一般不超过 10 年,以人工燃气、液化石油气等为介质的燃气表使用期限一般不超过 6 年。燃气报警切断装置也要定期进行检修并更换配件。

燃气设施及附属设施的检测维护要执行相关的标准,《城镇燃气设施运行、维护和抢修安全技术规程》(CJJ 51—2006)在第三部分"运行和维护"中对工作标准做出了详细的规定,燃气经营者应该严格执行本规程。对燃气管线检测可参照执行《石油天然气管道安全监督与管理暂行规定》(国家经济贸易委员会令第 17 号)第 33 条、第 37 条的规定。运行中的管道第一次发现腐蚀漏气以后,应对该管道选点检查其防腐及腐蚀情况,针对实测情况明确制订运行、维护方案。管道使用 20 年后,应对其评估,确定继续使用年限,制订检测周期并加强巡视和泄漏检查的规定内容,做好检测管理工作。

二、对燃气用户安全检查及安全指导

燃气经营者对居民用户的燃气设施、燃气表、燃气器具定期进行安全检查(通常每年至少进行一次),并告知用户遵守燃气安全使用规则,而对燃气单位用户管理、使用的燃气设施、燃气器具应当进行安全技术指导。

1. 对燃气用户的检查

入户检查应包括下列内容:

①确认用户设施完好;

②管道是否被擅自改动,是否被作为其他电器设备的接地线使用,有无锈蚀、重物搭挂,胶管是否超长及完好;

③用气设备是否符合安装规程;

④有无燃气泄漏;

⑤燃气灶前压力是否正常;

⑥计量仪表是否正常。

在进行室内设施检查时应采用肥皂水检漏或仪器检测,发现问题应及时采取有效的保护措施,由专业人员处理。

2. 做好安全检查记录、履行告知义务

对用户安全检查的工作人员必须认真按照规定内容进行检查,做好原始记录,并将检查的内容交用户予以确认、签字。在检查过程中告知用户应遵守下列规定:

①正确使用燃气设施和燃气用具,严禁使用不合格的或已达到报废年限的燃气设施和燃气用具;

②不得私自改动燃气管线和擅自拆除、改装、迁移、安装燃气设施和燃气用具;

③在安装燃气计量仪表、阀门及燃气蒸发器等设施的专用房内不得堆放杂物、住人及使用明火;

④不得加热、摔砸、倒置液化石油气钢瓶及倾倒瓶内残液和拆卸瓶阀等附件;

⑤严禁使用明火检查泄漏;

⑥发现室内燃气设施或燃气用具异常、燃气泄漏、意外停气时,应立即关闭阀门,开窗通风,在安全的地方切断电源,严禁动用明火,并应及时向城镇燃气供应单位报修,严禁用户开启燃气管道上的公共阀门;

⑦连接燃气用具的胶管应定期更换,严禁使用过期胶管;

⑧应协助燃气经营者对燃气设施进行检查、维护和抢修工作。

安全检查的工作人员应对安全检查情况及时上报主管部门,对安全检查工作中出现的

问题,要及时采取措施制订整改方案,对用户违章违法使用的情况,应及时上报燃气管理部门。燃气管理部门依法行使管理职能,对危及燃气管道设施安全的违章行为下达《隐患整改通知书》限期进行整改。

3.对燃气单位用户的安全技术指导

随着单位燃气用户的增多,做好单位用户管理使用的燃气设施和燃气器具的安全技术指导工作是十分必要的。其主要内容包括:①建立健全安全使用规章制度;②设定专职或兼职燃气设施、器具安全管理人员;③燃气设施、燃气器具的操作人员掌握操作技能以及对突发事故处理的相关知识,对燃气法规中权利义务的规定内容和燃气的相关知识做到全面掌握等。

实践活动中,不少单位对自己管理的燃气设施器具了解不多,对如何建立规章制度不知如何着手等,单位用户可要求经营者给予培训,帮助建立制度,代为培训有操作技能的专业人员或者要求委托管理等。对此燃气经营者应当给予大力支持,提供方便,帮助燃气使用单位尽快纳入正常运行的工作轨道。

燃气经营者对用户的安全检查和安全技术指导工作是否收取费用,可依照双方约定或相关法规、规章的规定进行处理。

三、工程施工中燃气设施的安全管理

1.新建、扩建、改建燃气设施中的安全管理

新建、扩建、改建燃气设施中的安全管理主要有两个方面的内容:一是建设单位在新建、扩建、改建建设工程开工前应当查明地下燃气设施的相关情况,明确燃气管理部门以及其他有关部门和单位,而城建档案管理机构等应当及时提供相关资料;二是建设工程施工可能影响燃气设施安全的,建设单位应当组织施工单位、管道燃气经营者共同制订保护方案,签订燃气设施保护协议,并采取相应的安全保护措施,管道燃气经营者应当派专业技术人员进行现场指导。

任何单位和个人都有保护燃气设施安全的责任和义务。建设工程开工前,建设单位有责任查明地下燃气设施的情况,确定建设工程施工是否影响地下燃气设施安全。地下燃气设施的情况一般由燃气经营者建立档案进行保存,按照《建设部关于修改〈城市建设档案管理规定〉的决定》(建设部令第 90 号),管道燃气经营者建立地下燃气设施档案的同时,要将该档案移交给城建档案管理机构进行存档。所以说建设单位可以向燃气经营者提出查询,也可向燃气管理部门以及城建档案管理机构提出查询。燃气管理部门以及城建档案管理机构等,在接到建设单位或者施工单位的查询申请后,应当及时提供相关资料,建设单位或者施工单位得到提供的相关资料后,应当在确认建设工程施工不影响燃气设施安全的情况下方可施工。这样规定的目的是保证燃气管理部门以及城建档案管理机构、建设单位能够切实履行职责,确保地下燃气设施的安全。建设单位或者施工单位经过查询后,应当与管道燃气经营者签订燃气设施保护协议,并采取相应的安全保护措施,管道燃气经营者还应当派专业技术人员进行现场指导,对建设工程的施工进行全过程监督。建设单位或者施工单位应当制订科学合理的施工方案,认真组织实施,并自觉地接受指导和监督,切实保证燃气设施安全。

2. 改动市政燃气设施的安全方案

当前城镇建设发展迅速,对市政、房屋等建设工程的要求越来越高,高起点规划、高标准建设、高效能的管理成为城乡规划建设管理的目的。在城镇建设中,建设工程的施工不可避免地要涉及燃气设施的改造、迁移或者拆除。燃气经营者对市政燃气设施进行改动的,应当制订改动方案并经县级以上地方人民政府燃气管理部门批准方可进行。

施工单位在施工前必须编制安全施工的组织、设计和实施方案。施工组织设计是规划和指导施工全过程的综合性技术经济文件,是施工准备工作的重要组成部分,是进行施工的重要依据和保证。施工组织设计要体现设计的要求,选择最佳施工方案,追求最佳经济效益。同时,为保证施工准备阶段各项工作的顺利进行和各分包单位、各工种、各类材料构件、机具等供应时间和顺序,要对一些关键部位和需要控制的部位提出相应的安全技术措施。

安全实施方案是为了实现安全生产,在防护上、技术上和管理上采取的预案。具体来说,就是在工程施工中,针对工程的特点、施工现场环境、施工方法、劳动组织、作业方法、使用的机械、动力设备、变配电设施、架设工具以及各项安全防护设施等制订的确保安全施工的措施。安全实施方案的目的既然是保证施工安全,就要针对不同工程的特点,不同的施工方法(立体交叉作业、整体提升吊装、土方施工等),使用各种不同的机械设备和变配电设施。施工场地及周围环境,材料和设备的运输,施工中有毒、易燃易爆作业等情况,可能会给施工安全、施工人员和周围居民带来影响和危害,产生不安全因素,也必须从技术上采取措施,消除隐患,从而保证施工安全。

燃气经营者和建设单位或者施工单位在改动燃气设施时,还必须确保不影响燃气用户正常安全用气,从而采取必要的补救措施,如采取替代气源、旁通管线等临时措施,最后还要符合《安全生产法》《城乡规划法》《建筑法》《特种设备安全监察条例》(国务院令第549号)等国家法律法规规定的有关安全生产的条件。

3. 燃气经营者的现场安全指导

任何单位和个人在燃气设施保护范围内施工作业的,应事先通知燃气经营者,燃气经营者应当派人到现场监督。施工前必须全面查清设施位置的界桩走向、具体埋设深度等,再做设计安排。燃气经营者的现场监护人员有权查看施工方对燃气设施采取的保护措施,确认工程中是否按规范标准与燃气工程设计的要求进行施工,对未按规定执行的,要及时向工程监理方报告,要求予以纠正,同时向经营者及时汇报。监护过程中要做好以下几项工作:①准确记录监护的全过程;②掌握工程的施工进度等基本情况;③做好协调和交接工作。

个别工程施工单位忽略事前通知燃气经营者,往往导致了不良后果。如有不少工程在施工中,是由巡线人员巡线时发现有人在燃气设施保护范围内施工,经交涉违章行为才得以制止。因此工程施工单位在施工前应书面通知燃气经营者;在施工作业中损坏燃气设施的,施工方必须立即通知燃气经营者,对所造成的损失要予以赔偿。

第四节
城镇燃气标志

　　近年来随着我国燃气用量快速增长和城镇燃气基础设施的大规模建设,不同压力级别、不同气质、不同用途的燃气厂站、燃气管道的投运量与日俱增,由此给燃气安全供应、安全使用及安全管理提出了更高的要求。城镇燃气标志在安全生产中起着重要的作用,正确使用城镇燃气标志可提醒人们注意某种危险因素的存在,从而减少或避免事故的发生。燃气法规也要求燃气经营者在燃气设施及相关场所设置城镇燃气标志,使得对燃气设施的保护和管理更加规范。

一、燃气标志的概念和作用

1.城镇燃气标志的概念

　　城镇燃气标志,是指适用于城镇燃气输配系统、燃气相关场所,由图形符号、安全色、几何形状和文字构成,能明确表达燃气设施特有信息的标志。燃气标志具有简单、易懂、易识别的特性。

　　根据《城镇燃气标志标准》(CJJ/T 153—2010)城镇燃气标志可分为安全标志和专用标志两种类型。

　　(1)燃气安全标志:包括禁止标志(图5-1)、警告标志(图5-2)、指令标志(图5-3)、指示标志(图5-4)四种。

图 5-1　禁止标志示例

　　(2)燃气专用标志:包括燃气输配管线标志、燃气设施名称标志、燃气厂站内地上工艺管道标志三种。

　　另外,除以上两种类型的燃气标志外,相关法律法规还将部分应用在燃气经营服务、燃气燃烧器具上的标志也做出相应的规定。如《气瓶安全监察管理规定》指出,燃气气瓶应当设置安全警示及检验标志,这些规定使城镇燃气标志内容更加充实、丰富。

图 5-2　警告标志示例

图 5-3　指令标志示例

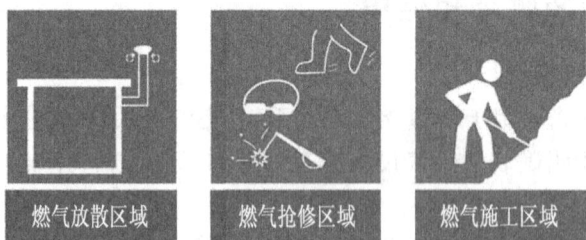

图 5-4　指示标志示例

2.燃气标志的作用

燃气标志具有鲜明、直观、便于掌握的特点,因而在保障燃气设施安全运行方面起着有效的提示、警示作用,具体体现在以下四个方面:

(1)发挥宣传教育的作用:燃气标志的设置既有统一性又有多样性,反映了燃气行业不同于其他行业的特点,使人们到能够对其特定的告诫和指导含义一目了然。燃气标志的设置是燃气经营者宣传和贯彻燃气法规的重要体现,通过这种方式传达燃气经营与服务的信息,告诫人们重视燃气安全的规定,使人们对燃气常识有直观的了解。

(2)安全权得以保障:通过燃气标志告诫人们燃气行业具有特殊危险性。一方面能够使公民了解燃气设施、产品性能、使用方法等安全保障信息,通过提示正确操作燃气设施和燃气相关产品,接受燃气经营者的服务;另一方面可以给予公民在燃气使用或相关活动中以必要的警示,引起人们对安全的重视,防止燃气安全事故的发生。

(3)便于燃气经营与服务的实现:燃气用户可以通过燃气标志的设置了解燃气经营者的业务活动及服务信息,也可通过观察燃气标志的设置初步判断燃气经营者服务质量的优劣状况、其安全保障措施是否健全,从而促进燃气经营者改进服务,加强安全保障措施。

(4)可及时有效实现救济权:燃气在经营与服务以及施工建设活中可能会发生人身伤害和财产损失,燃气标志所显示的内容,可以为事故后采取救济措施提供必要的信息,便于及时发现事故原因、分析责任。燃气标志可成为争议事故和认定责任的有效证据材料,使受害人的救济权得到实现。

二、燃气标志的设置

1. 设置安全警示标志的依据

除《城镇燃气管理条例》外,许多省、自治区、直辖市根据当地实际情况,通过地方法规把燃气经营者应当设置燃气设施安全警示标志作为一项重要内容做出规定。如《重庆市天然气管理条例》规定,天然气经营者必须按规定对天然气设施设置明显的统一标志;《上海市燃气管道设施保护办法》规定,燃气管道设施运行企业按照燃气设计规范,设置燃气管道设施永久性安全警示标志。燃气经营者依据法律法规的规定,设置燃气设施安全警示标志已成为一项重要的法律制度。

2. 燃气安全警示标志的使用

对燃气设施、燃气场所等设置燃气安全警告标志做出规定,主要有:

①燃气经营者应当在燃气设施上设置安全警示标志;

②燃气设施保护范围内应根据标志的规定和要求设立统一的安全保护范围标志,使全社会清晰明确知晓;

③燃气管道设施运行企业应当按照燃气设计规范,设置燃气管道设施永久性安全警示标志;

④燃气设施施工项目现场应设立安全警示标志,内容包括严禁无关人员进入,严禁火种带入现场,维护抢险、抢修现场的安全防护措施等;

⑤对易遭受车辆或其他外力碰撞的燃气管道设施采取相应的保护措施,并设置安全警示标志。

另外,其他法律法规对燃气安全警示标志的设置也做出规定,并在实践中广泛使用,燃气经营者也应依法实施,使燃气安全警示标志的应用更合理、更健全。

3. 燃气专用标志

燃气专用标志是指应能明确表达燃气设施特有信息的标志,包括图形符号、文字和管道定位装置。燃气经营者应按照法律法规规定,在燃气输配管线,重要燃气设施及燃气厂站内设置专用标志。燃气专用标志示例如图5-5所示。

图 5-5　燃气专用标志示例

燃气专用标志的应用如下:

①燃气燃烧器具生产单位应当在燃气燃烧器具上明确标志所适应的燃气种类；

②燃气经营者应使用自己的企业标志，从事燃气经营服务活动；

③管道燃气经营者应当按照国家技术规范的强制性要求在燃气管道沿线设置管道标志；

④燃气经营者应当在燃气设施所在地段设置明显的统一标志；

⑤燃气供应单位应当在重要的燃气设施或者重要的部位设置统一、明显的识别标志；

⑥通过道路、水路、铁路运输燃气的，分别依照有关道路运输、水路运输的法律法规的规定设置识别标志。

三、燃气标志的保护

由于燃气是易燃易爆有毒的特殊商品，燃气法规规定，任何单位和个人不得毁损、覆盖、涂改、擅自拆除或者移动燃气设施安全警示标志，发现有可能危及燃气设施和安全警示标志的行为，有权劝阻、制止。对燃气设施的保护是全社会公民、企业都必须履行的义务。

对燃气标志的保护要求如下：

①燃气经营者按照燃气设计规范或实践活动的要求必须在需要设置燃气标志的范围、场所、产品上设置燃气标志。为燃气设施设置的燃气标志应具备合理性，并达到国家安全标准或行业标准的要求。

②燃气经营者应当对所设置的燃气标志开展各项管理活动，订立相关的制度，依照规范标准维修，及时更换标志、图示，保证信息标志的准确性，为确保燃气标志的正常使用发挥作用。

③对可能危及燃气设施和燃气安全警告标志的行为，任何单位和个人都有权向燃气经营者或燃气管理、公安、安全生产管理监督等有关部门和单位报告。及时报告，可以有效控制燃气设施的损害，避免燃气事故的发生。

案例分析

【案例一】燃气经营者对用户的漏气报修应采取的措施及法律责任

【原告】邓某，女，某单位干部，住某市某区某小区

【被告】某市燃气集团第一销售公司

【案情介绍】2004年6月，原告邓某电话告知被告说家中煤气有泄漏，闻到很大气味，要求燃气人员进行修理。被告接到电话后在1小时内赶到该户，进行检查，经多次检查未发现泄漏处，被告向原告邓某说明情况后，原告邓某的家属在派工单上签署了姓名。

2004年7月，原告邓某找到被告单位称，自己近一个月以来，因使用的燃气长期处于泄漏状态，已造成其中毒，有一次乘坐公共汽车时在车内晕倒，被送往医院并做了高压氧仓治疗。花去医药费、治疗费等共计5千余元，为此，要求被告赔偿其经济损失，承担民事责任，对此情况被告不予

理会。

【审理结果】2004 年 8 月原告向人民法院提起了诉讼,经法院审理查明:被告对原告户内安全检查后未发现有燃气泄漏,而且有检查派工单作为原始凭证,向法院提供后并得到确认。原告称被告安全检查时,未尽检查职责及检查不认真,特别是对所使用的考克(又称小阀门)未检查,才导致伤害的发生,法院对此难以认定。经调解,原告撤销了起诉,此案终结。

【分析】依据该市燃气管理条例的规定,被告已严格按规章制度尽到了检查职责和义务。在对用户室内安全检查时执行了国家标准规范,并用文字形式予以确认,抢修、检查工作已落实到位。被告认真对待燃气用户的报修,为保证居民的安全履行了应尽的义务。

况且原告在报修后,经被告检查也未发现泄漏,从法律角度讲,对该行为应予以认可。如果原告再发现问题,应该继续要求检查。另外原告对自己发现的泄漏,要分清是属于使用中的问题,还是属于燃气设施的问题。被告在接到报修通知时,应及时赶赴现场,一方面给予检修、查明情况;另一方面对用户给予相应的指导,告知用户正确使用燃气用具的知识与方法,使其正确使用,以避免事故的发生。

【案例二】燃气供用气合同中的管理权分界点是确认合同履行地的重要条款

【原告】李某,男,17 岁,某校学生

【第一被告】某市园林局某公园管理处(简称某公园)

【第二被告】某市天然气公司(简称天然气公司)

【案情介绍】1996 年 8 月上旬,某日下午,李某在某公园内西湖餐厅内用打火机点烟时发生爆燃,将李某面颈、双上肢、躯干烧伤,烧伤面积达 40%,其中Ⅲ度 30%,深Ⅱ度 10%。经法医伤情机构鉴定:李某伤残程度为五级。经治疗花去医药费 4.2 万元。该市公安局消防科对上述火灾原因认定:天然气管道年久失修、腐蚀成洞,泄漏的天然气窜入地下水管道,从地漏处进入室内与空气形成爆炸性混合气体,遇李某点烟明火爆燃。该餐厅同时发生爆炸,室内新装修的设施损毁,造成人身及财产的重大损失。

自 1989 年 4 月,某公园因经营需要自己投资申请接通天然气到其饭店内,在燃气设计施工单位办理各种手续,完工验收合格后于 1990 年 4 月投入使用,直到发生爆燃事故。

李某伤情严重要求某公园承担责任并给予赔偿,某公园认为:事故起因是天然气泄漏导致的。争议无果,李某向某市某区人民法院提起诉讼,将某公园作第一被告,某市天然气公司作第二被告,请法院裁决。

【审理结果】李某认为自己在餐厅内吸烟点火属于正常行为,对引起爆燃不应承担任何责任。现造成伤害,要求二被告给付医疗费用是合理主张,法院应予支持。

某公园在庭审中认为:依据当地燃气法规的规定,所铺设的天然气管道属天然气公司负责管理,产权属于某公园,管理权应属于天然气公司。按照燃气管理条例规定,新建单位连接到天然气公司的天然气管道上的新设支线闸阀应以某公园餐厅内灶具、燃气表前的支线闸阀为界,自此支线闸阀到灶具的管道设施由某公园管理(表具除外)。从灶具、燃气表前的支线闸阀起到连接在天然气公司的燃气管道上的支线闸阀以及该段管道上的设施,如凝水缸、支线闸阀应由天然气公司管理。李某的烧伤是由天然气公司管理的管道失修泄漏、管理不善造成的,故应由天然气公司承担全部责任。

天然气公司在庭审中认为:该管线由某公园自己投资所建,天然气公司属供气企业,自某公园申请用气并办理完手续,发放燃气使用证后,就形成了一种持续的供气合同(虽没签订合同书,但实际上已形成了一种法律上的供用气合同关系)。依据当地燃气法规的规定:"城市燃气经营单位负责管理调压设备、煤气表和中压或者低压管道支线闸阀和支线闸阀以内的燃气设施;支线闸阀以外的燃气设施和燃气器具(调压设备和燃气表除外)由使用城市管道燃气单位用户负责管理,无管理能力的可以委托城市燃气经营单位代管。"某公园应该清楚对其投资所建的管道从连接天然气干管上的第一个支线闸阀到其使用的灶具等设施享有管理权,应尽管理、检修之责。而某公园没能在其职责范围内行使管理权,又没委托天然气公司进行代管,因此,天然气公司无管理职责,不承担任何法律责任。

1998 年 1 月,该市某区人民法院审理后认为:原告李某的行为属正常生活范畴,不承担责任,其造成的一切损失由天然气公司承担。某公园对管道拥有所有权,但无管理权,不应承担责任。天然气公司对某公园内的燃气管道应负责管理,泄漏是由于天然气公司的失修造成的,其应承担全部责任。

判决后,天然气公司向中级人民法院提起上诉。经二审对有关的事实、证据已无任何疑义,但在适用法律上给予了纠正。

二审法院认定:某公园自己投资建设的燃气管道及设施,依据当地燃气法规之规定,应由其管理,但未尽充分注意之责,发生爆燃,应承担民事责任。天然气公司对某公园的燃气管道和设施无管理权,又无约定委托管理,不应承担民事责任。原告李某无任何责任。故改判由某公园承担原告李某的全部医疗费等共计约 40 万元。

某公园履行判决,执行完毕后又以相同的理由向中级、高级人民法院申请再审,中级人民法院已裁定维持原判决。

【分析】本案中涉及一个重要的问题,即在合同或协议约定不明确的条件下如何认定责任的问题。

本案中的民事责任分析：

《合同法》第 36 条规定："法律、行政法规规定或者当事人约定采用书面形式订立合同，当事人未采用书面形式但一方已经履行主要义务，对方接受的，该合同成立。"本案涉及一种特殊的买卖合同——供用气合同。

本案中天然气公司与某公园作为供用气双方未采用书面形式订立合同条款，但双方在实际中已经全面履行了供用气合同的主要条款。应该说合同已经成立，又由于天然气供应是一种持续履行合同，可以说双方本着诚实信用，一直在履行之中。因燃气泄漏产生爆燃，造成人身、财产的损害而产生的民事责任，是本案的结果。究其原因是哪一方面违反合同的约定，哪一方应承担民事责任？

①泄漏的天然气管道应该由谁来管理，是谁未尽合同约定之责；

②约定之责是否为明确的民事责任；

③供用气合同与买卖合同的特殊区别，对合同不完全履行的责任应如何确认。

本案中天然气公司与某公园管理处履行的供用气合同是特殊无形商品——天然气。由于它的特殊性，要求供用双方按照合同的要求明确履行地点，商品在此交付后发生所有权转移。某市燃气管理条例对燃气经营者与燃气单位用户在燃气设施和器具管理上做出了规定，应该作为双方分界点的依据，依法行使各自的职权。《合同法》在供用电合同中规定，供电设施的产权分界处为履行地点，可解释为供电设施的分界点为单位变电设备第一个磁瓶或开关，并指出供用气合同应参照供电合同的规定执行。（燃气供用气合同与买卖合同的重要区别从履行地点的特殊规定便可清楚可见了）

另据有关资料表明，对认为约定或解释不明确的合同条款，大陆法系国家一般主张依当事人的真实意思来解释。这意为合同必须依照诚实信用原则来解释，否则就违背了法律原则和立法精神。确立分界点后只会使双方管理权更加明确，无盲区和空白点。

管理权界定后，不难看出，某公园对自己投资连接到天然气公司管道上的支线闸阀到燃气灶具的所有燃气设施拥有管理权，作为合同一方应尽管理职责。

经分析表明，某公园作为接受合同的用气方，在与供气方履行合同时就应开始依照法律法规的规定，在合同的履行地点，即双方产权管理权界定点全面履行管理职责。由于某公园的不作为，致使管道的泄漏没能及时发现才导致此事故的发生，因此，某公园一方应承担全部的民事责任。

天然气公司作为供气方只能在其职责和委托的范围内行使管理权，自双方产权分界点作为合同履行地点后，对某公园内的燃气设施无权进行管理，依法不承担民事责任。

原告李某的行为属正常生活规范,确定无任何责任。

学习鉴定

一、填空题

1. 燃气设施保护范围所要保护的客体是_____,所要防范的是任何单位和个人可能危及燃气设施安全的行为和活动。

2. 任何单位和个人在进行可能影响或危害燃气设施安全的工程施工作业的,应事先通知燃气经营者,燃气经营者应当_____到现场监督。

3.《城镇燃气标志标准》(CJJ/T 153—2010)自_____年_____月_____日起施行。

4. _____应协助燃气经营者对燃气设施进行检查、维护、抢修工作。

5. _____在施工前必须编制安全施工的组织、设计和实施方案。

6. 燃气用户应当遵守安全用气规则,使用合格的燃气燃烧器具和气瓶,及时更换国家明令淘汰或者使用年限已届满的燃气燃烧器具、连接管等,并按照约定期限支付_____。

7.《计量法》和《国家计量检定规程》对燃气计量装置的检验周期也有明确规定,燃气计量表属于国家强制检定的产品范畴,安装使用前,有关单位和个人应当到具备检定资格的检验单位进行检验,使用满 5 年的要进行_____。

8. 单位燃气用户还应当建立健全_____制度,加强对操作维护人员燃气安全知识和操作技能的培训。

9. 城镇燃气标志,是指适用于城镇燃气输配系统、燃气相关场所,由图形符号、安全色、几何形状和文字构成,能明确表达燃气设施_____的标志。

10. 根据《城镇燃气标志标准》(CJJ/T 153—2010)城镇燃气标志可分为安全标志和_____两种类型。

二、选择题

1. 某甲燃气公司承建一处燃气管线工程时,发现所设置的燃气安全标志被他人移动,影响正常施工,准备开展维权活动:

(1)由_____对移动燃气管线的行为人给予处罚。( )

    A. 某甲燃气公司　　　　　　　　　B. 城镇燃气管理部门

    C. 公安机关　　　　　　　　　　　D. 移动燃气管线的负责人

(2)对移动燃气管线的行为人应_____。( )

    A. 责令限期改正　　　　　　　　　B. 给予警告

    C. 行政拘留　　　　　　　　　　　D. 依《城镇燃气管理条例》的规定罚款

(3)若某甲燃气公司再重新设置燃气管线安全警示标志应按_____标准实施。( )

    A. 城镇燃气标志　　　B. 监理公司规定　　　C. 企业内部　　　D. 管理部门要求

(4)设置的城镇燃气标志可分为安全标志和_____标志。( )

A. 禁止   B. 警告   C. 专用   D. 提示

2. 某甲燃气公司的一条高压燃气管线被燃气巡线作业人员发现周围修建了临时房屋用作农贸市场,为加强对燃气设施的保护:

(1)应当由_____划定燃气设施保护范围才可得到保护。( )

    A. 燃气经营者

    B. 县级以上地方人民政府燃气管理部门

    C. 农贸市场单位

    D. 燃气管线施工单位

(2)若农贸市场单位行为违法,应依据_____处罚。( )

    A. 燃气管理部门   B. 燃气经营者

    C. 有关城乡规划的法律法规的规定   D. 农贸市场单位上级机关

(3)燃气管线的保护范围划定后,应当向_____公示。( )

    A. 社会   B. 建设系统单位

    C. 燃气公司企业内部   D. 管道沿线单位

(4)若某甲燃气公司要改动燃气管线应_____。( )

    A. 上报公司上级单位批准

    B. 报县级以上地方人民政府燃气管理部门批准

    C. 不必上报

    D. 委托其他单位实施改动

三、问答题

1. 什么是燃气设施?

2. 燃气设施如何分类?

3. 燃气设施保护范围划定要考虑哪些因素?

4.在燃气设施安全保护范围内有哪些禁止的行为？

5.对燃气用户的检查包括哪些内容？

6.城镇燃气标志的作用有哪些？

第6章　燃气燃烧器具管理与使用

核心知识

- 燃气燃烧器具安装、维修企业的资质

- 燃气燃烧器具安全使用的要求

- 对家用燃气器具适配性检测

- 燃气燃烧器具安装维修的标准

- 对安装、改装户内燃气设施作业的规定

学习目标

- 了解燃气燃烧器具安装、维修企业的备案及
  条件

- 了解燃气燃烧器具安全使用的要求

- 了解对家用燃气器具适配性检测

- 掌握燃气燃烧器具安装维修的标准

- 了解对安装、改装户内燃气设施作业的规定

第一节
燃气燃烧器具安装、维修企业

依据《建筑法》、《燃气燃烧器具安装维修管理规定》（建设部令第73号）、《关于燃气燃烧器具安装、维修企业资质管理有关事项的通知》（建成[2007]250号）和《建筑业企业资质管理规定》（建设部令第159号）等有关规定，从事燃气燃烧器具安装、维修企业应当按照其拥有的注册资本、专业技术人员、技术装备和已完成的工程业绩等条件申请资质，经审查合格，取得相应企业资质证书后，方可在资质许可的范围内从事燃气燃烧器具安装、维修活动。

一、燃气燃烧器具安装、维修企业的资质许可

燃气燃烧器具安装、维修企业资质纳入建筑业企业资质管理。省、自治区人民政府建设主管部门和直辖市人民政府燃气管理部门，负责本行政区域内燃气燃烧器具安装、维修企业资质的监督管理工作。设区的市人民政府燃气管理部门具体实施燃气燃烧器具安装、维修企业资质许可，并负责本行政区域内燃气燃烧器具安装、维修企业资质的监督管理工作。

燃气管理部门应当将取得《资质证书》的企业向省级人民政府建设行政主管部门备案，并接受其监督检查。取得《资质证书》的安装、维修企业由燃气管理部门编制进入《燃气燃烧器具安装维修企业目录》，并通过媒体等形式向社会公布。有些地方法规规定，除从事经营、安装、维修企业需要备案外，燃气燃烧器具的生产企业或者其委托的经销商也应当备案。

二、从事燃气燃烧器具安装维修企业的条件

对符合下列资质标准的燃气燃烧器具安装、维修企业，由设区的市燃气管理部门核发相应的《建筑业企业资质证书》，资质证书管理纳入《建筑业企业资质证书》管理体系：

①企业的注册资本不少于30万元；

②有固定的经营场所，配置与经营规模相适应的抢修、维修服务通信工具、专用车辆；

③有公开的安装、报修、维修、抢修等工作流程及服务电话，且有24小时值班人员；

④有必备的燃气燃烧器具安装、维修设备、工具和仪器：与安装管道相匹配的钻孔设备、机械绞丝设备，常用的工具和维修用的零配件，有能直接检测燃气压力、流量、水压、水量、温度等主要检修、调试指标的专用仪器，燃气检漏仪及泄漏浓度报警器，其他必备的燃气燃烧器具安装、维修设备、工具和仪器；

⑤配备4名以上具有工程、经济、会计等初级以上（含初级）专业技术职称的人员，其中燃气或相关专业的人员不少于1名并具有助理工程师（含助理工程师）以上的专业技术职称；

⑥有4名以上持有燃气行业《职业技能岗位证书》（以下简称《岗位证书》）的安装、维修

作业人员；

⑦有按照国家或地方的相关法律、法规、技术标准(规范、规程)及其他相关规定要求制订的作业标准；

⑧有完善的安全管理、质量管理、文书档案管理制度，对所承接的业务依照有关标准，建立了严格的检验制度和质量保修制度；

⑨有完善的客户服务制度和服务标准；

⑩有与燃气燃烧器具生产厂家签订的《安装、维修委托书》。

三、燃气燃烧器具售后服务要求

由于燃气燃烧器具不同于一般的商品,既涉及个人安全又涉及公共安全,燃气燃烧器具生产、销售单位应设立服务站点或者委托设立售后服务站点,保证燃气燃烧器具售后得到及时维修、更换,从而保证供用气的顺利进行。这对于满足用户需求,保证用气安全,具有重要的意义。

在燃气具销售和售后服务上的要求,主要有以下规定：

①承担对所售燃气具安装、维修的服务。

②将燃气具销售服务电话、网络地址,燃气具安装使用说明书等信息材料交给消费者,或以能保持长久的方式明示。

③燃气具生产、销售单位出售其燃气具后,应每 2 年至少对使用者使用燃气具的情况进行 1 次了解。在燃气具判废年限内,无论生产者转产或停产均不应解除对燃气具服务的职责。

④燃气具生产、销售单位向燃气具安装、维修的企业(自行或委托)提供各种技术资料,维修备件,并负责对服务人员进行技术培训。

四、安装、维修人员的条件

燃气燃烧器具的安装维修人员必须具备相应的职业道德和职业技能水平,必须经燃气管理部门考核合格后取得从业资格和燃气管理部门颁发的《职业技能岗位证书》,并持证上岗。对无资质证书人员的安装维修行为,燃气用户、单位有权拒绝,并要求对方承担相应的责任。国家已颁布《国家职业技能标准:燃气具安装维修工(试行)》是安装、维修工考核的标准的依据。

从事燃气燃烧器具安装、维修的人员,有下列情况之一的,燃气管理部门应当收回其《岗位证书》：

(1)停止安装、维修业务一年以上的；

(2)违反标准、规范进行安装、维修的；

(3)欺诈用户,乱收费的。

燃气燃烧器具安装、维修人员应当在一个单位执业,不得以个人名义承揽燃气燃烧器具安装、维修业务。

第二节
燃气燃烧器具的安全使用

燃气燃烧器具,是指以燃气为燃料的燃烧器具,包括居民家庭和商业用户所使用的燃气灶、热水器、沸水器、采暖器、空调器等器具。燃气燃烧器具的使用是燃气应用的基础环节,涉及广大用户的日常生活和安全,因此也是安全管理的重点。

一、燃气燃烧器具安全使用总体要求

燃气燃烧器具安全使用总体要求是防止和减少燃气安全事故,保障公民生命、财产安全和公共安全。燃气使用中,燃气用户应当遵守安全用气规则,单位燃气用户还应当建立健全安全管理制度,加强对操作维修人员燃气安全知识和操作技能的培训,燃气安全知识的宣传以及建立一系列安全法律制度及完备的保障措施。燃气燃烧器具的安全使用大致归纳为以下两方面。

1.燃气燃烧器具及其配件的安全使用和环境要求

燃气燃烧器具及其配件作为燃气使用的载体,应满足燃气燃烧器具使用的气源的适配性要求,不应对使用者的生命和健康构成危害,不应对环境造成污染。燃气燃烧器具应当配置安装如熄火保护、定时关闭或泄漏报警等必要的安全装置,应满足国家能效标准,节约能源消耗。燃气燃烧器具应操作简便,便于使用者掌握,成为满足大众使用的便捷产品。

2.使用合格的燃气燃烧器具

国家对燃气燃烧器具及配件制定了产品质量标准。燃气用户在使用前应承担对使用燃气产品自检义务,使用合格的燃气产品,不合格的产品应禁止使用。燃气燃烧器具的使用应符合如下规定:

①及时更换国家明令淘汰或者使用年限已届满的燃气燃烧器具、连接管等配件;

②使用带有自动熄火保护装置的燃烧器具;

③使用燃气燃烧器具的单位用户应当建立健全安全管理制度,明确安全责任人,操作人员应具有燃气安全知识和岗位技能水平,非经培训的操作人员不能使用燃气燃烧器具;

④燃气燃烧器具的操作人员发现有燃气泄漏的可能或已经发现泄露,除应采取措施外,应及时向燃气经营者或燃气管理部门等报告,避免燃气事故的发生。

二、燃气燃烧器具的判废年限和要求

燃气燃烧器具的设计都是有使用寿命要求的,超过期限安全系数会降低,燃烧产物中的有害物质将超标,继续使用出事故的概率会增加。因此,应该对用户做好宣工作,要求其不使用超过年限的燃气用具。

1. 燃气燃烧器具的判废年限

根据现行国家标准《家用燃气燃烧器具安全管理规则》(GB 17905—2004)在 7.3 节中规定的要求,燃具从售出当日起,人工煤气热水器的判废年限应为 6 年,液化石油气和天然气热水器判废年限应为 8 年,燃气灶具的判废年限应为 8 年。如生产企业有明示燃具和配件的判废年限,应以企业明示为准,但不能低于以上规定的标准。

2. 故障判废

燃气热水器检修后仍发生如下故障之一时,应予以判废:

①燃烧工况严重恶化,检修后烟气中一氧化碳含量仍达不到相关标准规定;

②燃烧室、热交换器严重烧损或火焰外溢;

③漏水、漏气、绝缘击穿漏电。

三、燃气适配性检测

1. 家用燃气器具的适配性检测

我国的燃气事业已进入一个快速发展的阶段,截至 2010 年,全国用气人口约 5 亿人,其中城镇用气人口约 3.5 亿人,普及率达 90%,县镇用气人口约 1.55 亿人,用气普及率达 50%,燃气使用普及率仍呈现不断增长趋势。燃气的发展也带动了燃气燃烧器具的发展,并已形成一个开放的燃气器具市场,燃气燃烧器具的种类日益增多,已发展出使用燃气的热水器、沸水器、采暖器、锅炉、空调等多种用途的系列产品。据初步统计,在市场上销售的燃气器具(包括进口产品)的厂家达到近 300 家,各式各样的燃气燃烧器具约有 1 000 余种。

燃气法规规定燃气管理部门应当向社会公布本行政区域内的燃气种类和气质成分等信息,这是燃气管理部门必须履行的一项义务,这样做便于用户正确选用燃气燃烧器具,也便于燃气燃烧器具生产销售单位提供适配该地区气源的燃气燃烧器具。

在我国燃气事故中,由于燃气燃烧器具与当地供应的燃气气质不匹配,燃气不能完全燃烧而造成释放出的烟气中含有有害气体致人伤害的案例占到30%。因此,如何保证用户在使用燃气时的安全、减少燃气安全事故,是关系国计民生、关系社会稳定的一件大事情。使燃气燃烧器具与气源种类、气质成分相适应,是保证燃气燃烧器具正常使用,减少燃气安全事故的重要举措。

根据现行的国家标准《城市燃气分类》(GB/T 13611)城镇燃气分为人工煤气、天然气、液化石油气三大类,每一类燃气都自成系统,其燃烧器具是不能互换的,而每一类燃气又根据不同组分和特性划分为若干种的燃气。即使是同一种的燃气在不同地区、不同城市其成分和特性都有一定的差异,如人工煤气,由于各地选用的煤和生产工艺的不同,成分相差很大。每种燃气燃烧器具的技术性能都是针对某一种燃气气质进行设计的,由此保证与其相匹配的燃气能够正常地完全燃烧,这是保证燃气用户使用安全、节约能源、提高热效率的一项准则。当燃气组分变化偏离设计范围时,燃烧工况就会使燃烧器具不能正常工作,如产生脱火、回火,或燃烧后烟气中含有过量的一氧化碳等有害气体,轻则不能正常使用,重则危及使用人的生命安全。

对同一种技术性能的燃烧器具,不同燃气绝对不能相互通用。所以,保护广大燃气用户的使用安全,节约能源提高热效率,确保燃气燃烧器具与当地供应的燃气适应是十分必要的。

2. 对家用燃气器具适配性检测的管理要求

①销往使用地的家用燃气器具,必须经当地技术监督部门授权的检验机构进行气源适配性检测,检测的抽样方案按《计数抽样检验程序》(GB/T 2828.1—2003)规定执行;

②家用燃气器具经检测合格,粘贴"气源适配标志"后方可销售;

③经检测不合格的燃器具不得销售,不合格产品经整改,自检合格后,可申请复检,复检结果为最终检测结果;

④对于相同型号的燃器具产品连续两次检测不合格的,一年内不得再次报检。

燃气燃烧器具的生产者或销售商在销售前,还应当将燃气燃烧器具气源适配性检测的《合格报告》向供货地区的燃气管理部门备案。

第三节
安装、维修户内燃气设施和燃气燃烧器具

一、安装、改装、拆除户内的燃气设施

户内燃气设施是指燃气管道引入口之后的燃气设施,包括燃气表、燃气表后的管道(阀门)、燃气灶前连接软管。户内燃气设施的安装、改装、拆除等工作专业性强,技术要求严格,关系到能否满足燃气用户的需求、保证用气安全,因此必须引起高度重视。

1. 安装、改装、拆除燃气设施的程序

《城镇燃气管理条例》第 28 条规定,燃气用户及相关单位和个人不得擅自安装、改装、拆除户内燃气设施和燃气计量装置。确因客观需要对户内燃气设施进行安装、改装、拆除时,应当委托燃气经营者或者有资质的单位实施作业,不得擅自作业。

管道燃气经营者接到用户需要改装、拆除燃气设施的申请后,应当在 5 个工作日内予以答复。对受理的,应当自用户交清相关费用后,居民用户按照约定时间的 5 个工作日内、非居民用户按照合同约定的时限,实施相关工程。对不受理的,应当同时以书面形式向用户说明不受理的理由。改装燃气设施的保修期为交付使用之日起后的 6 个月。在保修期内,因改装工程质量造成的问题,由管道燃气经营者免费解决。

2. 户内燃气设施作业的规定

户内燃气设施安装、改装、拆除,从设计、施工到验收,国家及燃气行业都对其制定了相关标准规范,如《城镇燃气技术规范》(GB 50494—2009)、《城镇燃气室内工程施工与质量验收规范》(GJJ 94—2009)等。承担户内燃气设施作业的企业或单位应当按照国家及行业标准实施,保证工程质量,保障户内燃气设施施工后的安全。

对于燃气用户提出的改动室内燃气设施的需求,燃气施工单位应当首先根据各项设计、

施工、管理的标准规范判定其是否符合规定的条件。具备条件的,燃气施工单位应当严格依照服务承诺,在规定的期限内实施作业;对不符合规范要求的需求,燃气经营者应当在规定的期限内及时以书面的形式向用户告知不能实施室内燃气实施改动的理由和依据,并运用自身的专业知识为用户提供合理化建议供其参考选用。

二、安装维修燃气燃烧器具的要求

1.燃气燃烧器具安装、维修的有关标准

燃气燃烧器具安装、维修活动专业性强,技术要求条件高,设计、施工要求严格,在安装与维修时应执行《家用燃气燃烧器具安全管理规则》(GB 17905—2008)、《家用燃气燃烧器具安装及验收规程》(CJJ 12—99)等标准规范及《城镇燃气燃烧器具销售和售后服务要求》(GB 25503—2010)。

2.对燃气燃烧器具的要求

对燃气燃烧器具及其安装使用有以下要求:

①家用燃气灶具(包括台式灶)应设置熄火保护装置;

②新装管道燃气用户应采用与不锈钢波纹软管相适应的螺纹连接形式的器具;

③家用燃气快速热水器应设置定时关机装置;

④禁止安装使用直排式热水器;

⑤禁止销售效能不达标的燃气热水器;

⑥家用燃气采暖炉应采用强制给排气形式;

⑦燃气用具产品必须有产品合格证和安全使用说明书,重点部位要有明显的警告标志。

3.对器具连接软管和安全装置的要求

(1)橡胶软管:使用瓶装液化气的灶具和胶管连接应采用符合现行行业标准《家用煤气软管》(HG 2486—93)规定的燃气专用胶管,并用管卡(喉箍)固定。

(2)金属软管:提倡管道燃气用户采用不锈钢波纹软管连接方式;当燃气用具应采用螺纹连接的不锈钢波纹软管时,软管与管道、器具的连接处应采用压紧螺帽固定。

燃气燃烧器具安装维修企业应根据用户的不同需要,提供不同档次、不同规格的波纹软管产品,供用户选择。不锈钢波纹软管产品应符合现行行业标准《燃气用螺纹连接不锈钢波纹软管》(CJ/T 197—2004)的要求。不锈钢波纹软管的安装和更换宜由专业人员操作。

(3)对安全装置的管理:提倡居民用户安装使用燃气浓度检测报警器和自动切断阀等安全装置,燃气浓度检测报警器应与自动切断阀或排风扇连锁。

4.对燃气器具的安装与维修要求

(1)安装的要求:安装燃气燃烧器具应当按照国家有关标准的规范进行,并使用符合国家标准的燃气器具安装材料及配件,对用户自备不符合标准的燃气器具、配件或要求进行不符合安全的安装要求的,安装企业应当拒绝安装。燃气燃烧器具安装企业应当在家用燃气计量表后安装燃气燃烧器具,未经燃气经营者同意,不得移动燃气计量表及表前设施。

(2)安装的检验及合格证书:安装完毕后,燃气器具安装企业应当进行检验,检验合格的,检验人员应当给用户出具合格证书。合格证书应包括燃气器具安装企业的名称、地址、

时间,并盖有公章。检验人员应当在合格证书上签字。

(3)维修与保修:经燃气燃烧器具生产、销售企业委托设立的燃气燃烧器具安装维修企业,应当与燃气燃烧器具生产、销售企业签订维修委托协议。燃气燃烧器具安装维修企业接到用户报修后,应当在24小时内或者在与用户约定的时间内派人维修。燃气器具的安装应设定保修期,保修期不低于6个月。

(4)事故的处理:任何单位和个人发现燃气事故后,应当立即切断气源,采取通风、防火和撤离现场等措施,并向有关部门报告。有关部门应当按照《燃气燃烧器具安装维修管理规定》(建设部令第73号)第29条和《城镇燃气管理条例》第六章的规定对事故进行调查。确属燃气燃烧器具安装、维修原因的,应当按照有关规定对燃气燃烧器具安装、维修企业进行处理。

案例分析

【案例】燃气热水器一氧化碳中毒引发巨额人身损害赔偿案

【原告】燃气具使用者宫某、刘某

【被告】文登市某灶具店,广东某燃气具有限公司

【案情介绍】2006年1月27日晚,原告一家三人在杨某家使用燃气热水器洗澡,三人均一氧化碳中毒,其子宫某某死亡。原告宫某被诊断为急性一氧化碳中毒、肺部感染、上消化道应急性溃疡出血等,至今生活不能自理。原告刘某诊断为急性一氧化碳中毒、病毒性肝炎等。经查,三人洗澡使用的燃气热水器系杨某于2005年9月10日在文登市某灶具店购买的广东某燃气具有限公司生产的家用燃气热水器,并由文登市某灶具店派人安装于杨某家中。被告广东某燃气具有限公司生产的燃气热水器,未向用户提供与产品配套的排烟烟道,系存在缺陷产品。文登市某灶具店安装燃气热水器时,未能按照要求为原告安装排烟管道。另查,文登市某灶具店系由被告家庭经营的个体工商户。综上,被告未按照国家有关规定进行燃气热水器的生产、出售和安装,致使使用该产品的原告和其子宫某某三人一氧化碳中毒,导致一死二伤的重大伤亡后果。请求法院判令被告连带赔偿原告丧葬、医疗费等共计52万余元。

被告广东某燃气具有限公司辩称:其按国家标准要求编印了产品说明书,说明书中对安装方法、使用环境均做了详细说明,并有警示标志。造成一氧化碳中毒伤亡的真正原因是未按标准、说明书警示要求安装烟管所致。原告认为生产方未向用户提供与产品相配套的排烟烟道,系缺陷产品的说明是错误的。对于是否应该配备烟管,国家标准对烟道式燃气热水器没有强制性规定必须配置烟管。在产品说明书中也有"特别警示",必须安装烟管并对各种型号热水器具体配备烟管技术参数做了详细

规定,并明确说明由用户自购。因此生产方已尽了告知义务,其做法并未违背国家标准。为事故现场所使用的产品提供安装服务者是文登市某灶具店人员。但文登市某灶具店从业人员不是生产方在文登市分销商。生产方的产品符合国家标准,产品质量合格,请求法院驳回原告对生产方的诉讼请求。

文登市某灶具店业主辩称:在本次事故中,该燃气热水器使用说明方法一栏中特别警告用户烟道需用户自购,并且说明了烟道应该配备的规格,并且一再警告用户没有安装烟道的热水器禁止使用,且在使用过程中需打开窗户保持热水器安装的室内通风良好。作为房主杨某在热水器没有安装烟道的情况下应该禁止使用,而杨某却将没有安装完毕的燃气热水器提供给原告使用,如果他们可以按照燃气热水器使用要求一栏的要求去做,必能避免一氧化碳中毒或缺氧窒息。杨某在本案中没有制止这一行为的发生,却提供了场地和热水器,如果是因热水器导致严重后果的发生,所产生的一切损失应该由原告与杨某共同承担,而不应由销售方负责,因此请求法院判令原告撤回对销售方的诉讼。

【审理结果】最终判决文登市某灶具店的经营者被告李某、姜某赔偿原告宫某、刘某及被害人宫某某死亡赔偿金、丧葬费、医疗费等共计人民币50万元。驳回原告宫某、刘某要求被告广东某燃气具有限公司承担赔偿责任的诉讼请求。

【分析】本案涉及两方面的法律问题:一是产品质量责任的归责原则,即是实行过错责任还是无过错责任;二是举证责任的分配。

产品质量侵权责任属于特殊侵权责任,对产品质量责任属过错责任抑或无过错责任,适用何种归责原则,学界有不同观点。通说认为,《民法通则》第122条所规定的产品质量责任属于无过错责任或称严格责任,即无论产品制造者、销售者主观上有无过错,均应对产品所造成的损害承担民事责任。而依《产品质量法》相关规定,生产者所承担的责任,属于无过错责任,即不要求产品生产者对造成的损害具有过错,只要证明其生产的产品存在缺陷、有受损害事实且产品缺陷与损害事实之间有因果关系即可。销售者所承担的责任,属于过错责任。笔者认为,依特别法优先适用的原则,关于产品质量责任在法律适用上应优先适用《产品质量法》的规定。《产品质量法》在规定产品责任的同时,也允许生产者、销售者通过一定的抗辩事由以获免责。其中,生产者的免责条件,是其能够证明有下列情形:①未将产品投入流通的;②产品投入流通时,引起损害的缺陷尚不存在的;③将产品投入流通时的科学技术水平尚不能发现缺陷存在的。而销售者的免责条件,是其能够证明产品缺陷并非出于自己的过错,且能够指明缺陷产品的生产者或供货者。

从举证责任分配上分析:根据《产品质量法》的立法原意,在实行无过错责任的情形下,由被告承担举证责任,证明其产品不存在缺陷,否则即认定其产品有缺陷。这一认定是根据举证责任倒置理论而来的。从举证责任倒置的理论及相关规定分析,法官可以根据案件的特殊情形,在考查双方当事人的举证能力、举证条件等因素的情形下决定举证责任倒置,将本应由一方当事人承担的举证责任分配给对方当事人。

本案中,法院审理认为,原告一家三人在杨某家使用生产者为被告广东某燃气具有限公司家用燃气热水器洗澡时一氧化碳中毒,造成一死两伤的事件。该事件的发生是由于销售者文登市某灶具店未尽安装排烟管道义务,致使使用燃气热水器时室内空气无法正常流通,一氧化碳淤积于室内所导致。该事件的损害后果与文登市某灶具店未安装排烟管道有直接的因果关系,且二被告未能证明产品缺陷造成的损害并非出于自己的过错,故文登市某灶具店的经营者即二被告李某、姜某应承担全部责任。从被告广东某燃气具有限公司庭审提供的系列证据,可以确认该公司的产品是经检验合格,无任何产品缺陷的。原告未能就此举证证明被告广东某燃气具有限公司的产品缺陷,原告要求被告广东某燃气具有限公司承担赔偿责任的主张,证据不足,法院不予采纳。

学习鉴定

一、填空题

1. 从事燃气燃烧器具安装、维修企业应当按照其拥有的注册资本、专业技术人员、技术装备和已完成的工程业绩等条件申请资质,经审查合格,取得相应_____后,方可在资质许可的范围内从事燃气燃烧器具安装、维修活动。

2. 从事燃气燃烧器具安装维修企业的注册资本不得少于_____元。

3. 从事燃气燃烧器具安装维修的企业应有_____名以上持有燃气行业《职业技能岗位证书》的安装、维修作业人员。

4. 从事燃气燃烧器具安装维修的企业应有完善的客户服务制度和_____。

5. 从事燃气燃烧器具安装维修的企业应有与燃气燃烧器具生产厂家签订的《_____》。

6. 燃气燃烧器具安装、维修人员应当在一个_____执业,不得以个人名义承揽燃气燃烧器具安装、维修业务。

7. 燃气燃烧器具是指以燃气为燃料的_____,包括居民家庭和商业用户所使用的燃气灶、热水器、沸水器、采暖器、空调器等器具。

8. 燃气燃烧器具应当配置安装如熄火保护、定时关闭或泄漏报警等必要的安全装置,节约能源消耗,满足国家_____。

9. 燃气燃烧器具安全使用总体要求是防止和减少燃气安全事故,保障公民生命、财产安全和_____。

10. 家用燃气器具经检测合格、粘贴"_____"后方可销售。

二、选择题

1. 甲公司是燃气燃烧器具生产企业，准备从事燃气燃烧器具安装、维修活动：

(1)需要_____开展燃气燃烧器具安装维修。(　　)

    A. 设立或委托设立售后服务站点　　　　B. 不必设立服务站点

    C. 直接派人上门维修　　　　　　　　　D. 邮寄零配件

(2)对燃气燃烧器具安装、维修负责的部门或企业是_____。(　　)

    A. 燃气管理部门

    B. 燃气生产销售单位

    C. 燃气经营者

    D. 燃气生产单位、销售单位所设立或委托设立的服务站点

(3)从事燃气燃烧器具安装、维修活动应执行的标准是_____。(　　)

    A. 企业标准　　　　　　　　　　　　　B. 地方标准

    C. 国家标准　　　　　　　　　　　　　D. 燃气协会组织制订的标准

(4)在燃气燃烧器具上应明确表示所适应的燃气种类应当由_____做出。(　　)

    A. 燃气燃烧器具生产单位　　　　　　　B. 燃气经营者

    C. 燃气燃烧器具销售单位　　　　　　　D. 燃气管理部门

2. 2009 年某城市居民楼室内发生一起燃气燃烧事故，起因是房屋装修人员对室内燃气管道进行改造，导致装修作业人员烧伤，居民室内财产损失，请就此案回答以下问题：

(1)城镇居民燃气用户需改动户内燃气设施的，可以请_____进行燃气管道改造。(　　)

    A. 燃气经营者

    B. 燃气用户可以按自己的需求自行变动燃气管道

    C. 装修作业人员

    D. 任何成年人

(2)若此行为违法，则违反了哪部法律法规？(　　)

    A.《行政许可法》　　　　　　　　　　　B.《安全生产法》

    C.《城镇燃气管理条例》　　　　　　　　D.《刑法》

(3)若此行为违法，则应给予_____的处罚。(　　)

    A. 责令限期整改，恢复原状

    B. 责令限期整改或采取罚款

    C. 由燃气经营者给予处罚，并要求赔偿损失

    D. 由燃气经营者对燃气用户给予罚款

(4)对此给用户造成的损失，由_____承担赔偿责任。(　　)

    A. 燃气经营者　　　B. 装修作业人员　　　C. 燃气用户　　　D. 燃气管理部门

三、问答题

1. 从事燃气燃烧器具安装维修企业必备的设备、工具和仪器有哪些?

2. 国家燃气燃烧器具安装、维修的有关规范和标准有哪些?

3. 对从事燃气燃烧器具安装、维修的人员,在哪些情况下,燃气管理部门可收回其《职业技能岗位证书》?

4. 对家用燃气器具适配性检测的管理有何要求?

5. 在燃气燃烧器具的安全方面有何要求?

第7章 燃气安全事故预防与处理

■ **核心知识**

- 燃气安全评估和风险管理体系
- 燃气安装事故的隐患排除
- 燃气事故的概念分类及处理规定
- 燃气安全事故应急救援预案的编制和管理

■ **学习目标**

- 掌握燃气安全评估和风险管理体系的概念
- 了解燃气安装事故的隐患排除
- 了解燃气事故的概念分类及处理规定
- 了解燃气安全事故应急救援预案的编制和管理

第一节
燃气安全评估和风险管理

燃气安全评估和风险管理体系是指以实现燃气系统安全为目的,应用安全系统工程原理和方法,对系统中存在的危险有害因素进行辨识与分析,判断系统发生事故和职业危害的可能性及严重性,为制订防范措施和管理决策、消除事故隐患提供科学依据,减小事故发生的概率和可能造成的生命财产损失。

一、燃气安全评估和风险管理体系的建立

《国务院关于进一步加强安全生产的决定》(国发[2004]2号)中指出:"改进生产经营单位安全管理,积极采用职业安全健康管理体系认证、风险评估、安全评价等方法,落实各项安全防范措施,提高安全生产管理水平。"安全评估作为现代安全管理模式,体现了"预防为主"的管理理念,在安全生产中的作用越来越显现出来,并已成为安全生产重要的技术保障措施之一。

安全评估是根据国家有关的法律、法规规定的要求而进行,对生产经营单位生产设施、设备、装置、储存、运输及安全管理等方面进行全面、综合的安全评估。《城镇燃气管理条例》第41条规定,燃气经营者应当建立健全燃气安全评估和风险管理体系,发现燃气安全事故隐患的,应当及时采取措施消除隐患。燃气经营者应将安全现状评估的结果纳入本单位事故隐患整改计划和安全管理制度,并按计划加以实施和检查。同时燃气经营者应有偿债和抗风险能力,在燃气供应过程中出现气源中断、安全事故等突发事件时,企业应有能力组织实施救济赔偿。这种能力和企业的经营规模是相辅相成的,规模大的企业必然要求有足够的资金作后盾。燃气经营者建立健全燃气安全评估和风险管理体系很有必要。

二、监督检查

燃气作为关系城镇发展和市民正常生活的重要公共产品,必须纳入政府的监督管理范围之中。政府管理部门通过监督检查和许可评价的方式,了解和掌握燃气经营者的生产经营情况。

监督检查是指国家机关依据法律法规的规定,行使监督检查的职权,国家机关中的检查机构可以根据需要采取不同的方式,针对燃气经营者的安全状况进行检查,既可以是全面检查,也可以是有针对性的检查;既可以普查,也可以抽查。在检查中,发现违反国家法律法规的行为,应及时予以纠正、制止,并依职权追究有关违法者的法律责任。

燃气管理部门以及其他有关部门和单位应当根据各自职责,对燃气经营、燃气使用的安全状况等进行监督检查;发现燃气安全事故隐患的,应当通知燃气经营者、燃气用户及时采

取措施消除隐患;未及时消除隐患可能严重威胁公共安全的,燃气管理部门以及其他有关部门和单位应当依法采取措施,及时组织消除隐患,有关单位和个人应当予以配合。

通过各种形式的监督检查,一方面可以督促燃气经营者在安全工作中落实国家有关安全的法律法规,及时查处燃气经营者在安全工作中的违法行为,从而使燃气经营者的运行状况保持稳定;另一方面可以使国家行政机关了解燃气经营者的安全状况和现实中存在的安全问题等信息,针对不同阶段的安全形势和普遍性的问题,及时采取有效的对策。

1. 监督检查部门的职责

燃气管理部门以及其他有关部门和单位对燃气经营者的安全状况进行监督检查,他们根据各自的职责开展监督检查活动。

(1)燃气管理部门的职责:国务院建设主管部门负责管理全国的燃气安全工作,县级以上地方人民政府的燃气管理部门负责本行政区域的城镇燃气安全监督管理工作。

(2)公安消防部门职责:依据《消防法》的规定,公安消防机构应当履行的职责是对机关、团体、企事业单位和公民遵守消防法律法规的情况进行监督检查,对消防安全重点单位进行监督管理,发现火灾隐患及时通知有关单位或个人采取措施、限期消除,对火灾隐患、火灾原因及事故责任重新认定,负责消防行政复议、应诉工作。

(3)安全生产监督管理部门职责:县级以上安全生产监督管理部门依据《安全法》的规定,对生产经营单位和企业的安全生产实施监督管理,主要职责有:检查生产经营单位、企业和主管部门贯彻执行安全生产、法律法规的情况;检查生产经营单位和企业职业安全卫生教育、培训工作;主持、参加、监督生产经营单位和企业事故的调查和处理工作。

2. 燃气经营者必须具备与经营规模相适应的抢险抢修人员和设备

燃气经营者除具备一支专业技术素质满足运行要求的管理和运行队伍外,还必须具有与经营规模相适应的抢险抢修人员和设备。燃气经营者在经营过程中,难以避免燃气事故的发生,建立一支抢险抢修队伍成为燃气经营者的必要条件。而燃气事故的抢险抢修能力既取决于抢险抢修人员的数量、技术水平,也取决于抢险设备的配备水平,燃气经营者应当根据经营的规模和设备水平配备抢险抢修人员,这里所指的设备主要是指抢险抢修用的专用车辆、专用工具、防毒用具、防火用具、灭火用具等。所有的燃气经营者都应当配备必要的抢险抢修车辆和设备,管道燃气经营者应当配备专用抢险抢修车,挂抢险专用警灯,配备防爆照明设备、常用工具、防护用品等。

3. 燃气安全隐患的排除

及时排除安全隐患,是进行燃气监督检查最重要的目的。燃气管理部门以及其他有关部门和单位在对燃气工程建设、燃气经营、燃气使用、燃气设施保护、燃气器具安装维修等活动进行监督检查时,发现安全隐患,不能不了了之,必须及时通知有关单位和个人限期消除。

安全事故隐患未得到及时处理往往会酿成安全事故。发现燃气安全事故隐患后,有关燃气经营者、燃气管理部门以及安全生产监督管理、公安消防机构等有关部门,应当立即组织人员查明情况,采取有效措施防止事故隐患继续扩大,并尽可能及时排除。有关单位和个人应当予以积极配合,要责任到人,不能拖延。

对燃气事故的处理和进行燃气抢修,是燃气经营者经常遇到的问题。燃气抢修是燃气经营者的一项重要工作,抢修工作的及时开展,可以有效地避免燃气事故的发生,抢修不当,也有可能引起燃气事故的发生,产生不必要的损害。在对燃气抢修过程中,对不同的行为主体有不同的要求。

①对公民参加抢修中的行为要求:任何单位或个人发现燃气泄漏,必须立即切断气源,采取通风、杜绝明火等措施,并有义务通知燃气经营者或消防部门。公民对影响抢修、占压燃气设施的堆砌物或建筑物有义务协助清除,保证抢修的进行。

②对燃气经营者抢修的行为要求:管道燃气经营者接到用户室内燃气泄漏的报告,应当在接报的同时,提示用户采取关闭阀门、保持自然通风、不打开停电器开关、撤离现场后报警等安全措施,并立即赶到现场处置(按照当地规定的时间到达)。供气管道发生漏气或突发性事故停气,应采取不间断的抢修措施,直至修复投用。燃气经营者管理的燃气表井室、阀门井室等井盖缺损,应自得到报告或发现之时起 24 小时内修复,未能及时修复的,应采取保护措施。

三、燃气用户故障的维修

燃气用户故障主要指燃气燃烧器具的使用故障。对此燃气经营者接到维修请求后,按约定时间派人入户维修。进行室内维修和检修应符合以下两项规定:

①首先检查有无燃气泄漏,发现泄漏应当立即采取有效的措施堵塞泄漏,进行彻底检查。

②进行维修、抢修工作的人员,必须是相应的资质单位或专业人员。

需收取维修费用的应按照收费标准收取。维修中造成用户直接损失的,燃气经营者应该给予赔偿。实践中,燃气用户报修的故障,难以分清泄漏事故是何缘故造成,故燃气经营者接到报修后,应立即到现场查清,再决定抢修或维修,避免贻误时机或造成不必要的损失。

第二节
燃气事故及其处理

一、燃气事故的概念

燃气安全事故是指在燃气的生产、储存、输配和使用过程中,因自然灾害、不可抗力、人为故意或过失、意外事件等多种因素造成的燃气泄漏、停气、中毒或爆炸,造成人员伤亡和财产损失,影响社会秩序的事件。燃气安全事故分为责任事故和非责任事故。

1.燃气事故分类

为了评价燃气企业安全状况,分析发生燃气事故的原因和相关规律,在对燃气事故进行统计分析的过程中,需要对燃气事故进行科学的分类。

按燃气事故的性质分类可分为:燃气爆炸事故、燃气燃烧事故和燃气中毒事故。

按燃气事故后的伤亡严重程度分类(根据国务院《生产安全事故报告和调查处理条例》,该条例已经于 2007 年 3 月 28 日国务院第 172 次常务会议通过,自 2007 年 6 月 1 日起施行)可分为:

①特别重大事故:是指造成 30 人以上死亡,或者 100 人以上重伤(包括急性工业中毒,下同),或者 1 亿元以上直接经济损失的事故;

②重大事故:是指造成 10 人以上 30 人以下死亡,或者 50 人以上 100 人以下重伤,或者 5 000 万元以上 1 亿元以下直接经济损失的事故;

③较大事故:是指造成 3 人以上 10 人以下死亡,或者 10 人以上 50 人以下重伤,或者 1 000 万元以上 5 000 万元以下直接经济损失的事故;

④一般事故:是指造成 3 人以下死亡,或者 10 人以下重伤,或者 1 000 万元以下直接经济损失的事故。

按燃气事故的气源种类分类可分为:天然气事故、液化石油气事故、人工燃气事故、压缩天然气事故和液化天然气事故。

2. 燃气事故发生后燃气经营者要做的工作

燃气经营者应对安全工作予以高度重视,避免燃气事故的发生。一旦发生燃气事故要立即启动燃气事故应急预案,并妥善做好以下工作:

①接到事故报告后,应首先告知注意事项并应立即组织人员到现场进行抢修。

②告知公安消防等现场人员切断气源,警戒现场,避免火源,保护现场,等待抢修人员的到达。

③抢修人员进行抢修时有关部门应该给予协助,避免事故扩大造成更大的损失。

二、燃气事故的处理

燃气事故的处理通常由事故发生地的区县级以上人民政府有关部门,会同燃气管理部门共同解决。燃气管理部门在燃气事故的处理过程中应该重视消防部门对燃气事故性质的认定工作。

1. 燃气事故报告

我国《安全生产法》《建筑法》《生产安全事故报告和调查处理条例》(2007 年国务院令第 493 号)和《工程建设重大事故报告和调查程序规定》(1989 年建设部令第 3 号)等对生产安全事故报告做了相应的规定。如《安全生产法》第 70 条规定:"生产经营单位发生生产安全事故后,事故现场有关人员应当立即报告本单位负责人。""单位负责人接到事故报告后,应当迅速采取有效措施,组织抢救,防止事故扩大,减少人员伤亡和财产损失,并按照国家有关规定立即如实报告当地负有安全生产监督管理职责的部门,不得隐瞒不报、谎报或者拖延不报,不得故意破坏事故现场、毁灭有关证据。"

根据《特种设备安全监察条例》(国务院令第 549 号)第 62 条:"特种设备发生事故,事故发生单位应当迅速采取有效措施,组织抢救,防止事故扩大,减少人员伤亡和财产损失,并按照国家有关规定,及时、如实地向负有安全生产监督管理职责的部门和特种设备安全监督管理部门等有关部门报告。不得隐瞒不报、谎报或者拖延不报。"特种设备的事故救援和调查处理专业性、技术性更强,因此,须由特种设备安全监督部门组织有关救援和调查。

一旦发生安全事故,及时报告有关部门是及时组织抢救的基础,也是认真进行调查、分清责任的基础。发生燃气事故后,事故单位应以最快捷的方式(电话、传真等)向有关部门报告,报告内容包括发生事故的单位名称、地址、发生时间、伤亡人员、经济损失情况,以及燃气事故的初步原因和经过。若事态仍在继续,要随时报告。后续报告应该包括以下内容:燃气事故更具体一些的信息,事故发生后各方采取了何种应急措施,事故现场处理情况。发生事故的企业,要按规定填写燃气事故报告。

对重大燃气事故,燃气企业应写出事故调查报告书,于事故发生后15天内报送上级有关部门。燃气事故调查报告应详尽描述事故的发生过程,进行调查取证和燃气事故原因分析,得出事故分析结论,分清责任,拿出处理意见和整改意见。

以下燃气事故发生后,燃气企业除通知燃气管理部门、公安消防机构外还应当及时通知当地公安机关刑侦部门,公安机关刑侦部门应当立即派员赶赴现场参加火灾调查(构成爆炸、放火嫌疑的,公安机关刑侦部门应当立案侦查):

①有人员死亡的燃气爆炸、火灾、中毒事故;

②国家机关、广播电台、电视台、学校、医院、养老院、托儿所、幼儿园、文物保护单位、邮政和通信、交通枢纽等发生的燃气爆炸、火灾、中毒事故,社会影响大的单位和部门发生的燃气爆炸、火灾、中毒事故;

③具有爆炸、放火嫌疑线索的燃气爆炸、放火事故。

2. 事故调查处理

为了掌握燃气事故情况,查明原因,分清责任以及所要采取的防范措施,必须对每一起燃气事故进行调查分析。燃气事故现场是事故的最基本信息来源。事故调查的一般程序为:发生伤亡事故后,首先要保护好事故现场,同时要抓紧时间向上级和有关部门报告。在保护好事故现场的同时要积极抢救受伤者。发生事故的单位和有关上级主管单位要及时派出事故调查组赴事故现场调查,在现场收集有关事故各方面的情况与人证、物证,召开有关人员座谈会、分析会。在掌握全部情况的基础上,明确原因,分清责任,提出事故处理意见,最后填写《燃气事故调查报告书》,将一起事故的全部资料汇总、归档、结案、上报。

(1)燃气事故现场的处理:必须认真保护事故现场,凡与事故有关的物体、痕迹、状态不得破坏,为抢救受伤者而需要移动现场某些物件时,应做好标记。

(2)燃气事故调查技术及内容:物证与人证的收集。物证包括现场的致害物、残留物、破损件、碎片及其具体位置,每件物品应贴上标签,注明时间、地点,物件应保持原状,不得擦洗。人证是指有关现场当事人的叙述事故情况的材料,要注意真实性。

燃气事故调查的内容:①发生燃气事故的单位、地点、时间;②燃气事故的危害程度;③燃气事故的气源种类;④受害人和肇事人的姓名、年龄、性别、文化程度、职业、技术等级、工龄、本工种工龄、支付工资的形式;⑤受害人和肇事者的基本(技术)情况、接受安全教育的情况;⑥出事当时,受害人和肇事者的工作内容、工作量、作业程序、操作时的动作或站位、姿势等;⑦有关设计和工艺方面的技术文件、工作指令和规章制度方面的资料及执行情况;⑧工作环境的状况,照明、温湿度、通风、道路、工作面状况及有毒有害物质的取样分析记录;

⑨个人防护措施状况,质量、规格、式样等;⑩其他可能与事故致因有关的细节和因素。

(3)特别注意取证的有效性、合法性,保证证据是客观、公正的。

3.事故调查报告编写的内容

事故调查报告应当包括下列内容:

①事故发生单位概况;

②事故发生经过和事故救援情况;

③事故造成的人员伤亡和直接经济损失;

④事故发生的原因和事故性质;

⑤事故责任的认定以及对事故责任者的处理建议;

⑥事故防范和整改措施。

事故调查报告应当附具有关证据材料。事故调查组成员应当在事故调查报告上签名。凡在燃气事故中负伤者,从发生事故受伤起,若 1 个月后,由轻伤转为重伤,或由重伤转为死亡,则不再按重伤、死亡事故上报。

三、燃气安全事故责任的追究

《国务院关于进一步加强企业安全生产工作的通知》(国发〔2010〕23 号)指出:"加大对事故企业负责人的责任追究力度。企业发生重大生产安全责任事故,追究事故企业主要负责人责任;触犯法律的,依法追究事故企业主要负责人或企业实际控制人的法律责任。发生特别重大事故,除追究企业主要负责人和实际控制人责任外,还要追究上级企业主要负责人的责任;触犯法律的,依法追究企业主要负责人、企业实际控制人和上级企业负责人的法律责任。对重大、特别重大生产安全责任事故负有主要责任的企业,其主要负责人终身不得担任本行业企业的矿长(厂长、经理)。对非法违法生产造成人员伤亡的,以及瞒报事故、事故后逃逸等情节特别恶劣的,要依法从重处罚。"此外,《国务院关于特大安全事故行政责任追究的规定》(国务院令 302 号)、《特别重大事故调查程序暂行规定》(国务院令 34 号)和《企业职工伤亡事故和处理规定》(国务院令 75 号)等行政法规对安全事故的调查处理做出了规定。建设部 1989 年 9 月 30 日发布的《工程建设重大事故报告和调查程序规定》(建设部令 3 号)也可作为参考。

第三节
燃气安全事故应急救援

实践经验证明,制订事故应急救援预案是控制事故扩大、降低损失最有效的方法之一。据有关统计表明,有效的应急预案系统可将事故损失降低到无应急预案的 6%。因此,结合企业的具体情况,实事求是地对企业存在的危险因素进行辨识、分析和评估,科学、系统地制订适合燃气企业自身的应急预案,才可以保证在紧急事故发生时有针对性地实施救援,才能保证应急救援队伍能够按照事先制订的程序,有条不紊地进行现场协同抢救。同时还可以根据事故应急预案,假想发生事故,进行演练,并逐步修订完善事故应急预案。

一、应急救援预案的主要规定

《中华人民共和国突发事件应对法》(以下简称《突发事件应对法》)第7条规定:"县级人民政府对本行政区域内突发事件的应对工作负责;涉及两个以上行政区域的,由有关行政区域共同的上一级人民政府负责,或者由各有关行政区域的上一级人民政府共同负责。突发事件发生后,发生地县级人民政府应当立即采取措施控制事态发展,组织开展应急救援和处置工作,并立即向上一级人民政府报告,必要时可以越级上报。"

对于燃气安全应急救援预案应做到以下几类:

①县级以上地方人民政府燃气管理部门应当根据本级人民政府的要求,制订本行政区域内燃气企业特大生产安全事故应急救援预案。

②燃气经营者应当制订本单位生产安全事故应急救援预案,建立应急救援组织或者配备应急救援人员,配备必要的应急救援器材、设备,并定期组织演练。

③燃气经营者应当根据燃气运行的特点、范围,对经营活动现场易发生重大事故的部位、管理环节进行监控,制订燃气经营者生产安全管理预案。此预案的实施充分体现预防为主,是企业针对性的程序性、制度性的管理活动。

④燃气经营者应针对可能发生的事故制订相应的应急救援预案,准备应急救援的物资,并在事故发生时组织实施,防止事故扩大,以减少与之有关的伤害和不利影响。

二、应急救援的基本任务

(1)抢救受害人员是首要任务:接到事故报警后,应立即组织营救受害人员,组织撤离或者采取其他措施保护危害区域内的其他人员。

(2)迅速控制危险源,并进行监测,是重要任务:及时有效地控制气源,防止事故继续扩大,才能及时有效地进行救援。在控制气源的同时,对事故造成的危害进行分析、检测、监测,确定事故的危害区域、危害性质及危害程度。特别是对发生在城市或人口稠密地区的燃气泄漏事故,应尽快组织抢险队与技术人员一起及时控制事故继续扩展。

(3)做好现场处理,消除危害后果:针对事故对燃气设施及周围造成的实际危害和可能的危害,迅速采取警戒、封闭等措施。

(4)查清事故原因,评估危害程度:事故发生后应及时调查事故发生的原因和事故性质,评估出事故的危害范围和危险程度。

三、编制应急预案的基本要素与步骤

应急预案的编制可参考"危险化学品事故应急救援预案编制导则"(单位版)。应急救援预案是指根据预测危险源、危险目标可能发生事故的类别、危害程度,而制订的事故应急救援方案。制订应急救援方案要充分考虑现有物质、人员及危险源的具体条件,以便及时、有效地统筹指导事故应急救援行动。

通常企业编制事故应急预案可遵循以下步骤：

1. 成立预案编制小组

预案编制工作是一项涉及面广、专业性强的工作，是一项非常复杂的系统工程，需要安全、工程技术、组织管理、医疗急救等各方面的知识，要求编制人员要由各方面的专业人员或专家组成，熟悉所负责的各项内容。

企业管理层应有人担任预案编制小组的负责人，确定预案编制小组的成员，小组成员应是预案制订和实施过程起重要作用或是可能在紧急事件中受影响的人员。成员应来自企业管理、安全、生产操作、保卫、设备、卫生、环境、抢修、物资等应急救援相关部门。此外，小组成员也可包括来自地方政府应急救援机构的代表（例如，消防、公安、医疗、交通和政府管理机构等），这样可消除企业应急预案与地方应急预案的不一致性，也可明确当事故影响到企业外部时涉及的单位和职责。

2. 收集资料并进行初始评估

在编制预案前，需进行全面、详细地资料收集、整理。企业需要收集、调查的资料主要包括：①燃气设施周围环境条件，包括地质、地形、周围环境、气象条件（风向、气温）、交通条件；②燃气管网、场站布局和用户分布；③生产设备状况等。

3. 危险辨识与风险评价

危险辨识与风险评价就是在编制应急预案时首先了解在城镇燃气供应中所有潜在的危险因素，如其发生事故可能性有多大，可能造成的最大事故后果如何。目前，用于生产过程或设施的危险辨识与风险评价方法已达到几十种。常用的危险辨识与风险评价有：故障类型与影响分析（FMEA）、危险性与可操作性研究（HAZOP）、事故分析树（FTA）、事件分析树（ETA）等。企业可以根据各自的实际情况、事故类型，选用合适的危险辨识与风险评价方法。

在应急预案编制过程中，危险辨识与风险评价应包括如下内容：①气源的种类、压力级别及特性；②场站种类及分布；③气体运输路线分布；④可能发生事故的类型、性质；⑤可能造成的事故后果；⑥事故可能影响区域。

4. 应急资源与能力评估

依据危险辨识与风险评价的结果，对已有的应急资源和应急能力进行评估，明确应急救援的需求和不足。应急资源包括应急人员、应急设施（备）、装备和物资等；应急能力包括人员的技术、经验和接受的培训等。制订应急预案时应当在评价与潜在危险相适应的应急资源和能力的基础上，选择最现实、最有效的应急策略。

应急资源与能力评估应包括如下内容：①企业内部应急力量的组成、各自的应急能力及分布情况；②各种重要应急设施（备）、物资的准备、布置情况；③当地政府救援机构或相邻企业可用的应急资源。

5. 应急预案的编写

应急预案的编制必须基于危险辨识与风险评价的结果、应急资源的需求和现状以及有关法律法规要求。此外，应按事故的分类、分级制订预案内容，上一级预案的编制应以下一级预案为基础，应明确与其他相关应急预案的协调性和一致性。

预案编制小组在编制应急预案时应考虑:

①合理组织:应合理地组织预案的章节,以便每个不同的使用者能快速地找到各自所需的信息,避免不相关的信息。

②连续性:保证应急预案每个章节及其组成部分在内容上相互衔接,避免出现明显的位置不当。

③一致性:保证应急预案的每个部分都采用相似的逻辑结构来组织内容。

④兼容性:应急预案的格式应尽量采取范例的格式,以便各级应急预案能更好地协调和对应。

6. 应急预案的评审与发布

为了确保应急预案的科学性、合理性以及与实际情况的符合性,预案编制单位或管理部门应依据国家有关应急的方针、政策、法律、法规、规章、标准和其他有关应急预案编制的指南性文件与评审检查表,组织开展应急预案评审工作。应急预案评审通过后,应由企业最高管理者签署发布,并报送备案。

四、应急预案的实施

应急预案签署发布后,应做好以下工作:

(1)企业应广泛宣传应急预案,使全体员工了解应急预案中的有关内容。

(2)积极组织应急预案培训工作,使各类应急人员掌握、熟悉或了解应急预案中与其承担职责和任务相关的工作程序、标准内容。

(3)企业应急管理部门应根据应急预案的需求,定期检查落实本企业应急人员、设施、设备、物资的准备状况,识别额外的应急资源需求,保持所有应急资源的可用状态。

五、应急预案的演练

为保证事故发生时可迅速组织抢修并控制事故发展,应急预案应定期进行演练。通过演练可发现应急预案存在的问题和不足,提高应急人员的实际救援能力,使每一个应急人员都熟知自己的职责、工作内容、周围环境,能够熟练按照预定的程序和方法进行救援行动。通过演练应重点检验应急过程中组织指挥和协同配合能力,发现应急准备工作的不足,及时改正,以提高应急救援的实战水平。

应急演练必须遵守相关法律、法规、标准和应急预案的规定,结合企业可能发生的危险源特点,潜在事故类型,可能发生事故的地点、气象条件及应急准备工作的实际情况,制订演练计划,确定演练目标、范围和频次、演练组织和演练类型,设计演练情景,开展演练准备,组织控制人员和评价人员培训,编写演练总结报告等。

六、预案的修订与更新

企业应适时修订和更新应急预案。当发生以下情况时,应进行预案的修订工作:

①危险源和危险目标发生变化;

②预案演练过程中发现问题;

③组织机构和人员发生变化；

④救援技术的改进。

七、应急预案参考资料

《危险化学品事故应急救援预案编制导则》(单位版)

《中华人民共和国安全生产法》(中华人民共和国主席令第 70 号)

《中华人民共和国消防法》(中华人民共和国主席令第 83 号)

《危险化学品安全管理条例》(国务院令第 344 号)

《特种设备安全监察条例》(国务院令第 373 号)

《重大危险源辨识》(GB 18218)

《建筑设计防火规范》(GB 50016)

《石油化工企业设计防火规范》(GB 50160)

《常用化学危险品贮存通则》(GB 15603)

《原油和天然气工程设计防火规范》(GB 50183)

八、名词解释

(1)危险化学品：属于爆炸品、压缩气体和液化气体、易燃液体、易燃固体、自燃物品和遇湿易燃物品、氧化剂和有机过氧化物、有毒品和腐蚀品的化学品。

(2)危险化学品事故：由一种或数种危险化学品或其能量意外释放造成的人身伤亡、财产损失或环境污染的事故。

(3)应急救援：在发生事故时,采取的消除、减少事故危害和防止事故恶化,最大限度降低事故损失的措施。

(4)重大危险源：国家标准《重大危险源辨识》(GB 18218—2000)中将重大危险源定义为：长期地或临时地生产、搬运、使用或者储存危险物品,且危险物品的数量等于或者超过临界量的单元(包括场所和设施)。

(5)危险目标：指因危险性质、数量可能引起事故的危险化学品所在场所或设施。

重大危险源与危险目标既有区别,又互相联系。依据《重大危险源辨识》(GB 18218—2000),当危险品的数量等于或者超过临界量的单元(包括场所和设施)时,便构成重大危险源辨识,属于危险目标;如果危险物品的数量达不到临界量,但由于其处在环境敏感区域(如居民区、繁华人员密集地区、交通枢纽区等),事故发生后可能造成较大的社会影响,这样的单元(包括场所和设施)也属于危险目标。重大危险源是突出的目标,也是应优先编制事故应急预案的对象之一。

(6)预案：根据预测危险源、危险目标可能发生事故的类别、危害程度,而制订的事故应急救援方案。预案要充分考虑现有物质、人员及危险源的具体条件,能及时、有效地统筹指导事故应急救援行动。

(7)分类：对因危险化学品种类不同或同一种危险化学品引起事故的方式不同发生危险化学品事故而划分的类别。

（8）分级：对同一类别危险化学品事故危害程度划分的级别。

九、报警、通信联络方式

1. 报警

报警是实施应急救援的第一步。报警的首要任务是让企业内人员知道发生了紧急情况。报警有两个目的：动员应急人员，提醒其他无关人员采取防护行动。

企业应建立24小时有效的报警制度和系统，任何员工都应及时报警（例如，打企业应急电话），以利于尽早地预警可能出现的异常情况。报警之后，应急行动会按预案实施，热线操作人员将通知应急救援指挥机构，以确定应急级别并根据应急行动级别启动相应的应急预案。

2. 通报外部机构

通报应该包括以下信息：①已发生事故或泄漏的企业名称和地址；②通报人的姓名和电话号码；③危险源名称及危险特性；④泄漏时间或预期持续时间；⑤实际泄漏量或估算泄漏量，是否会产生企业外影响；⑥人员受伤情况；⑦泄漏事故应该采取什么预防措施；⑧为获取其他信息，需联系人的姓名和电话号码；⑨气象条件，包括风向、风速和预期企业外效应；⑩应急行动级别。

3. 建立和保持与外部组织的通信联络

建立24小时有效的外部通信联络方式。一旦应急预案启动，企业应急总指挥应该在应急指挥中心进行应急指挥与协调，与外部机构保持联络，现场操作负责人直接与应急中心联系。

4. 向公众通报应急情况

在事故影响到社区居民的情况下，无论采取什么行动，必须让社区居民和公众及时得到应急通知。信息内容应尽可能简明，包含告诉公众该如何采取行动。如果决定疏散，应该通知居民避难所位置和疏散路线。公众防护行动的决定权一般由当地政府主管部门掌握。

5. 向媒体通报应急信息

事故发生后，媒体很可能获悉事故消息，记者会到事故现场或去事故相关企业采集新闻消息。应确保在紧急情况下，非救援相关人员若非允许不得入内，尤其是无关人员不能进入应急指挥中心或应急救援现场，以避免影响应急行动。

应急组织中要有专门负责处理公共信息的部门，确保媒体所报道信息的真实、准确。企业应配合政府相关部门举办新闻发布会，提供准确信息，避免错误报道。当没有进一步信息时，应该让人们知道事态正在调查之中，将在下次新闻发布会通知媒体。

📰 **知识窗**

民事责任是指进行了民事违法行为的人在民法上承担的对其不利的法律后果。在各种民事法律关系中，义务人应当根据法律或者合同履行义务,如果义务人不履行义务就要承担法律上不利的后果,且义务的存在总是先于民事责任。

案例分析

【案例一】燃气管道占压后的法律责任

【原告】某市某农场鱼池承包户,胡某

【被告】某市天然气公司(简称天然气公司)

【第三人】某市某农场(简称某农场)

【案情介绍】1997 年 9 月 3 日,胡某在承包的养鱼池内发现有气泡连续不断上冒,为此将情况报告了某农场负责人陈某后,陈某将情况报告了天然气公司。天然气公司抢修队接到报告后派人赶到现场,经鉴别为天然气泄漏,准备要进行抢修,但遭到胡某的拒绝,理由为鱼正值生长期,现抽水动土会影响鱼的生长;另提出本人是某农场的鱼池承包者,有事与某农场联系,不同意抢修,经几次劝说无果,某农场在此间进行了调解,但考虑到胡某提出要求给付其损失费 10 万元,不合情理,没能成功。1998 年 1 月 4 日,时值冬季,该市连续一周大雾迷漫,胡某的鱼池已结冰,因正值元旦假日,居民用气骤增,天然气管线压力增高,泄漏处在鱼池内形成气浪柱。此时该鱼池内已有鱼死亡,在胡某仍不同意进行抢修情形之下,天然气公司高薪聘请潜水员将泄漏点用卡子堵死。胡某此时将死鱼运往卫生防疫中心食品卫生监督检验所检查,经感官鉴定结论为:"怀疑被污染的鱼有明显异味,不能食用",并对水质等进行了检验未发现任何异常。2 月 15 日,胡某向天津市渔业环境监测站提出了申请对鱼死亡事故进行调查鉴定及损失评估,渔业环境监测站做出了评估报告和调查报告。分析认为,天然气管线漏气造成水中溶氧下降,长期低溶氧导致鱼类窒息死亡。对鱼的损失评估为 50 万元。

【审判结果】3 月 9 日,胡某持调查证据、评估报告向某区法院提起诉讼,要求天然气公司赔偿鱼的损失 50 万元。一审判决天然气公司赔偿胡某的全部损失。

4 月 16 日,天然气公司提起上诉,到某市第二中级人民法院,经审理因一审违反法定程序撤销一审判决,发回重审。重审法院审理后追加第三人参加诉讼,并组成合议庭审理此案。1999 年 2 月,天然气公司在重审中提出反诉,要求原告赔偿因违法占压天然气管线造成的经济损失 58 万元,并要求停止侵害,并将被其养鱼池覆压浸泡的天然气管线恢复原状。7 月重审法院做出判决,除减少 6 万元原告的损失外驳回天然气公司反诉要求,与一审判决基本相同。

8月天然气公司再次上诉到某市第二中级人民法院。此前某市天然气公司委托国家燃气用具质量监督检验中心对天然气进行测试,报告结论为"天然气为无色、无味、无毒、不溶于水的气体"。并委托重审,法院对调查报告重新做出科学鉴定。某市重审法院委托农业部长江下游渔业环境监测站做了复查鉴定,认为天然气的主要成分都微溶于水,鱼池污染事故仍与天然气泄漏有关。

天然气公司在庭审中始终坚持认为,天然气高压管线被胡某养鱼池水覆压并浸泡后,多次劝阻其停止侵害、恢复原状,但均遭拒绝,致使抢修、管理无法进行。况且天然气为不溶于水的气体,对鱼的死亡原因有待进一步论证。

二审法院经审理判决:此事故仍依据两个报告,认为天然气公司对事故疏于管理,胡某明知管线仍占压并不积极配合应承担部分损失责任,第三人对胡某放水覆压并浸泡管线不予劝阻应承担一定民事责任,反诉要求另案起诉。天然气公司赔偿16万元,第三人某农场赔偿16万元,余下由胡某承担,此案到此终结。

【分析】

1.本案中养鱼池鱼死亡造成损失为什么由三方承担?

本案中三方当事人所涉及的民事责任是:

①胡某养鱼池内由于天然气泄漏造成鱼死亡的损失;

②天然气公司被浸泡的天然气高压管线长期遭到浸泡占压,导致泄漏;

③第三方在明知天然气高压管线在鱼塘内安全保护距离不符的情况下仍发包给胡某。

面对受损害的权利三方分别承担了民事责任。仔细分析不难发现,民事责任总是针对民事义务已经被违反,并且一般说来已经发生了损害的情形规定。本案中显然是三方对应尽民事义务违反而承担的民事责任,对高压燃气管线的占压,导致了损害事实的发生,从而承担民事责任,虽然第三方某农场没有直接的财产损失,但由于该方在占压行为上基于非常恶劣的主观状态,对造成的损失同样承担了此范围内的民事责任。天然气公司对其管理的高压管线在被占压后其相关证据不足,对应尽义务有轻微的过失,对损失依法承担民事责任,这同胡某和某农场的违反法律的规定是截然不同的。

2.本案中追究了什么民事责任?

本案中燃气高压管线作为特殊商品天然气的载体,国家对其的使用、管理有着明确的规定,由于它涉及社会公共利益、公共秩序,就更具有了民事法律行为的内容,为此,《民法通则》中将民事行为是否符合法律的诸种要求作为一项内容提及出来。民事法律行为内容之一是不违反法律和社会公共利益、社会公德。因为它所涉及社会的基本秩序,必须予以维持,任何违反强制性法律规范的行为,都是违法的行为。当初在一审、重审中回避的这一问题,在二审时予以了纠正,因此本案中胡某和第三方承担了大部分民事责任。

总之,二审人民法院在查清双方真实情况的基础上,适用法律正确,对损失进行了重新认定,做到合理合法,并提出天然气公司的损失作为权利主张要求胡某和某农场对占压造成的损失另案解决,考虑了另一民事法律行为,是非常正确的。公民个人、法人所有权的行使是绝对不得损坏社会公共利益、公共秩序的,否则必将承担民事责任。本案的最终判决更证明了这一点。

【案例二】擅自动用燃气公共设施应承担的法律责任

【原告】某市某区某某公寓十余户燃气用户(简称某公寓燃气用户)

【被告】某市某区某某公寓一楼 103 单元内甲、乙户居民(简称一楼甲用户、乙用户)

【第三人】某市燃气集团销售第一公司(简称销售公司)

【执行人】某市某区人民法院执行厅刘某(简称某区人民法院)

【案情介绍】原被告同住某某公寓内,原告十余户均为被告所住楼上之居民,被告单元内住两户同胞姐妹,姐系甲用户,享有房屋使用权并有燃气使用证。

2003 年 5 月间,某公寓燃气用户到销售公司声称一楼乙用户多次随便关闭燃气公共阀门,造成楼上某公寓居民经常被无故停气,致使生活受到影响。同时又担心燃气公共阀门经常动用会造成公共安全隐患,希望作为燃气设施的管理者行使职能制止其行为,确保公众安全及燃气用户能正常用气。销售公司经查证,某公寓一楼甲用户为燃气用户,有合法使用证。乙用户长期与甲用户同住一单元内,甲、乙用户因与所住公寓物业公司积怨未得到解决,便采取擅自动用该厨房内连接到楼上的十余户的公用燃气阀门,造成不定时的停气,而后离家锁门外出,待间隔一段时间后又旧戏重演。销售公司接居民投诉后多次欲找甲、乙用户,但却无法找到进行面谈。此事一拖再拖。最后,某公寓十余户居民共同起诉一楼甲、乙用户,要求停止侵害,赔偿造成的损失若干元。

【审理结果】某区人民法院审理后做出判决:认为此案之中一楼甲、乙用户违反了《民法通则》第 83 条规定,应停止侵害、排除妨碍、赔偿损失。判决后一楼甲、乙用户仍拒绝履行应尽的义务。被区人民法院予以强制执行,销售公司到现场打开关闭的燃气阀门,以书面材料告示的形式告示应保护燃气设施,不得随意关闭燃气阀门,致使此案最终得到解决。

【分析】此案中燃气居民动用公共阀门,此行为涉及众多的法律规定,作为燃气经营者对其管理的燃气设施具有检查、检修、保证安全使用的职责,燃气管理部门对此行为有行政管理职权,须制止违章行为保证燃气安全使用。任何部门都有义务维护其设施的安全,杜绝燃气事故的发生。

1. 相邻权的规定对擅自动用公共阀门的适用

某区人民法院以侵害相邻权来确定其民事上的法律责任。

2. 地方燃气法规在此案的适用

该市燃气管理条例是一部对燃气建设、经营使用管理进行规范化调整的地方法规,是燃气经营者进行依法管理燃气各项工作的最可靠的依据。燃气管理条例赋予的各项义务、权利,必须做到责任分清,权利用尽,履行职能。在燃气设施使用和管理上应承担的法律责任从以下方面列出:

(1) 由谁负责管理及使用:

位于室内的燃气设施包括管道、燃气器具、燃气表及管道附属设施。通常在楼房建筑设计时将上下层楼管道的公共阀门安装在一楼用户厨房或阳台上,形成封闭限制在一楼用户内。该市燃气管理条例规定:"管道燃气用户负责管理其使用的燃气器具;燃气经营者负责管理燃气器具以外的燃气设施和燃气表。"从此条文可以清楚看出,用户室内的公共阀门的管理方是燃气经营者,用户无权对其进行管理,更谈不上进行动用了。

(2) 双方的权利与义务:

① 燃气经营者应当对其管理范围内的燃气设施、燃气表等进行检测、维护;

② 燃气经营者对居民用户使用的燃气设施、燃气表等燃气器具,每年至少进行一次安全检查;

③ 燃气经营者对用户进行安全用气的宣传,明确地告知用户严禁开启燃气管道上的公共阀门;

④ 燃气用户应协助燃气经营者进行对燃气设施的检查、维护、抢修工作;

⑤ 燃气居民用户应严格遵守燃气管理条例的各项规定,负责管理好自己使用的燃气器具;

⑥ 燃气居民用有义务保护燃气设施。

违反燃气管理条例的相关规定被及时纠正后,造成燃气设施损坏的,燃气用户应当负责赔偿。

居民用户对公共阀门这一重要的燃气设施应该予以保护,随意关启属于违法行为。

3. 评论

(1) 某区人民法院从相邻权的法律规定出发,对占有公共阀门的燃气用户擅自动用公共阀门的行为给予警告,限制其使用而侵犯其相邻关系的经采取拘留措施后,对其行为进行了纠正。以侵害燃气设施,影响公共安全采取拘留治安行政处罚。从中可看出,对直接以危害公共安全,而通过行政措施解决从效果上更迅捷简便。

(2)燃气法规在具体条款上没有明确规定燃气用户公民对设置在室内公共阀门的管理职能、动用燃气设施的条件。室内设置有公共阀门的燃气用户,在发生紧急情况时撤离或长期闲置住房,都必然造成燃气抢险的阻碍,造成或可能造成事故的发生。

室内设置有公共阀门的住户是否承担法律责任,承担何种法律责任?

燃气管理条例总体原则规定,燃气用户应当安全用气,任何单位和个人都有保护燃气设施的义务。该市燃气管道设施管理办法规定,任何单位和个人不得擅自动用燃气管道设施。对违反其规定的由燃气经营单位恢复原状,在改正之前可以暂停供气。恢复原状是解决相邻权的措施,停止供气应该说是一种行政处罚,应由燃气管理部门实施。对于燃气经营者在恢复原状过程中所需的费用应由违章者给予承担。上述涉及行政处罚行为、违章者所应承担的民事责任、燃气经营者履行的管理职能以及可能难以履行此行为而产生的公共治安管理处罚问题。燃气居民用户擅自动用燃气管道设施——公共阀门,其行为违反了《行政处罚法》和治安管理的相关规定,应该给予处罚。燃气经营者应积极协助做好燃气供应的恢复工作。

对擅自动用燃气管道设施的行为(如动用公共阀门的行为),对行为人给予行政警告,对拒绝改正者申请人民法院强制执行更能迅速解决此类问题。

知识窗

相邻关系是指不动产的相邻各方行使所有权或使用权而发生的权利义务关系,在法律上表现为相邻权,即相邻各方相互间应给予便利和接受相应限制的权利义务关系。从概念上看,一方行使所有权、使用权产生一种民事法律行为。但从适宜此条款上看,一方对其在不动产上的物是否有使用权,也应有所区分。相邻关系的法律特征有以下几点:

①相邻关系由不动产相邻而产生。

②相邻主体是多方的不动产所有人或占有人。

③相邻关系的内容包括两方面的权利义务:一方面是有权要求他方提供便利;二是相邻各方行使相邻权时不得损害他方的合法权益,即不得滥用相邻权。

④相邻关系的客体不是不动产本身,而是一种利益,即相邻的不动产

所有人或使用人正常行使其所有权或使用权过程中所体现的利益。

处理相邻关系应本着相互尊重合法权益,不得妨害他人对其所有或使用的不动产的合法权益;本着有利生产、方便生活、团结互助、公平合理原则,处理解决此纠纷。

资料

燃气燃烧爆炸事故典型事例

1.燃气站场及分配管道系统燃气泄漏引起的爆炸事故

(1)墨西哥惨案:墨西哥市以北 15 km 处有一大型的液化石油气储配站,该站有球罐 6 个、卧罐 48 个,总储量为 16 000 m³。该站每天通过 3 条地下管线接收 6 000 m³ 的液态液化石油气,向各灌气站供气。1984 年 11 月 19 日 5 时 40 分左右,该站发生大火,在 1 个半小时内接连发生 10 多次强烈爆炸,当晚 23 时火熄灭,约 12 000 m³ 液化石油气烧尽,该站成为废墟。火灾蔓延到附近的单位及居民区,100 多幢房屋烧毁,死亡 500 多人,伤 7 000 多人,30 000 多人无家可归。事故原因分析结果,认为是液化石油气严重泄漏引起的。

(2)济南"1·3"煤气大爆炸:1995 年 1 月 3 日 17 时 50 分,济南市和平路羊头峪东沟街地下电力电缆沟突然发生大爆炸,造成 2.2 km 路段的人行道和部分路面不同程度损坏,严重地段的临街建筑物玻璃炸毁,铺路花砖炸裂,快车道上 61 人受伤,12 人死亡,7 辆过路车损坏,直接经济损失400 余万元。

此次大爆炸的原因是煤气泄漏。该条宽 4 m 的街道上埋有煤气管道和高压电缆,煤气管道距地面 1.8 m,而高压电缆距地面只有 1 m,由于路窄,施工时只好同位敷设,也就是说,高压电缆与煤气管道只有 1 m 左右的距离。而按照有关规范,两者之间应有 5 m 间距才是安全的。在此情况下,由于煤气管道密封不严,煤气不断泄漏进高压电缆沟,使长 3 km 的高压电缆沟内充满了煤气,成为埋在地下的巨大定时炸弹。1995 年 1 月 3 日 17 时 50 分,该街一家玻璃店的煤炉首先引爆了煤气,紧接着煤气管道上方的 7 条 10 000 V 的高压电缆突然跳闸,产生的电火花再次引爆储存在沟内的煤气发生连续爆炸。爆炸形成了一条 3 km 长的丁字形爆炸区。行驶中的车辆被炸翻、砸坏,多处高空电线和电线杆被炸断,马路两侧的部分楼房玻璃被震碎,临街围墙坍塌,商亭支离破碎,平房屋顶被掀起,3 辆摩托车随着爆炸声飞挂到 3 m 高的房顶上,铺设人行道的水泥方砖落在 60 m 以外的宿舍院内。

（3）韩国天然气大爆炸：1995年4月28日，距韩国原首都汉城以南大约200 km的第三大城市——大邱市，其中心的一所中学校门前面发生一起恶性天然气爆炸事故。当时，该处正在进行地铁工程施工，1名地铁工人由于施工不慎挖断了地下的天然气管线，致使大量的天然气外泄，弥漫到整个地铁工地，当天然气触及焊枪发出的火花时，随即发生强烈爆炸。爆炸将工地周围的铁栅栏炸得粉碎，金属碎片飞散到几百米以外，途经或停靠在周围的各种车辆及附近的70多座房屋被炸毁。当地的供电系统遭到破坏。当时巨大的爆炸声从地底传出，数百米长的一段临时钢板路面顿时被炸开一个巨大的口子，地面塌陷，从地上工地冒起冲天大火，30多辆学生和上班市民乘坐的汽车及私人汽车或坠落地下，或被颠覆。瞬间，汽车的碎片、铺路的钢板、建筑钢筋和破砖烂瓦漫天飞舞。有的最后从15层高的地方落下来，砸在屋顶上、汽车身上和行人头上，到处支离破碎。爆炸像地震似的扫荡了周围的建筑，许多房屋被震塌、砸坏。离爆炸地点4 km处的一些楼房的玻璃窗也被震碎。由于爆炸导致上水管破裂，地铁建筑工地的施工现场进水。此次爆炸，导致109人死亡，200多人受伤，100多辆汽车被毁。

（4）泸州"5·29"天然气爆炸事故：2004年5月29日，泸州市纳西区炳灵路15号人行道与地下层之间的夹缝发生天然气爆炸，导致5人死亡，35人受伤。事故原因是距离爆炸处20 m处的与地沟交叉的天然气管道发生腐蚀穿孔，泄漏的天然气渗透到地沟并沿着地沟扩散，最后经地沟渗透到负一楼与人行道平层间的缝隙，达到爆炸极限后被点燃而发生惨剧。事故发生前曾有市民向天然气公司报警闻到臭味，但天然气公司派一非专业人员到现场调查，该人员认为不是天然气泄漏而未予以及时处理，因此是一起责任事故。

有关燃气站场及分配管道系统泄漏爆炸事故还有很多，下面不再一一列举，但要从中吸取教训。

2. 室内天然气爆炸

1998年6月13日，重庆市某厂职工早晨起来，开启灶具煮上早点后上街买东西，不久火焰意外熄灭，导致燃气泄漏，室内两小孩发觉气体异味，关闭灶具时产生火花，随即发生爆炸燃烧，小孩严重烧伤，室内家具被毁。

1999年8月15日，广州市惠福路一民宅发生液化石油气爆炸，屋中住户幸无伤亡，但前往救火的3名消防员却在第二次爆炸中受了重伤，楼下一女住户也不幸受伤。

2000年7月28日，沈阳市铁西区南七中路117号金丽园烧烤店液化石油气爆炸引发火灾，有30余人在爆炸中受伤，其中冲入饭店参加灭火的消防队员有14人也不同程度受伤。

2000 年 8 月 9 日,辽宁省葫芦岛市火车站东侧一栋 3 层楼发生液化石油气泄漏并爆炸事故,导致 4 人死亡,10 多人受伤,数辆汽车受损。

2000 年 11 月 22 日,北京市昌平区回龙观镇华龙苑一居民楼发生煤气泄漏并爆炸,导致 1 人重伤,1 人轻伤。

2002 年 11 月 26 日,山东省潍坊市奎文区某街道办事处一宿舍楼东单元 3 楼住户,发生罐装液化石油气泄漏爆炸事故。爆炸使 2—4 层楼板贯通倒塌,事故造成 9 人死亡,4 人重伤,西侧单元楼房全部报废的严重后果。事故直接原因是 3 楼住户主人使用液化石油气烧水时未关阀门外出,致使液化气泄漏,遇明火源引起爆炸。

2002 年 12 月 27 日,山东省枣庄市万泰纺织有限公司第五宿舍区 3 号楼 1 单元 6 层住户发生管道液化气爆炸事故。爆炸使该单元东侧 5—6 层炸塌,西侧 4—6 层破坏严重,该事故造成 7 人死亡,7 人受伤。

2003 年元月 27 日,山东省章丘市明珠小区 29 号楼 1 单元东楼 2 层住户发生管道液化石油气爆炸事故,导致楼房整体倒塌,造成 21 人死亡,8 人受伤(其中重伤 3 人)的重大事故。

2003 年 5 月 29 日,北京市朝阳区康家园小区一房间发生天然气泄漏爆炸事故,导致 1 人重伤,住户在充满泄漏天然气的房间里打电话报警而引爆天然气。

2003 年 12 月 18 日,天津市河东区程林庄路滨河里 3 号楼 3 楼一住房发生燃气泄漏并爆炸,导致房屋受损,20 多人轻伤,其中 1 人重伤。

2003 年 12 月 27 日,沈阳市皇姑区昆山中路 72 号居民楼 6 楼一户居民家因煤气泄漏发生爆炸,导致 2 人受伤。据调查,泄漏的煤气是由住户开电视形成的电火花而引爆的。

2006 年 11 月 17 日凌晨 3 时 58 分,辽宁省大连市甘井子区山日街 60 号一居民楼 3 单元住宅内发生液化气管道泄漏燃爆事故,导致二层、三层楼板塌陷,墙体开裂,周边居民楼门窗部分破损,共造成 3 户 9 名居民死亡,1 名居民被严重烧伤。初步判断,爆炸发生的原因是因私自改动室内管线,造成液化气泄漏所致。针对此事故,国家安全生产监督管理总局、建设部联合发出《关于加强燃气安全工作的紧急通知》(安监总明电[2006]9 号)。

2011 年 1 月 17 日 6 时 5 分,吉林市昌邑区一栋楼发生一起天然气爆炸事件,造成 3 人死亡,28 人受伤。爆炸产生的巨大气流对周围十几栋居民楼产生了破坏性冲击,距离爆炸点 100 多米外的一栋 20 多层居民楼的顶楼窗户也被震碎,十几栋大楼几乎没有完整的窗户。爆炸时解放东路两侧的 500 多米长的路段内,多处住宅楼和商铺被波及,其中位于松花江边的吉林石化矿区服务部整栋建筑的玻璃几乎都被炸碎了,路边的广告牌大多都被炸倒,路上非常凌乱。现场大约有 100 多辆私家车不同程度受损,有的还被掀翻过来。事发小区部分居民家的门窗基本上被炸得面目全非,地上还有斑斑血迹。此次吉林天然气爆炸前一天,曾有居民发现天然气泄漏,不过当地燃气公司在切断管道阀门之后,在没有最终确定泄漏点的情况下就认定已排除隐患,恢复送气,结果第二天凌晨发生爆炸。

3.典型超压引起的破裂爆炸

(1)钢瓶破裂:新疆某机场的厨房,1980 年 5 月 26 日前后 20 分钟内有 4 个 YSP-50 型钢瓶连续爆炸,另一个发生严重变形。由于厨房内有烧煤的炉灶,故第一个钢瓶爆炸后立即起火。事故造成 17 人死亡。这 5 个钢瓶均于 1979 年 12 月 20 日灌装,一直存放在厨房内未使用。灌装时气温为 –30 ℃,爆炸时为 35 ℃。爆炸的原因是由于钢瓶在灌装时并未称重,在 –30 ℃时进行灌装,大大超重,实际上瓶内全部是液体。从灌装到爆炸时的温差达 65 ℃,故使瓶内的液化石油气液体膨胀而自行破裂,最后遇火燃烧而导致爆炸。

(2)槽车罐破裂:1978 年 11 月 14 日 14 时左右,在西班牙某海边高速公路上,一辆满载液化石油气的汽车槽车罐突然发生破裂,大量液化石油气喷出,形成直径约 200 米的云团,向海边旅游营地扩散,被营地明火点燃,发生爆炸,150 人被烧死,120 人被烧伤,100 多辆汽车和 14 栋建筑物被烧毁。事故可能是由于超量灌装造成的,清晨灌装时温度低,中午温度升高,又经过 80 多千米的颠簸,液体膨胀升压使罐体产生裂缝,大量液体喷出,产生蒸气爆炸。

学习鉴定

一、填空题

1.改进生产经营单位安全管理,积极采用_____管理体系认证、风险评估、安全评价等方法,落实各项安全防范措施,提高安全生产管理水平。

2.安全评估作为现代安全管理模式,体现了"_____"的管理理念,在安全生产中的作用越来越显现出来,并已成为安全生产重要的技术保障措施之一。

3.燃气经营者应当建立健全燃气安全评估和_____体系,发现燃气安全事故隐患的,应当及时采取措施消除隐患。

4.燃气作为关系城镇发展和市民正常生活的重要公共产品,必须纳入政府的监督管理范围之中。政府管理部门通过_____和许可评价的方式,了解和掌握燃气经营者的生产经营情况。

5.突发事件发生后,发生地县级人民政府应当立即采取措施控制事态发展,组织开展应急救援和处置工作,并立即向_____报告,必要时可以越级上报。

6.《城镇燃气管理条例》第 41 条规定,_____应当建立健全燃气安全评估和风险管理体系,发现燃气安全事故隐患的,应当及时采取措施消除隐患。

7.突发事件发生后,_____县级人民政府应当立即采取措施控制事态发展,组织开展应急救援和处置工作,并立即向上一级人民政府报告,必要时可以越级上报。

8.一般事故,是指造成3人以下死亡,或者_____人以下重伤,或者1 000万元以下直接经济损失的事故。

9.燃气企业应当根据燃气运行的特点、范围,对经营活动现场易发生重大事故的部位、管理环节进行_____,制订燃气企业生产安全管理预案。此预案的实施充分体现预防为主,是企业针对性的程序性、制度性的管理活动。

10.燃气管理部门应当会同有关部门制订燃气安全事故应急预案,建立_____制度,定期通报事故处理结果。

二、选择题

某甲燃气公司承建某市办公楼燃气配套项目,部分工程项目由某乙工程施工队分包,整个项目由某丙监理工程公司监理。

(1)某甲燃气公司_____制订本单位生产安全事故应急救援预案。(   )
　　A.不必　　　　　　B.视情况而定　　　　C.应当　　　　　　D.按上级要求

(2)_____配备应急人员和必要应急设备、器材,并定期演练。(   )
　　A.某甲燃气公司　　　　　　　　　B.某乙监理工程公司
　　C.某丙工程施工队　　　　　　　　D.燃气管理部门

(3)若发生安全事故,_____应当立即启动本部门燃气安全事故应急预案。(   )
　　A.燃气管理部门　　B.某甲燃气公司　　C.消防部门　　D.燃气用户

(4)在承建工程中发现燃气安全事故隐患的应由_____负责及时采取措施消除隐患。
(   )
　　A.某甲燃气公司　　　　　　　　　B.任何单位和个人
　　C.某乙工程施工队的上级单位　　　D.某乙工程施工队

三、问答题

1.什么是燃气安全评估和风险管理体系?

2.公安消防部门对安全管理的职责是什么?

3.安全生产监督管理部门的职责是什么？

4.什么是燃气安全事故？

5.事故调查报告应当包括哪些内容？

第 8 章　燃气合同

核心知识

- 民事合同

- 合同履行中的抗辩权

- 燃气供用气合同的特征、主要内容、签订和使用

- 燃气管理中的行政合同即管道燃气特许经营协议

- 施工建设中燃气设施的安全保护协议

学习目标

- 了解合同的概念

- 了解合同履行中的抗辩权

- 掌握燃气供用气合同的特征、主要内容、签订和使用

- 了解燃气管理中的行政合同管道燃气特许经营协议

- 了解施工建设中燃气设施的安全保护协议的签订

　　燃气合同在燃气行业管理、企业经营及企业的日常管理中发挥着重要的作用,燃气合同既包括民事合同,也包括行政合同,《合同法》《城镇燃气管理条例》和《市政公用事业特许经营管理办法》(建设部令第 126 号)等法律法规对燃气合同均有明确要求。本章在燃气民事合同中重点介绍燃气供用气合同和燃气安全管理协议,在燃气行政合同方面重点介绍燃气特许经营协议。

第一节
燃气供用气合同

一、燃气供用气合同概述

(一)民事合同的概念

　　《合同法》第 2 条第 1 款规定:合同是指平等主体的自然人、法人、其他组织之间设立、变更、终止民事权利义务关系的协议。合同是一种民事法律行为,是当事人意思表示的一致。

　　《合同法》适用于平等主体之间的财产关系,而婚姻、收养、监护等有关身份关系的协议以及非平等主体之间的合同关系不适用于《合同法》,由其他相关法律调整。

(二)燃气供用气合同的概念及特点

　　燃气供用气合同是一种常见的民事合同,它的标的是一种特殊的商品"燃气"。由于它的某些特性如标的物转移、风险承担等又与普通买卖合同有所区别,因而属于一种特殊类型的买卖合同。

　　燃气供用气合同是指供气人与用气人订立的,由供气人供应燃气、用气人使用燃气并支付燃气费的协议。

　　燃气供用气合同具有如下特点:

　　①具有公用性:燃气供气人所供给的消费对象是社会全体公民而不是某个阶层,因此,燃气供气人有强制缔约义务,使用人不得拒绝其合理的供应要求。

　　②具有持续性:燃气供给及燃气的使用是连续性的,燃气合同的履行也应当是一种持续的状态,供应人应当不断地供应燃气,满足使用人的消费需求不得中断,使用人在合同内享有连续使用的权利。

　　③具有双务、有偿性: 燃气供用双方(或多方)受燃气设施运行、维护管理法律的规定,双方都享有一定的权利,承担一定的义务。

　　④一般按格式合同条款订立:供用气具有社会公益性的事业,关系到千千万万使用者的生产生活。为适应广大用户的需要,供应方可先拟定格式合同条款,使用方按格式合同条款订立合同,便于及时高效地履行。

二、供用气合同的内容和订立

（一）供用气合同的主要内容

供用气合同是供气人向用气人供气，用气人支付气费的一种合同。供用气合同是一种常见的民事合同，其标的是一种特殊的商品"燃气"，双方的关系实际上是一种买卖关系。但由于供用的"物"具有特殊性，因此又是一种特殊类型的买卖合同。

1. 供用气合同属于持续供给合同

由于燃气的使用者是连续使用的，因而合同的履行处于一种持续状态，正常情况下，用气人享有连续用气的权利，供气人不得中断供气。

2. 对用户有特殊责任要求的规定

由于燃气的供应系统具有网络化特点，其供应全部靠地下管网连接。供气区域内任何一个用户的使用都可能关系到整个系统的运行，关系到其他用户的利益。如一个用户擅自动用燃气设施可能造成其他用户管道的泄漏，就会影响正常供气的进行，甚至波及部分或整个范围用户的公共安全。因此必须要求用户按照有关规定或约定安全、合理地使用燃气，并承担相应的法律责任。燃气设施的维护责任，通常以双方权利义务的方式做出规定。

（1）供气人的义务：供气人应当按照国家规定的供气质量标准和约定安全供气。供气人未按照国家规定的供气质量标准和约定安全供气，造成用气人损失的，应当承担损害赔偿责任。供气人因供气设施计划检修、临时检修、依法限气或者用气人违法用气等原因，需要中断供气时，应当按照国家有关规定事先通知用气人。未事先通知用气人中断供气，造成用气人损失的，应当承担损害赔偿责任。因自然灾害等原因停气，供气人应当按照有关规定及时抢修。未及时抢修，造成用气人损失的，应当承担损害责任。

（2）用气人的义务：用气人应当按照有关规定和当事人的约定及时交付气费。用气人逾期不交付气费的，应当按照约定支付违约金。用气人经催告在合理期限内仍不交付气费和违约金的，供气人可以按照规定的程序中止供气。用气人应当按照国家有关规定和当事人的约定安全用气。用气人未按照国家有关规定和当事人的约定安全用气，造成供气人损失的，应当承担损害赔偿责任。

3. 供用气合同的具体内容

主要有以下几项内容供订立合同时参照：

（1）供用气合同的条款：供用气合同的内容包括供气的方式、质量、时间，用气量、地址、性质，计量方式，气价、气费的结算方式，供用气设施的维护等条款。

（2）供用气合同的履行地点：供用气合同的履行地点，按照当事人约定；当事人没能约定或者约定不明确的，供气设施的产权分界处即为履行地点。

另有其他内容要求的，可在签订合同时做出明确的意思表示。

（二）供用气合同的订立

按照合同法的规定，当事人订立合同，采取要约承诺的方式。一般情况下，一方发出要约，另一方作出承诺合同就成立了。由于供用气合同通常是采用格式条款订立合同的，合同中体现民事法律行为的诸项原则,同时也应符合《合同法》平等、自愿、公平、诚实信用,遵守法律,不损害社会公共利益的原则。

1. 制订格式条款应遵循公平原则

供气方与不特定的多个用气人订立的合同,其范围非常广泛,不论自然人、法人以及其他组织等都有资格成为供气合同的用气人,订立供用气合同。双方当事人按照格式条款订立合同,用预先拟定的格式条款具有方便简捷的益处。除非有特殊要求,一般均采用格式条款。

格式条款又称标准条款、标准合同、格式合同、定式合同、定型化合同,也有人称附和合同。格式条款是某些行业进行重复性交易过程中为简化订立合同的手续而形成的,如供电、供水、供气、供热等行业制订的合同。格式条款具有四个特点:①其对象具有广泛性;②具有持久性;③条款具体细致;④由专业者一方拟成。

格式条款在制订时必须遵循公平原则,不能利用自己的优势制订不公平的条款,造成对方的误解。同时应指出依据合同法的规定对格式条款的理解发生争议的,并应按照正常的理解加以解释。有两种以上解释的应当做出不利于提供格式条款一方的解释。

2. 注意格式条款中的免责内容

在格式条款的制订中要把握合同中免责条款的规定,力戒出现无效合同。除合同法中明确的无效合同以外,格式条款当出现提供格式条款的一方当事人免除其责任、加重对方责任、排除对方主要权利的则该条款无效,即使当事人同意,也不使其产生效力。因此提供格式条款一方当事人应当采取合理的方式提请对方注意免除或限制其责任的条款,或按照对方提出的要求予以说明情况。

三、供用气合同的订立和履行

供用气格式合同早在 1999 年 5 月建设部就以此文本推荐使用。(见建设部 GF—1999—0502 城市供用气合同)该合同涵盖了合同规定的必备条款,并明确约定了城市供用气合同中双方的权利义务内容,燃气供用企业与燃气用气方签订合同要以此格式条款的形式进行签约和使用。

合同的订立应经过要约和承诺阶段,这是合同签订必不可少的程序。

(一)合同签订时要注意的事宜

在签订供用气格式合同时要注意以下几项事宜:

(1)审阅合同双方当事人的有关材料:为保证合同全面履行,在合同签订前要相互审阅双方当事人与履行合同有关的材料。

①是法人的或其他组织的,要查看法定代表人的情况,经年检的经营执照、经营范围的情况;

②经营企业或其他组织的资金注册情况;

③具备安全使用燃气设施的相关行政部门的批准文件;

④其他有关材料;

⑤把握合同的生效条件。

（2）注意合同生效的条件：合同生效条件是判断合同是否具有法律效力的标准。格式合同虽然大部分内容已经做出了明确的规定，但有些内容仍要双方协商确定，特别是城市供用气合同中单位燃气用户供用气合同内容还要反复磋商，真正使合同具有法律效力。一般情况下合同的生效要件主要有以下几项：

①合同当事人具有相应的民事行为能力；

②合同当事人意思表示真实；

③合同内容不违反法律和社会公共利益；

④合同必须具备法律所要求的内容。

合同具备了上述内容，将会产生法律效力，否则合同不会产生法律效力。

（二）合同履行中的抗辩权

由于燃气供用气合同具有连续使用的特点，自签订第一份燃气供用气合同后，合同生效。燃气经营者应当建立燃气用户的供用气档案，详细记载其供用气的情况、燃气设施状况、安全检查使用情况等。

（三）全面履行合同

合同的履行是指债务人全面的适当的完成其合同义务，债权人的合同债权得到完全实现。燃气供用气合同是买卖合同中的一种特殊买卖合同，一方提供燃气供另一方使用，另一方利用这些资源并支付报酬，虽也属买卖合同中的财产所有权转移，可以适用买卖合同的规则，然而燃气供用气合同在履行中又应区别于买卖合同，才能使合同全面履行。着重强调履行的内容如下：

（1）供用气设施产权分界：这是供用气合同在履行中一条最重要的内容，是供用气中合同的履行地点，关系到双方的风险承担，权利的分配。是债务人履行债务，债权人接受履行的地方。自供用气双方签订设施产权分界点后，双方必须严格按照合同规定的地点履行合同。

（2）维护管理：燃气设施的维护管理同样也是全面履行合同的一项重要内容，自产权分界点明确后，双方应按照各自的维护范围进行管理。不具备管理能力的可委托他人有偿进行维护管理，以使供用气正常进行。

（3）中止供气：供气人需检修、抢修或用气人在设施维护中遇到安全隐患或可能涉及他人公共安全的情况等，以及其他需中止供气的特殊情况时，供气人或用气人可以中止供气，但必须事前通知另一方。恢复正常也应同时通知另一方当事人。这也是全面履行合同中应做好的一项重要内容。

履行合同的双方应遵循合同的履行原则，确保供用气合同的实现，达到正常安全稳定供气。

（四）双务合同履行中的抗辩权

双务合同是指当事人双方互相承担对待给付义务的合同。在双务合同中，当事人双方均承担合同义务，并且双方的义务具有对应关系，一方的义务就是对方的权利，反之亦然。从另一个角度说，双务合同也就是当事人双方互享债权的合同。双务合同是合同的主要形态，合同法所规定的多数合同均为双务合同。供用气合同是一种典型的双务合同。

双务合同中的抗辩权，是在符合法定条件时，当事人一方对抗对方当事人的履行请求权，暂时拒绝履行其债务的权利。它包括同时履行抗辩权、不安抗辩权和先履行抗辩权。

双务合同中的抗辩权，对于抗辩权人是一种保护手段，通过使对方当事人产生及时履行、提供担保等压力，以免去自己履行后得不到对方履行的风险，是债权保障的法律制度。

1. 同时履行抗辩权

在未约定先后履行顺序的双务合同中，当事人应当同时履行，一方在对方未对等给付以前，有权拒绝其履行要求。此项权利称为同时履行抗辩权。同时履行抗辩权只适用于双务合同。

2. 不安抗辩权

《合同法》第 66 条、第 67 条规定，不安抗辩权，是指先给付义务人在有证据证明后给付义务人的经营状况已严重恶化，或者转移财产、抽逃资金以逃避债务，或者谎称有履行能力的欺诈行为，以及其他丧失或者可能丧失履行债务能力的情况时，可中止自己的履行；后给付义务人接到中止履行的通知后，在合理的期限内未恢复履行能力或者未提供适当的担保的，先给付义务人可以解除合同。燃气经营者在供用气合同中能够行使不安抗辩权的主要方式是中止供气。因此，在运用不安抗辩权，需要停止供气时，一定要按国家有关规定事先通知用户。一般情况下，可以先要求用户限期提供担保，而不中止供气，若用户拒不提供担保或不能提供适当担保，再停气。采取停气措施一定要慎重，务必要做到程序合法。一般而言，用气人在一定期限内提供了担保就达到了催交气费的目的，尽量不要停气。

3. 先履行抗辩权

先履行抗辩权，是指当事人互负债务，有先后履行顺序的，先履行一方未履行之前，后履行一方有权拒绝其履行请求，先履行一方履行债务不符合约定的，后履行一方有权拒绝其相应的履行请求，先履行抗辩权亦属于一时的抗辩权。先履行抗辩权的行使不影响后履行一方主张违约责任。

四、违约责任

1. 违约责任的特征

违约责任是指当事人不履行合同债务而依法应当承担的法律责任。违约责任既是违约行为的后果，又是合同效力的表现。违约责任是一种民事责任，它具有民事责任的一般法律特征。其区别于其他民事责任方面有以下几个特征。

（1）违约责任是不履行或不适当履行合同债务所引起的法律后果：违约责任的成立以有效合同的存在为前提。如果没有有效的合同，就谈不上合同债务，因此也就不存在违约责任。

违约责任的成立是当事人违反合同约定义务的结果。这是违约责任区别于其他民事责任的重要之处。侵权责任的成立不要求侵权人与受害人之间必须存在合同关系；缔约过失则是在合同缔结的过程中发生的，此时合同尚未成立，或虽然成立但被宣告无效或撤销，当事人之间存在的不是合同关系，而是缔约关系。

（2）违约责任具有相对性：违约责任仅仅发生在特定的当事人之间，合同当事人违约责任是违约的当事人一方对另一方承担的责任，合同关系以外的人不承担违约责任，合同当事人以外的第三人对当事人之间的合同不承担违约责任。

违反合同债务的当事人应对自己的违约行为负责，不能将违约责任推卸给对方。其原因是作为不履行合同债务后果的违约责任不过是合同债务的转化形态，该法律关系的主体不应因之而改变。即使在合同债务由第三人代为履行的情况下，违约责任仍应由债务人承担。《合同法》第65条规定："当事人约定由第三人向债权人履行债务的，第三人不履行债务或者履行债务不符合约定，债务人应当向债权人承担违约责任。"

因第三人的原因造成违约的，债务人仍应对债权人负违约责任，而不应由第三人向债权人负违约责任。《合同法》第121条规定："当事人一方因第三人的原因造成违约的，应当向对方承担违约责任。当事人一方和第三人之间的纠纷，依法律规定或者按照约定解决。"当然，如果第三人的行为构成了对债权人的侵犯，第三人对债权人负侵权责任。

债务人应当向债权人承担违约责任，而不是向国家或第三人承担违约责任。因为国家或者第三人不是合同关系的主体，如果债务人的违约行为造成了第三人或国家利益的损害，则需要依法追究违法行为人的法律责任，该责任在性质上不是违约责任，而属于行政责任或者刑事责任。

（3）违约责任具有一定的任意性：违约责任可以由当事人在法律规定的范围内约定。作为法律责任的一种，违约责任当然具有强制性。与侵权责任等民事责任不同，违约责任不但具有强制性，还具有一定的任意性。《合同法》第114条第1款规定："当事人可以约定一方违约时应当根据违约情况向对方支付一定数额的违约金，也可以约定因违约产生的损失赔偿额的计算方法。"

（4）违约责任是一种财产责任：违约责任作为合同债务的转化形式，与合同债务在经济利益方面具有同一性，所以违约责任是一种财产责任。《合同法》第七章规定的诸种违约责任形式，如实际履行、赔偿损失、支付违约金、执行定金罚则等，大都可以用财产、金钱来进行计算，属于财产责任范畴。

2. 违约责任的构成要件

违约责任的构成要件有二，一为有违约行为，二为无免责事由。前者称为违约的积极要件，后者称为违约责任的消极要件。

违约行为是指当事人一方不履行合同义务或者履行合同义务不符合约定条件的行为。违约行为的主体是合同当事人，违约行为是一种客观的违反合同的行为。违约行为侵害的客体是合同对方的债权。

违约的免责事由，是指当事人即使违约也不承担责任的事由。合同上的免责事由可分为两大类，即法定免责事由和约定免责事由。法定免责事由是指由法律直接规定、不需要当事人约定即可沿用的免责事由,主要指不可抗力。约定免责事由是指当事人约定的免责条款。

3.违约行为的形态

(1)不履行:不履行包括履行不能或拒绝履行。履行不能,是债务人在客观上已经没有履行能力。拒绝履行,是债务人能够实际履行而故意不履行。作为违约行为的一种表现形式,拒绝履行必须具有以下要件:有合法债务的存在、债务人能够履行债务、债务人不履行债务、债务人不履行债务没有合法理由。

(2)履行迟延:履行迟延又称逾期履行,指合同债务已经到期,合同当事人能够履行而不按法定或者约定的时间履行的情况。履行迟延是合同当事人在合同履行时间上的不当履行。构成履行迟延必须具备下列要件:存在有效债务、债务人能够履行、履行期限已到、债务人不履行。判断是否构成迟延履行的前提是合同债务的履行必须有明确的期限。

(3)不完全履行:不完全履行又称不适当履行或不正确履行,是指债务人虽然履行了债务,但其履行不符合合同的约定。不完全履行分为给付有瑕疵与加害给付两种。给付有瑕疵又可分为四类:给付数量不完全,给付不符合质量要求,履行时间与履行地点不当,履行方法不符合约定。

(4)预期违约:《合同法》第108条规定:"当事人一方明确表示或者以自己的行为表明不履行合同义务的,对方可以在履行期限届满之前要求其承担违约责任。"预期违约制度的目的是使受害方提前得到法律上的救济,防止其蒙受本来可以免受的损失。

4.违约责任的方式

根据《合同法》的规定,承担违约责任的方式主要有以下几种:

(1)继续履行:继续履行又叫强制实际履行,指在一方当事人违反合同义务时,另一方当事人请求法院强制违约方继续履行合同债务的责任形式。与违约金、损害赔偿等承担违约责任形式相比,继续履行的目的不在于对受害方所受损失的弥补,而是要求违约方继续履行合同约定的义务,因此它更有利于合同目的的实现。继续履行的构成要件有三:一是必须要有违约行为,二是未违约方要求违约方继续履行,三是违约方能够继续履行合同义务。

(2)采取补救措施:采取补救措施是指矫正合同不适当履行(质量不合格),使履行缺陷得以消除的具体措施。具体措施为修理、重做、退货、减少价款或者报酬等。

(3)赔偿损失:赔偿损失是指违约方以支付金钱的方式弥补受害方因违约行为所减少的财产或者所丧失利益的责任形式。赔偿损失的方式有两种,即法定损害赔偿和约定损害赔偿。赔偿损失的范围包括完全赔偿和可得利益赔偿等。

(4)违约金:违约金是指当事人一方违反合同时应当向对方支付的一定数量的金钱或财物。依不同的标准,违约金可分为法定违约金和约定违约金,惩罚性违约金和补偿性违约金。

(5)定金责任:《合同法》第115条规定,当事人可以依照担保法约定一方向对方给付定金作为债权的担保。债务人履行债务后,定金应当抵作价款或者收回。给付定金的一方不履行约定的债务的,无权要求返还定金;收受定金的一方不履行约定的债务的,应当双倍返还定金。因此,在当事人约定了定金担保的情况下,如一方违约,定金罚则即成为一种违约责任的承担形式。

📝 **资料**

城市供用气合同(GF—1999—0502)示范文本

合同编号：

签约地点：

签约时间：

供气人：_____

用气人：_____

为了明确供气人和用气人在燃气供应和使用中的权利和义务，根据《中华人民共和国合同法》《城市燃气管理办法》《城市燃气安全管理规定》等法律、法规和规章，经供气人与用气人双方协商，签订本合同，以便共同遵守。

第一条　用气地址、种类、性质和用气量

(一)用气地址为_____(用气人燃气用具所在地的地址、用气贮气设备所在地的地址、燃气供应站的地址等)。

(二)用气种类为_____。

(三)用气性质为_____。

(四)用气数量

1.用气量：_____立方米/年(吨/年)；_____立方米/月(吨/月)；_____立方米/日(吨/日)。

2.用气调峰的约定：_____。

第二条　供气方式和质量

(一)供气方式

1.供气人通过管道输送方式；瓶组供气方式；瓶装供气方式；或者_____设施，向用气人供气。

2.燃气供应时间约定：24小时连续供气；自_____时起至_____时止；或者_____。

(二)供气质量

1.供气人所供燃气气质应当执行"天然气—Sy 7514"；"人工煤气—GB 13612"；"液化气—GB 11174"标准。

2.根据用气人用气性质，双方约定执行下述质量指标：

_____。

_____。

3.供气人保证在_____前气压大于等于_____千(兆)帕。

第三条　用气的价格、计量及气费结算方式

(一)供气人根据用气人的用气性质和种类，按照_____政府

_____（部门）批准的燃气价格：天然气_____元/立方米；人工煤气_____元/立方米；液化石油气_____元/吨（元/立方米）收取燃气费。

在合同有效期内，遇燃气价格调整时，按照调价文件规定执行。

（二）供用燃气的计量，气费结算方式

1. 供用燃气的计量器具为：_____燃气计量表；_____IC卡燃气计量；_____衡；或者_____。

结算用计量器具须经当地技术监督部门检定、认定。

2. 供用燃气的计量

供、用气双方以管道燃气计量器具的读数为依据结算；瓶装燃气以供气人供应站检斤计量为依据结算；或者以_____为依据结算。

3. 结算方式

用气人于每月_____日前采取：通过银行方式交费；到供气人供应站交费；采取_____方式交费；供气人到用气场所收费。

第四条　供、用气设施产权分界与维护管理

（一）供、用气设施产权分界点是：_____。

（二）产权分界点（含）逆燃气流向的输、配气设施由供气人负责维护管理；产权分界点顺燃气流向的输、配气设施至燃气用气器具由用气人负责维护管理，或者有偿委托供气人维护管理。

第五条　供气人的权利和义务

（一）依照法律、法规和规章的规定，对用气人的用气设施运行状况和安全管理措施进行安全检查，监督用气人采取有效方式保证安全用气。

（二）监督用气人在合同约定的数量、使用范围内使用燃气，有权制止用气人超量、超使用范围用气。

（三）用气人逾期不交燃气费，供气人有权从逾期之日起向用气人收取滞纳金。

（四）用气人用气设施或者安全管理存在安全隐患、可能造成供气设施损害时，或者用气人在合同约定的时限内拒不交燃气费的，供气人有权中断供气。

（五）供气人因供气设施计划检修、临时检修、依法限气或者用气人违法用气等原因，需要中断供气时，应提前72小时通过媒体或者其他方式通知用气人。因不可抗力原因中断供气时，供气人应及时抢修，并在2小时内通知用气人。

（六）有义务按照合同约定的数量、质量和使用范围向用气人供气。

第六条　用气人的权利和义务

（一）监督供气人按照合同约定的数量和质量向用气人提供燃气。

（二）有权要求供气人按照国家现行规定，对燃气计量器具进行周期检定。

（三）用气设施发生故障或者存在安全隐患时，有权要求供气人提供（有偿、无偿）用气设施安全检查和维护保养的服务。

（四）按照合同约定交燃气费。

（五）按照合同约定的数量和使用范围使用燃气。

（六）未经供气人许可，不得添装、改装燃气管道，不得更动、损害供气人的供气设施，不得擅自更换、变动供气计量装置。

第七条　违约责任

（一）供气人的违约责任

1. 供气人未按照合同约定向用气人供气，应当向用气人支付正常用气量燃气费百分之_____的违约金。

2. 由于供气人责任事故，造成的停气、气压降低、质量事故，给用气人造成损失的，供气人应当承担赔偿责任。

3. 供气人在检修供气设施前未通报用气人，给用气人造成损失的，供气人应当承担赔偿责任。

4. 由于不可抗力的原因或者政府行为造成停气，使用气人受到损失的，供气人不承担赔偿责任。

（二）用气人的违约责任

1. 用气人未按照合同约定使用燃气，应当向供气人支付百分之_____的违约金。

2. 用气人未按期交燃气费的，还应当支付滞纳金。

3. 用气人未按照合同约定用气，给供气人造成损失的，用气人应当承担赔偿责任。

第八条　合同有效期限

合同期限为_____年，从_____年_____月_____日起至_____年_____月_____日止。

第九条　合同的变更

当事人如需要修改合同条款或者合同未尽事宜，须经双方协商一致，签订补充协定，补充协定与本合同具有同等效力。

第十条　争议的解决方式

本合同在履行过程中发生争议时，由当事人双方协商解决。也可通过_____调解解决。协商或者调解不成，由当事人双方同意由_____仲裁委员会仲裁（当事人双方未在本合同中约定仲裁机构，事后又未达成书面仲裁协议的，可向人民法院起诉）。

第十一条　其他约定

_____

供气人	用气人
（盖章）：	（盖章）：
住所：	住所：
法定代表人	法定代表人
（签字）：	（签字）：
委托代理人	委托代理人
（签字）：	（签字）
开户银行：	开户银行：
账号：	账号：
电话：	电话：

第二节
燃气管理中的行政合同

　　燃气经营管理活动除以实行签订经济民事合同外,还会用行政合同的方式实现对燃气经营中各项活动的管理,从而保证各项活动的顺利进行。采取燃气行政合同的方式是一项十分重要的监管制度。

一、燃气行政合同

　　对政府投资建设的燃气设施,应当通过协议、委托和投标方式选择燃气经营者。通过这三种方式选择燃气经营者,是一种燃气法规规定的行政合同行为,它是通过行政合同这种形式在公共领域内管理的一种行政手段。在此,应着重理解行政合同的内容、方式等。

（一）行政合同的概念与特征

　　行政合同通常是指一方是行政主体,另一方是行政相对人,行政主体以实施行政管理为目的,与行政相对人就有关事项协商一致而达成的协议。行政合同在行政管理实践中大量存在,在一定场合、一定条件下用行政合同实现行政管理的目的,已成为当今社会的发展趋势。

　　行政合同具有如下法律特征:

　　(1)行政性:行政合同的行政性是指行政主体借助于合同形式实现其行使政治权的目的。因此,它不同于行政主体以民事法人的身份与他人就民事权益订立的私法上的合同。

合同原本属于私法范畴,行政机关通过合同这种方式作为行政管理的一种手段具有行政性质的特性。

(2)法定性:行政合同的法定性是指行政合同订立、履行、变更和解除都必须遵守预设的法律规范,行政主体不得法外实施行政合同行为。行政主体订立行政合同的行为与其行政事务相关,为了理清行政主体之间的管辖权限,提高行政管理的有效性,必须强调行政合同应当在法定范围内订立。同时,作为行使国家行政权的行政主体,依法行政原则要求它行使行政职权必须有法的依据。虽然订立行政合同不属于行政职权的范围,但是它仍属于行政管辖事务。行政管辖制度要求行政主体必须各司其职,不得超越行政管辖权限实施行政活动。

(3)合意性:是指行政合同的签订必须以行政主体与行政相对人共同协商一致为前提。也就是说,行政合同中契约自由仍然是一个重要的原理,尽管因行政合同的特性在适用范围等方面受到限制,但可以说只要在行政合同中存在着契约自由,就有合意存在的法律基础。

(二)行政合同的原则

行政合同的原则是行政合同在订立、履行、变更和解除过程中应当遵循的基本准则,也是解释行政合同条款以及解决行政合同争议时应当考虑的基本指导思想,同时,行政合同的原则还可以起到弥补行政合同法律规定不完善的功能。因行政合同与民事合同在原理上具有某些共性,因此民事合同的原则在一定条件下适用于行政合同,如契约自由原则、诚实信用原则、等价有偿原则,也是行政合同的原则。但是行政合同仍然不同于民事合同,行政合同有以下几项原则:

(1)公开竞争原则:指行政合同在公开竞争的基础上订立。公开可以防止行政主体在行政合同订立过程中封锁信息,有利于充分行使选择权,有利于社会对行政主体订立行政合同行为的监督。竞争是指只要没有相反的法律规定,国内国外、本地外地,国有、集体、私营企业都适用同一条件参加行政合同的订立。

(2)全面履行原则:全面履行原则是指行政合同依法成立之后,行政主体和行政相对人必须根据行政合同规定的权利和义务不折不扣地履行行政合同的所有条款。这是因为行政合同涉及公共利益,如果行政合同双方主体不全面履行合同,必然影响到公共利益的有效维护。因此,行政合同的全面履行是行政合同依法成立的必然结果,且行政合同的全面履行构成了行政合同的法律效力的核心内容和行政合同消灭的主要原因。

(3)公益优先原则:公益优先原则是指在行政合同履行过程中,私人利益与公共利益发生冲突,行政主体为了维护公共利益,可以变更或者解除行政合同。行政合同是以实现行政管理目的为基础的,因此在履行中应保证公共利益的实现,对公共利益的内容确定由人民法院最终决定。公益优先原则的法律价值是在合同争议过程中为正确处理公益和私益的矛盾提供基本的准则。

(三)行政合同的缔结方式

行政合同在缔结方式上与民事合同有所不同,主要有以下几种:

（1）协议的缔结方式：这种缔结方式是最常用的方式，是指行政主体按照行政合同的内容，与事先选择好的行政相对人就行政合同的内容进行协商，达成一致后订立行政合同。一般情况下适用于内容专业性较强的合同。

（2）委托的缔结方式：委托，是指委托人授予受托人代其行使法律行为的意思表示。委托授权是单方法律行为，受托人以委托人的名义为法律行为。委托人应注明各项权限、委托内容。书面委托的授权委托书应当载明受托人的姓名、委托的各项权限和日期，并由委托人签名盖章。

（3）招投标方式：招标是指由行政主体事先设定行政合同的标底，行政相对人根据预定的程序进行竞投，行政主体对投标书进行比较之后，选择最优者订立行政合同。根据法律规定，金额在一定数目以上的合同，除少数情况下对当事人有特别要求或者有紧急需要以外，必须采取招标缔约方式。招标可以是公开的，也可是有限制的。公开招标时，对合同标的有兴趣的企业都可以参加投标，但有的招标可以限定只有本国企业参加投标。破产、行政处分或者其他原因而暂时被剥夺营业权利的企业或个人不能参加投标，招标办公处认为不够资格的企业也不能参加投标。

（四）行政合同的签订

行政合同以书面形式订立。书面形式的合同可以减轻行政相对人参与行政合同的顾虑，也可以约束行政机关更好地履行合同，因行政合同的履行而产生的纠纷，裁决机关也会有明确的依据。行政合同经过签订程序后，在法律上即具有了行政合同成立的效力。

二、燃气行政合同的适用

1. 燃气合同中行政合同的表现形式

燃气管理部门对燃气经营活动的监管通过特许经营的方式，特别是对管道燃气经营企业的经营活动通过签署特许经营协议这种方式实现监管，确保管道燃气企业安全、稳定地开展供用气活动。

（1）以燃气管道特许经营协议的方式订立合同，履行各自的权利义务。

对管道燃气经营活动的开展，原建设部在 2003 年颁布了《管道燃气特许经营协议示范文本（征求意见稿）》，提出签订燃气特许经营协议的方式，提高燃气事业的运行效益，有效地实现对管道燃气的行政监管，加快燃气产业市场化的步伐。这种合同着重于对管道燃气企业经营的规范性，政府以此协议的形式实行行政监管。《城市管道特许经营协议示范文本》（GF—2004—2502）对协议的内容做出了详细的规定，在签订协议时应参照执行。

（2）政府投资新建的燃气设施通过协议等方式选择管理单位。

政府投资新建的燃气设施，包括旧区改造、重新建设燃气设施，是以新的燃气发展规划作为基础。城乡总体规划中所包含的燃气发展规划得到当地人民政府的批准，由燃气管理部门组织实施。通过协议、委托和投标等方式选择燃气设施运营管理单位是近几年在燃气行业加快市场化进程中实施有效监管的重要措施。政府与燃气设施运营管理单位通过协议实现对燃气经营的监管，可以坚持统一规划、合理布局、因地制宜、综合开发、配套建设的原则,从而保证城镇功能健全,协调发展,减少重复投资造成的浪费,特别在燃气设施建设用地配套和预留上,更充分地保证燃气在城镇建设中发挥重要功能和作用。

2.管道燃气特许经营协议及主要内容

《行政许可法》和《市政公用事业特许经营管理办法》(建设部令第126号)以及相关的规范性文件,对燃气行政合同的内容做出了明确规定,提出参与燃气经营企业应具备的条件,以及燃气管理部门的管理责任等比较集中的几项内容:①燃气经营企业应当具备法律法规规定必备的条件(这是参与燃气经营活动行政合同的前提条件);②应对所从事的燃气经营区域、期限等内容提出具体要求;③能够提供燃气服务的各项制度标准;④对燃气经营企业的安全管理,要求燃气设施的权属(如维护改造权限)清楚、制度健全,除此之外应根据燃气管理部门的监督管理项目约定法律责任;⑤根据当地的环境、区域特点进一步协商约定有关内容。

管道燃气特许经营协议从内容上看有别于民事合同。在管道燃气特许经营协议的示范文本中列举了以下内容:

①管道燃气特许经营活动的术语及解释;

②管道燃气特许经营权的授予及使用;

③管道燃气特许经营权的转让、出租和质押;

④管道燃气特许经营权的撤销与终止;

⑤管道燃气特许经营权终止后的资产处置;

⑥燃气设施的投资建设主体、运行和维护;

⑦供气和用气安全;

⑧供气质量和服务标准;

⑨价格、计量和收费;

⑩双方应具有的权利与义务;

⑪双方禁止的行为,法律责任。

获得管道燃气特许经营权的企业应结合本企业的情况在协议签订后,按照特许经营协议的内容,全面及时地履行协议,尽快达到协议目的。

资料

城市管道燃气特许经营协议示范文本(GF—2004—2502)

第一章　总　则

1.1　为了规范_____城市、地区管道燃气特许经营活动,加强市场监管,保障社会公共利益和公共安全,根据建设部《市政公用事业特许经营管理办法》和_____(地方法规名称),由协议双方按照法定程序于_____年_____月_____日在中国_____省(自治区)_____市签署本协议。

1.2　协议双方分别为:经中国_____省(自治区)_____市(县)人民政府授权(注:该授权可以通过以下两种形式,1.该人民政府发布规范性文件;2.该人民政府就本协议事项签发授权书),中国_____省(自治区)_____市(县)人民政府_____局(委)(下称甲方),法定地址:_____,法定代表人:_____,职务:_____;和_____公司(下称乙方),注册地点:_____,注册号:_____,法定代表人:_____,职务:_____,国籍:_____。

1.3　特许经营原则

甲乙双方应当遵循以下原则:

(1)公开、公平、公正和公共利益优先;

(2)遵守中国的法律;

(3)符合城市规划及燃气专业规划;

(4)使用户获得优质服务、公平和价格合理的燃气供应;

(5)有利于保障管道燃气安全稳定供应,提高管理和科技水平;

(6)有利于高效利用清洁能源,促进燃气事业的持续发展。

第二章　定义与解释

本协议中下列名词或术语的含义遵从本章定义的意义或解释。

2.1　中国:指中华人民共和国,仅为本协议之目的,不包括香港特别行政区、澳门特别行政区和台湾地区。

2.2　法律:指所有适用的中国法律、行政法规、地方性法规、自治条例和单行条例、规章、司法解释及其他有法律约束力的规范性文件。

2.3　燃气:是指供给民用生活、商业经营和工业生产等使用者使用的液化石油气、天然气、人工煤气及其他气体燃料。

2.4　管道燃气:以管道输送方式向使用者提供燃气。

2.5　管道燃气业务:提供管道燃气及相关服务的经营业务。

2.6　燃气管网设施:指用于输送燃气的干线、支线、庭院等管道及管道连接的调压站(箱)和为其配套的设备、设施。

2.7　市政管道燃气设施:市政规划红线外所有燃气管道设施。

2.8　庭院管道燃气设施:市政规划红线内所有燃气管道设施。

2.9　影响用户用气工程:是指如果出现下列情况,则视为影响用户用气的工程:

(1)造成_____户以上用户供气中断或供气压力显著降低,影响用户使用_____小时以上;

(2)阻碍主干、次干道路车辆和行人通行_____小时以上;

(3)影响其他公共设施使用。

2.10　燃气紧急事件:涉及管道燃气需要紧急采取非正常措施的事件,包括燃气爆炸、着火和泄漏等。

2.11 特许经营权:是指本协议中甲方授予乙方的、在特许经营期限内独家在特许经营区域范围内运营、维护市政管道燃气设施、以管道输送形式向用户供应燃气,提供相关管道燃气设施的抢修抢险业务等并收取费用的权利。

2.12 不可抗力:是指在签订本协议时不能合理预见的、不能克服和不能避免的事件或情形。以满足上述条件为前提,不可抗力包括但不限于:

(1)雷电、地震、火山爆发、滑坡、水灾、暴雨、海啸、台风、龙卷风或旱灾;

(2)流行病、瘟疫;

(3)战争行为、入侵、武装冲突或外敌行为、封锁或军事力量的使用,暴乱或恐怖行为;

(4)全国性、地区性、城市性或行业性罢工;

(5)由于不能归因于乙方的原因造成的燃气质量恶化或供应不足。

2.13 日、月、季度、年:均指公历的日、月份、季度和年。

第三章 特许经营权授予和取消

3.1 特许经营权授予

(1)甲方与乙方签署本特许经营协议;

(2)本协议签署_____日内,甲方向乙方发放特许经营授权书,并向社会公布。

3.2 特许经营履约担保

签订协议后_____日内,乙方应向甲方提供双方能接受的信誉良好的金融机构出具的履约保函。以保证乙方履行本协议项下有关建设项目实施以及第9.4条规定的义务。

履约保函金额_____。(履约保函金可根据特许经营范围内用户数、用气量和用气性质等当地具体情况由协议双方商定。)

3.3 特许经营权期限

本协议之特许经营权有效期限为_____年,自_____年_____月_____日起至_____年_____月_____日止。

3.4 特许经营权地域范围

本协议之特许经营权行使地域范围为_____现行行政管辖区域内,东起_____西至_____止;北起_____南至_____止。乙方不得擅自扩展特许经营权地域范围。

(附件三:特许经营地域范围图示)

3.5 特许经营业务范围

本协议规定之特许经营权的业务范围:_____

_____(包括以管道输送形式向用户供应天然气、液化石油气、人工煤气及其他气体燃料,并提供相关管道燃气设施的维护、运行、抢修抢险业务等。)

3.6 特许经营权转让、出租和质押

在特许经营期间,除非甲乙双方另有约定,乙方不得将本特许经营权及相关权益转让、出租和质押给任何第三方。

3.7 特许经营权的取消

乙方在特许经营期间有下列行为之一的,甲方应当依法终止特许经营协议,取消其特许经营权,并实施临时接管:

(1)擅自转让、出租特许经营权的;

(2)擅自将所经营的财产进行处置或者抵押的;

(3)因管理不善,发生特别重大质量、生产安全事故的;

(4)擅自停业、歇业,严重影响到社会公共利益和安全的;

(5)法律禁止的其他行为。

第四章 特许经营协议的终止

4.1 期限届满终止

特许经营期限届满时,特许经营协议自动终止。

4.2 提前终止

(1)因不可抗力或一方认为有必要时,经甲乙双方协商可以提前终止本协议,并签订提前终止协议。协商不能达成一致时,任何一方不得擅自提前终止本协议;

(2)因特许经营权被取消,双方终止执行本协议。

4.3 特许经营协议终止日

(1)特许经营期限届满日;

(2)提前终止协议生效日;

(3)特许经营权被取消日。

4.4 特许经营终止协议

(1)本协议因特许经营期限届满而终止,应在终止日180日前完成谈判,并签署终止协议;

(2)本协议因特许经营权被取消而终止的,甲乙双方应在终止日_____日前签署终止协议。

4.5 资产归属与处置原则

(1)谁投资谁所有;

(2)资产处置以甲乙双方认定的中介机构对乙方资产评估的结果为依据;

(3)乙方不再拥有特许经营权时,其资产必须进行移交,并按评估结果获得补偿。

第五章　燃气设施的建设、维护和更新

5.1　燃气设施建设

在本协议规定的区域范围内，乙方应根据城市规划和燃气专业规划的要求，承担市政燃气管道和设施的投资建设。

5.2　燃气设施建设用地

特许经营期间，乙方在甲方投资建设的燃气设施，所占土地为公用事业用地，乙方按照城市基础设施用地交纳有关税费。未经审批，乙方不得变更该土地用途性质，也不得将该土地使用权转让和抵押。

5.3　燃气设施运行、维修及更新

特许经营期间，乙方应按照国家标准和地方标准以及相关规定，负责燃气设施运行、维修及更新。

5.4　燃气设施征用及补偿

甲方因公共利益需要，依法征用燃气设施，乙方应予配合，甲方应给予乙方合理补偿。

第六章　供气安全

6.1　燃气安全要求

甲乙双方须严格遵守国家和地方有关安全的法律、法规、规章及政策性文件，乙方承诺燃气供应、运行、质量、安全、服务符合国家、行业和地方相关标准，依法对特许经营区域内的管道燃气供气安全、公共安全和安全使用宣传负责。

6.2　燃气安全制度

乙方应建立和完善安全生产责任制度，建立安全生产保证体系，保障燃气安全和稳定供应、运行和服务，防止责任事故发生；

对出现燃气事故和在事故期间，乙方应采取各种应急措施进行补救，尽量减少事故对用户和社会公众的影响，同时乙方必须按照国家有关安全管理规定向有关部门报告；

乙方要加强燃气安全巡检，消除安全隐患，对危及燃气设施安全的案情应及时制止，并报告有关部门，同时应进行宣传、解释、劝阻和书面告知违反规定的单位或个人进行整改。对逾期不改的，书面向甲方或行政执法部门报告。甲方接到乙方报告后，应及时协调执法部门予以查处。

6.3　管道燃气设施安全预防

乙方应严格执行《城镇燃气设施运行、维护和抢修安全技术规程》的规定，严格运行、维护和抢修安全技术程序，对管道燃气设施和用户设施的运行状况及性能进行定期的巡检。必要时（发生自然灾害、重大安全事故等），乙方应对地下燃气管网进行安全质量评估，并将设施运行状况定期报告甲方。

乙方应在与用户签订的供用气合同中明确双方的安全责任。

6.4 强制保险

乙方应针对燃气设施安全、公共责任安全、用户安全购买适当的保险,并承担保险费用。

6.5 应急抢修抢险

乙方要建立应急抢修抢险救灾预案和相应的组织、指挥、设备、物资等保障体系并保证在出现事关燃气应急事故时,保障体系能够正常启动。乙方要建立管道燃气设施应急抢修队伍,提供24小时紧急热线服务。

6.6 燃气安全用气宣传

乙方应根据《城镇燃气设施运行、维护和抢修安全技术规程》的标准,向管道燃气用户提供各种形式安全检查、宣传的服务,解答用户的燃气安全咨询,提高公众对管道燃气设施的保护意识。

6.7 影响用户用气工程的报告

乙方在进行管道燃气设施维护或改造工程时,如果是影响用户用气的工程,应当在开展工程作业前_____小时告知用户,并通过新闻媒体向用户和社会公众预告工程简况、施工历时、可能受影响的程度及区域等相关情况。

6.8 紧急事件的通知

乙方处理燃气紧急事件影响或可能影响范围较大的用户正常使用燃气时,乙方应在处理的同时报告甲方,并应以适当的方式告知受到或可能受到影响的用户。

第七章 供气质量和服务标准

7.1 供气质量

乙方应当建立质量保证体系,确保其向用户所供应的燃气质量、管输和灶前压力、燃烧热值、华白指数、燃气加臭等方面符合本协议附件四所规定的质量要求。

7.2 服务标准

乙方应当根据用户的实际需要向用户提供业务热线、用户维修服务网点、营业接待、定期抄表、设施安装检修等综合服务,并确保能够达到附件五所规定的标准。

第八章 收费

8.1 批准的价格

乙方管道燃气销售价格执行当地政府物价主管部门批准的销售价格向其服务范围内的用户收取费用。

乙方其他有偿服务价格标准须经当地政府物价主管部门另行批准。

8.2 燃气费计算

燃气气费的计算可按每立方米的单价乘以用气量计算,或采用热量单价计算。燃气费结算方式按照适用法律,实行周期抄表并结算燃气费。

8.3 价格调整程序

乙方因非乙方原因造成的经营成本发生重大变动时,可提出城市管道燃气收费标准调整申请。甲方核实后应向有关部门提出调整意见。

8.4 成本监管

甲方有权对管道燃气企业经营成本进行监管,并对企业的经营状况进行评估。

第九章 权利和义务

9.1 甲方权利

(1)甲方依照国家相关法律、法规及有关技术标准对乙方的特许经营业务进行监管;

(2)监督乙方实施特许经营协议内容,并可聘请中介机构对乙方的资产和经营状况进行评估,根据评估结果向乙方提出建议;

(3)享有审查乙方管道燃气五年规划和年度投资计划是否符合城市总体规划的权利;

(4)受理用户对乙方的投诉,进行核实并依法处理;

(5)法律、法规、规章规定的其他监管权力。

9.2 甲方义务

(1)维护特许经营权的完整性,在特许经营期间,甲方不得在已授予乙方特许经营权地域范围内,再将特许经营权授予第三方;

(2)维护特许经营范围内燃气市场秩序;

(3)为乙方的特许经营提供必要的政策支持和扶持;

(4)制订临时接管乙方管道燃气设施及运行预案,保证社会公众的利益;

(5)法律、法规及本协议规定的其他义务。

9.3 乙方权利

(1)享有特许经营权范围内的管道燃气业务独家经营的权利;

(2)拥有特许经营权范围内的管道燃气的投资、发展权利;

(3)维护燃气管网安全运行的权利;

(4)对用户燃气设施不符合国家有关安全技术标准以及存在安全隐患的,或者对严重违反燃气供用气合同或违法使用燃气的用户拒绝供气的权利;

(5)法律、法规及本协议规定的其他权利。

9.4 乙方义务

(1)制订管道燃气发展的远、近期投资计划,按照城市总体规划及燃气专业规划的要求组织投资建设;

(2)按照国家、行业、地方及企业标准提供燃气及相关服务;

(3)维护燃气管网设施正常运行,保证供气连续性。发生故障或者燃

气安全事故时,应迅速抢修和援救;

(4)有普遍服务和持续经营义务,未经甲方同意,不得擅自决定中断供气、解散、歇业;

(5)接受甲方的日常监督管理及依照法律、法规、规章进行的临时接管和其他管制措施和社会公众的监督;

(6)乙方有义务且必须就由于建设、运营和维护市政管道燃气设施而造成的环境污染及因此而导致的任何损害、费用、损失或责任,对甲方予以赔偿。但若所要求的损害、费用、损失或责任是由甲方违约所致或依本协议乙方不承担责任的环境污染除外;

(7)乙方必须将有关市政管道燃气设施设计、建设和运行的所有技术数据,包括设计报告、计算和设计文件、运行数据,在编制完成后立即提交给甲方,以使甲方能监督项目设施的设计、建设进度和设施的运行;

(8)在特许经营权被取消或终止后,应在授权主体规定的时间内,保证正常供应和服务的连续性。在移交用于维持特许经营业务正常运作所必需的资产及全部档案给授权主体指定的单位时,对交接期间的安全、服务和人员安置承担全部责任。

9.5 定期报告

乙方在特许经营期间,应当对下列事项向甲方做出定期报告:

(1)乙方应于每年的_____月_____日前向甲方提交上一年度的特许经营报告(内容包括特许经营资产情况、发展、管理、服务质量报告、经营计划的执行情况和企业基本状况等)、特许经营财务报告;

(2)乙方应于每年_____月前向甲方提交上一年度的管道燃气质量检测报告;

(3)乙方应于每年_____月前向甲方提交本年度管道燃气发展、气量、投资项目计划报告,年度经营计划。

9.6 临时报告

乙方应当在下列事项出现后十日内向甲方提交书面备案报告:

(1)乙方制订远期经营计划(如五年或十年经营计划);

(2)乙方董事、监事、总经理、副总经理、财务总监、总工程师等高级管理人员确定或发生人员变更;

(3)乙方的股东或股权结构发生变化;

(4)乙方董事会、监事会做出的有关特许经营业务的决议;

(5)乙方签署可能对公司特许经营业务有重大影响的合同、协议或意向书;

(6)发生影响燃气价格、安全、技术、质量、服务的重大事项;

(7)其他对公司特许经营业务有重大影响的事项。

第十章 违 约

10.1 赔偿责任

协议任何一方违反本协议的任一约定的行为,均为违约。违约方承担赔偿责任,包括对方因违约方的违约行为导致向第三方支付的赔偿。

非违约方应当最大限度地减少因违约方违约引起的损失。

如部分损失是由于非违约方作为或不作为造成的,则应从获赔金额中扣除因此而造成的损失。

10.2 提前告知

乙方在知道或应该知道自己不再具备履行本协议能力时,应提前以书面形式向甲方告知自己的真实情形,并协助甲方执行临时接管预案。乙方未及时通知甲方,造成损失或重大社会影响的,乙方及乙方责任人应承担相应法律责任。

10.3 合理补救

甲方认为乙方有致使其特许经营权被取消的行为时,应以书面形式向乙方告知,并应给予书面告知日后_____日的补救期。乙方应在补救期内完成纠正或消除特许经营障碍,或在该期内对甲方的告知提出异议。甲方应于接到异议后_____日内重新核实情况,并做出取消或不取消决定。

第十一章 不可抗力

11.1 不可抗力免责

由于不可抗力事件不能全部或部分履行其义务时,任何一方可中止履行其在本协议项下的义务(在不可抗力事件发生前已发生的应付未付义务除外)。

如果甲方或乙方按照上款中止履行义务,其必须在不可抗力事件结束后尽快恢复履行这些义务。

11.2 对不可抗力免责的限制

以下各项事件不构成不可抗力:

(1)因正常损耗、未适当维护设备或零部件存货不足而引起的设备故障或损坏;

(2)仅仅导致履约不经济的任何行为、事件或情况。

11.3 提出不可抗力一方的义务

声称受到不可抗力的一方必须在知道不可抗力事件发生之后尽可能立即书面通知另一方,并详细描述有关不可抗力事件或法律变更的发生和可能对该方履行本协议义务产生的影响和预计影响结束的时间。同时提供另一方可能合理要求的任何其他信息。发生不可抗力事件时,任何一方必须各自承担由于不可抗力事件造成的支出和费用。

声称受到不可抗力的一方应在任何时候采取合理的行动,以避免或尽量减少不可抗力事件的影响。

第十二章　争议解决

12.1　协商解决争议

若双方对于由于本协议、在本协议项下或与本协议有关的或对其条款解释(包括关于其存在、有效或终止的任何问题),以及因履行本协议而产生的任何争议、分歧或索赔,都应尽力通过协商解决。

通过协商未能解决上述争议,则适用第12.2条的规定。

12.2　仲裁或者提起诉讼

若甲乙双方不能根据第12.1条规定解决争议,可依照适用法律通过仲裁途径解决;或者将该争议按照适用法律的规定,向有管辖权的人民法院提起诉讼。当适用法律对此类争议的解决方式做出明确结论时,依其结论处理。

第十三章　附　则

13.1　协议签署

甲方、乙方签署本协议之代表均应在已经获得签署授权的情况下签署本协议,并在此前各方均已完成各自内部批准本协议的程序。

13.2　协议生效

本协议自甲乙双方代表签字并加盖公章之日起生效。本协议的补充协议以及附件是本协议的组成部分,与本协议具有同等效力。

13.3　协议修订

本协议有效存续期间,因适用法律法规及相关政策发生变化,导致本协议或本协议部分约定无法履行时,经双方协商一致可修订或签订补充协议。

13.4　协议可分割性

如果本协议任何条款不合法、无效或不能执行,或者被任何有管辖权的仲裁庭或法庭宣布为不合法、无效或不能执行,则其他条款仍然有效和可执行。

13.5　继续有效

本协议终止后,有关争议解决条款和在本协议规定终止后仍然有效的条款继续有效。

第十四章　适用法律及标准语言

14.1　本协议连同附件均用中文书写。正本_____份由甲方、乙方各执_____份,副本_____份仍由上述各方各执_____份。所有协议附件与本协议具有同等效力。

14.2　本协议受中华人民共和国法律管辖,并根据中华人民共和国法律解释。

第十五章　附　件

附件一:甲方签约授权书

附件二:乙方签约授权书

附件三:特许经营区域范围图示

附件四:履约保函格式

附件五:项目和企业相关批准文件(建设用地规划许可证、土地使用证、初步设计审批、建设工程规划许可证、外国设计商的资质审查及设计合同、设计承包合同的批准、外国建设承包商资格审批和资质证书、建设施工合同备案、建设工程施工许可证、环保设施的验收、竣工验收、卫生许可证、土地复垦验收、管道燃气设施产权登记及其他权利登记、公司登记和营业执照、税务登记、财政登记、统计登记、海关登记备案、劳动管理有关事项、项目融资的批准和登记等)(注:请协议各方根据项目具体情况作相应修改)

附件六:技术规范和要求

附件七:设施维护方案

附件八:保险(注:应包括但不限于,针对燃气设施安全、公共责任安全、用户安全购买维持适当的保险)

附件九:工程技术方案

附件十:管道燃气质量标准、供气服务标准

附件十一:安全管理标准

双方各自授权代表于　　　　　年　月　日签署本协议,以兹为证。

甲方:　　　　　　　　　　　　　乙方:

签字:　　　　　　　　　　　　　签字:

法定代表人/授权代表　　　　　　法定代表人/授权代表

　(公章)　　　　　　　　　　　　(公章)

第三节
施工建设中燃气设施的安全保护协议

一、安全保护协议的概念及特征

在燃气经营管理和燃气工程建设等活动中都会涉及安全管理工作,以及对燃气设施的保护,这些都关系到燃气企业正常供气运行。依照法律法规的规定,施工建设单位在燃气设施周围或设施保护范围内施工时,必须与燃气经营者就如何进行维护燃气设施的安全而采取保护方案,即签署安全保护协议。

1. 安全保护协议的概念

燃气设施安全保护协议是燃气经营企业(特别是管道燃气经营者)依据法律法规的规定,为在施工期间保护燃气设施的安全,与在燃气设施保护范围内施工的建设单位、施工单位,双方或多方,通过相互协商达成一致意见,所订立的燃气设施安全保护方案。

2. 安全保护协议的特征

(1)燃气设施安全保护协议的签订具有强制性:燃气法现明确规定,建设工程范围内有地下燃气管线等重要设施的建设单位应当组织施工单位、管道燃气经营者共同制订保护方案,签订燃气设施维护协议。保护燃气设施的安全是每个公民的应尽义务,签订燃气设施保护协议是维护安全的一项必要的措施,法律法规明确规定更是要求所有人员应遵守和履行的义务,承担必要法律责任。

(2)燃气设施安全保护协议具有预防性:为了更好地实现对燃气设施的安全运行,保证燃气设施在施工建设过程的正常运行,稳定供气,要求在施工尚未正式启动前,在燃气设施周围或相邻区域内的建设施工单位,应当会同燃气经营企业,就如何保护燃气设施安全,共同协商制订安全保护协议,并根据协议各自履行权利义务,保护燃气设施的安全。

(3)燃气设施安全保护协议具有互补性:燃气设施安全管理保护协议一经签订,建设施工单位在施工建设中应积极按照所签订的协议内容,保护燃气设施的安全,还应服从燃气设施管理者的现场指导和意见。而燃气设施管理企业应当在建设施工单位建设中派出专业人员到现场跟踪建设施工情况,对保护燃气设施安全所采取的措施提出指导意见,这样有利于双方更好地落实安全保护协议的各项内容。

二、燃气设施安全保护协议的内容

燃气设施安全保护协议是一种特殊形式的施工建设合同,涉及在燃气企业的经营活动中面临的安全管理等各项管理行为,是保障燃气经营和城乡建设共同发展的重要措施(我国《安全法》《建设法》《建设工程安全生产管理条例》都对此提出规定),是燃气经营者在实施合同管理中重要的一项工作。燃气设施安全维护协议的预防性和保护性措施,通常有以下几项内容:

①施工方案符合法律规定,有保护燃气设施的安全技术规定。

②施工区域内有明确的安全警示标志,警示施工人员免遭可能发生的危险。

③对可能危及燃气设施安全的建筑物,构筑物及其他临时建筑物等采取的保护办法,以避免发生危害燃气设施安全。

④对各方相互协作的专业人员、工作时间、工作内容等做出明确的规定。

⑤安全保护协议的履行期限。

资料

施工现场燃气管道设施安全保护协议(参考文本)

甲方:建设单位(全称)

乙方:施工单位(全称)

丙方:监理单位(全称)

丁方:_____市燃气集团股份有限公司

根据《中华人民共和国安全生产法》、《中华人民共和国建筑法》、《建设工程安全生产管理条例》(国务院令第393号)、《城镇燃气管理条例》(国务院令第583号)、《_____省(市)燃气管理条例》等法律法规的规定,为保护_____市施工现场燃气管道及设施的安全,防止事故发生,经肆方协商,达成以下施工现场燃气管道及设施的安全保护协议:

第一条 甲方在工程开工前,应将城建档案部门出具的地下综合管线查询结果,以及位于_____市_____区_____路的_____工程的施工范围、内容、工期以及建设红线总平面图等资料提供给丁方,并落实专人负责与丁方联络具体事宜。

第二条 丁方接到甲方提供的有关资料后,在两个工作日内核准施工范围及影响区域内是否存在地下燃气管道及设施,并向甲方、乙方和丙方提供该施工及影响范围内燃气管道及设施的图纸资料。

第三条 燃气管道及设施的具体位置必须通过现场探查核实确认。甲方依据已取得施工及影响范围内燃气管道及设施的图纸资料,组织乙方、丙方、丁方四方共同进行断面开挖探查,以确定施工现场燃气管道的实际具体位置,明确燃气管道及设施的安全保护范围及安全控制范围,将详细情况及有关说明填入《施工现场燃气管道及设施确认表》内"施工现场燃气管道及设施、保护范围、控制范围示意及说明"栏(见附件)。

丁方在已探明的燃气管道及设施上方设置"燃气管道,注意保护"等安全警示标志,将标志详细情况及有关说明填入《施工现场燃气管道及设施确认表》内"施工现场燃气管道及设施警示标志布置及数量示意及说明"栏(见附件)。

第四条 燃气管道设施的安全保护范围及安全控制范围:

(一)安全保护范围:

1.低压、中压管道管壁及设施外缘两侧1米范围内的区域;

2.次高压管道管壁及设施外缘两侧2米范围内的区域;

3.高压、超高压管道管壁及设施外缘两侧5米范围内的区域。

(二)安全控制范围:

1.低压、中压管道的管壁及设施外缘两侧1米至6米范围内的区域;

2.次高压管壁及设施外缘两侧 2 米至 10 米范围内的区域;

3.高压、超高压管道管壁及设施外缘两侧 5 米至 50 米范围内的区域。

第五条 乙方应根据燃气管道已探明的情况、燃气管道保护和控制范围,由乙方项目经理组织编制相应的燃气管道及设施保护方案和应急处置措施。燃气管道及设施保护方案和应急处置措施应经丙方项目总监审核,甲方同意盖章认可并报丁方备案,否则,甲方不得申请开工,且丁方可随时通知其他方解除本协议,通知到达其他各方时,协议解除。

在燃气管道及设施保护方案和应急处置措施编制过程中,丁方应予以指导,如编制过程中产生争议的,由各方申请市建设局组织专家论证后协调解决。

第六条 丁方应在收到由甲方提交的该工程燃气管道及设施保护方案和应急处置措施后 1 个工作日内向甲方出具《施工现场燃气管道及设施确认表》。

第七条 甲方对整个施工过程中施工现场燃气管道及设施的安全负总责,乙方负责燃气管道具体保护措施的实施及管道警示标志("燃气管道,注意保护")的保护,丙方应对保护方案和应急处置措施实施情况进行现场监督;丁方应落实燃气管道的巡查工作,做好紧急应对准备。

第八条 各方应于本协议签订后五个工作日内,以书面方式将其指派的该工程项目联系人通知其他各方。该等联系人负责在整个施工期间各自所辖责任范围内安全保护和协调工作,不得以任何理由拒绝签收其他联系人签发的通知书或联系函。联系人如需变动的,应书面通知其他三方并签收确认。

第九条 乙方在工程开工前,应根据施工现场的实际情况和施工方案,将已制订的燃气管道及设施保护方案和应急处置措施通过技术交底方式落实到相应工作层面作业班组负责人和具体作业人,丙方项目监理人员应参加并在纪要上签名确认。

第十条 工程开工后,丁方在正常施工作业时间(8:00—18:00)按 1 次/日对施工现场的燃气管道及设施进行巡查;当施工作业进行至燃气管道控制范围内时,按 2 次/天的频次进行巡查;当施工作业进行至燃气管道保护范围内时,中压燃气管线按 1 次/小时的频次进行巡查,高(次高)压燃气管线进行旁站监护;对在控制范围和保护范围内的施工,乙方应提前 24 小时函告丁方;施工作业需超出正常施工作业时间之外,以及施工工期发生变更时,乙方联系人应提前 24 小时以书面形式将变更告知其他联系人并签收确认;施工作业方案发生变更需修改燃气管道保护方案和应急处置措施时,乙方应将修改后的方案经丙方和甲方审核确认后函告丁方,同时,按照第九条要求落实到具体作业人。

丁方在接到变更告知函后,应及时安排好巡查工作,按照要求的频度进行巡查。

第十一条 在施工过程中应严格遵守以下规定：

（一）在燃气管道设施的安全保护范围内，禁止下列行为：

1. 建造建筑物或者构筑物；

2. 堆放物品或者排放腐蚀性液体、气体；

3. 进行机械开挖、爆破、起重吊装、打桩、顶进等作业。

（二）不得擅自移动、覆盖、涂改、拆除、破坏燃气设施及安全警示标志；道路施工完成时必须埋设相应的标志桩；

（三）在没有采取有效的保护措施前，不得在燃气管道及设施上方开设临时道路，不得在燃气管道及设施上方停留、行走载重车辆、推土机等重型车辆；

（四）禁止其他严重危害燃气管网安全运行的行为。

第十二条 在施工过程中遇到复杂、特殊情况，可能危及燃气管道及设施的安全运行时，丙方应签发停工令，要求乙方立即停止施工。乙方会同甲方、丙方和丁方，重新编制燃气管道及设施保护方案和应急处置措施，经丙方项目总监审核和甲方签字认可后，报丁方备案，丁方接到备案申请后通知丙方签发复工令后，乙方可恢复施工。

第十三条 丁方在巡查中发现产生燃气管道保护隐患时，应以书面告知函的形式通知其他三方项目联系人，由项目联系人负责督促隐患整改。

任何一方发现有危害或可能危害燃气管道及设施安全运行的行为时，应立即制止危害行为，乙方施工人员必须服从。制止无效时，应立即向市（区）安监站、国土和房产局等单位报告，情况紧急时，可立即报110请求协助。

第十四条 造成燃气管道及设施损坏后的处理方式

（一）防腐层损坏

如施工过程中造成燃气管道设施防腐层损坏，乙方施工人员应立即停止施工，通知甲、丙、丁方联系人。丁方应立即组织修复作业并现场取证，甲方应责成事故责任单位于修复完工后五个工作日内向丁方支付修复费用，否则甲方应于该五个工作日届满后三个工作日内向丁方支付修复费用。

（二）燃气设施损坏供气中断（未漏气）

如施工过程中造成燃气管道设施损坏且供气中断（未漏气），乙方施工人员应立即停止施工，保护现场，立即通知甲、丙、丁方联系人，并根据影响用户范围级别上报市（区）建设局。丙方发出停工令，丁方立即组织抢修，甲方应责成事故责任单位于修复完工后五个工作日内向丁方支付修复费用，否则甲方应于该五个工作日届满后三个工作日内向丁方支付修复费用。建设主管部门根据影响范围按照《_____市燃气条例》等有关规定对责任单位进行相应的处罚。

(三)燃气管道破裂泄漏或爆炸

如施工过程中造成燃气管道破裂泄漏或爆炸,乙方施工人员应立即停止施工,保护现场,组织附近人员疏散,救治受伤人员,向110和丁方报警并按事故级别上报市(区)建设局,同时,立即通知甲、丙、丁方联系人。

甲、丙、丁方接警后立即启动应急预案,组织开展应急抢险工作。

有关部门按照《_____市燃气条例》等规定组织对事故进行调查,并对事故责任单位和责任人进行处罚。

甲方应责成事故责任单位于修复完工后十个工作日内赔偿丁方因燃气管道及设施破坏遭受的直接和间接损失,否则甲方应于该十个工作日届满后三个工作日内赔偿丁方所受直接和间接损失。

第十五条 本协议自四方签字盖章之时起生效,正本一式五份,四方各执一份、报相关部门一份,均具同等效力。

甲方:(签章) 乙方:(签章)
法定代表人: 法定代表人:
委托代理人: 委托代理人:
地址: 地址:
联系人: 联系人:
24 小时联系电话: 24 小时联系电话:
　　年　月　日 　　年　月　日
丙方:(签章) 丁方:××市燃气集团股份有限公司
法定代表人: 法定代表人:
委托代理人: 委托代理人:
地址: 地址:　　区　　　路　　　号
联系人: 联系人:
24 小时联系电话: 24 小时联系电话:
　　年　月　日 　　年　月　日

附件:《施工现场燃气管道及设施确认表》(略)

学习鉴定

一、填空题

1.《合同法》规定,合同是指_____的自然人、法人、其他组织之间设立、变更、终止民事权利义务关系的协议。

2.《合同法》适用于平等主体之间的_____,而婚姻、收养、监护等有关身份关系的协议以及非平等主体之间的合同关系不适用于《合同法》,由其他相关法律调整。

3._____是不履行或不适当履行合同债务所引起的法律后果。

4.行政合同的缔结方式有:协议缔结方式、委托缔结方式和_____方式。

5.依照法律法规的规定,建设工程施工范围内有地下燃气管线等重要燃气设施的,建设单位应当会同施工单位与管道燃气经营者共同制订_____,即签署燃气设施安全保护协议。

6.除合同法中明确的无效合同以外,格式条款当出现提供格式条款的一方当事人_____,加重对方责任,排除对方主要权利的则该条款无效。即使当事人同意,也不使其产生效力。

7.违约行为的形态包括:不履行、_____、不完全履行和预期违约。

8.供用气合同的履行地点,按照当事人约定;当事人没能约定或者约定不明确的,供气设施的_____处即为履行地点。

9.格式条款具有四个特点:(1)其对象具有广泛性;(2)具有持久性;(3)条款具体细致;(4)_____。

10.安全保护协议的特征:燃气设施安全保护协议的签订具有_____,燃气设施安全保护协议具有预防性,燃气设施安全保护协议具有互补性。

二、问答题

1.什么是供用气合同?有何特点?

2.在签订供用气格式合同时要注意哪些事项?

3.合同的生效要件主要有几项?

4.行政合同的概念与特征怎样?

5.什么是燃气设施安全保护协议?

第 9 章　燃气法律责任

■ 核心知识

- 燃气法规中行政责任、民事责任、刑事责任
- 燃气法规中行政责任、刑事责任的主要承担形式
- 民事责任中燃气侵权责任的承担
- 燃气经营服务、使用、设施保护中的违法情况及应承担的法律责任

■ 学习目标

- 掌握燃气法规中行政责任、民事责任、事责任的概念及区别
- 了解燃气法规中行政责任、刑事责任的主要承担形式
- 了解民事责任中燃气侵权事故的责任承担
- 掌握燃气经营服务、使用、设施保护中的违法情况及应承担的法律责任
- 了解行政处罚与行政处分的区别

第一节
燃气行政责任

一、燃气行政责任的概念及构成要件

燃气行政责任是指违反了燃气法规的单位和个人所应承担的行政方面的法律责任。燃气行政责任具有以下特征。

(1)燃气行政责任是燃气行政法律关系主体的责任,包括燃气行政管理主体和燃气行政管理相对人的责任。

(2)燃气行政责任是一种法律责任,任何燃气行政法律关系主体不履行法律义务都应依法承担法律责任。

(3)燃气行政责任是燃气行政违法行为的必然法律后果。燃气行政法律责任必须以违反燃气法规行为为前提,没有违法行为也就无所谓法律责任。

构成燃气行政法律责任必须具备一定的条件,这些条件就是燃气行政法律责任的构成要件。在一般情况下,构成燃气行政法律责任必须具备两个条件,即行为人有违法行为,主观有过错。在特定情况下,除具备上述两个条件外,还必须具备其他条件,即违法行为的危害后果,违法行为与危害结果的因果关系。

1.行为人行为的违法性

行为人实施违法行为是构成燃气行政法律责任的必要条件,行为人只有在违法的情况下才需承担行政法律责任,否则就不承担法律责任。而且行为人的违法行为一般是比较轻微的才承担行政法律责任,如严重违法并已触犯刑律,则需要承担刑事法律责任。

违法的行为,可以表现为作为,如某燃气企业未经批准擅自开工建设的行为;也可以表现为不作为,如某供气企业发生燃气泄漏事故,却未立即采取应急措施,也未向有关单位通报情况的行为。

2.行为有危害结果

行为有危害结果是指违反燃气法规的单位或个人的行为所造成的破坏后果。例如,销售未经检测的液化石油气气瓶造成气瓶爆炸等。危害结果的大小是承担行政责任程度的根据,一般说,危害结果愈大,承担行政责任的程度就愈重。如果还造成财产损失,则应同时承担民事责任。

3.行为和危害结果的因果关系

行为与结果之间的因果关系是指行为与结果之间存在内在的、本质的、必然的联系,而非偶然的、空想中的联系。也就是说,危害结果是由此种违法行为所引起,这种违法行为必然产生如此的危害结果。科学地确定违法行为与危害结果之间是否存在着因果关系,对正确判定行政责任承担者有着极为重要的意义。这是以危害结果作为承担燃气法规行政责任的必要条件。在燃气法规不要求将危害结果作为承担燃气行政责任的必要条件时,则不存在确定因果关系的问题。

4. 行为人有过错

行为人主观上有过错是承担行政责任的必要条件。过错分为故意和过失两种。故意指行为人明知自己的行为会造成燃气设施损坏或燃气泄漏的结果并且希望或放任这种结果的发生。希望该危害结果发生,为直接故意;放任这种结果发生,为间接故意。过失是指行为人应当预见自己的行为可能发生燃气事故的结果,因疏忽大意而没有预见到,或者已经预见到但轻信可以避免,以致发生事故的结果。由此可见,过失分为疏忽大意的过失和过于自信的过失两种。

判断行为人有无过错及过错的形式,对于行为人是否承担燃气行政法律责任以及应受到相应的法律制裁有着密切的关系。行为人有过错是承担燃气行政法律责任的必要条件,没有过错就不应当承担行政法律责任;而过错越严重,所承担的法律责任相应的就越大。在实践中,破坏燃气设施等行为多表现为故意,而对燃气的泄漏事故则多表现为过失或间接故意。

对于造成损失的行为人,判断其主观上是否有过错,有时比较困难,因为事故行为与损害结果之间的因果关系一般难以预见,事故常常出现潜伏性、积累性和交叉性等特征。某种行为所造成的危害后果往往要经过一定的潜伏期以后或者积累到一定程度后才会表现出来,这就会给行为人造成主观上的错觉,导致判断失误。另外,有些危害后果是由多行为共同造成的,在这种情况下行为人要预见自己行为的结果就更加困难。如何判断造成燃气事故的行为人主观是否具有过错,这是一项较为复杂的工作,主要应从两个方面来进行:一是行为人的预见能力,包括行为人的年龄、教育程度、专业知识、工作经验、技术水平等;二是客观情况,包括企业对该项事故有无提出预防要求,行为人在客观上是否做了预防的努力等。只有把这两方面的情况综合起来,进行判断分析,才能确定行为人主观上是否具有过错,即行为人只有在应当注意而且能够注意但却未注意的情况下造成燃气事故,才具有过错,否则就没有过错。

二、燃气行政处罚的原则和形式

燃气行政处罚是燃气管理部门依法对违反燃气行政法律规范的相对人所给予的制裁。其目的是保障燃气管理部门有效实施燃气管理,保护公民、法人或者其他组织的合法权益,燃气行政处罚按照《中华人民共和国行政处罚法》(以下简称《行政处罚法》)的规定执行。

(一)燃气行政处罚的原则

燃气行政处罚应遵循一定的原则。燃气行政处罚的原则是指燃气行政处罚中必须遵守的准则。依据《行政处罚法》、燃气法律法规及有关行政法的规定,燃气行政处罚必须遵守以下原则。

1. 依法实施行政处罚原则

行政处罚原则也称行政处罚法定原则,是指燃气管理部门必须严格依照燃气法规定的依据、处罚形式和幅度、处罚程序对承担行政责任者实施行政处罚。该项原则包含以下三方面的含义。

(1)实施行政处罚必须具有法定的依据。首先,实施行政处罚的行政机关依法享有行政处罚权(含对该违法行为的管辖权);其次,该违法行为依法应给予行政处罚,而不是其他的刑事、民事法律制裁。

(2)必须严格遵守燃气法规规定的行政处罚形式和幅度,根据行政处罚的轻重与行政责任的大小相当原则,规定了对不同的违法行为实施不同的行政处罚和幅度,执法机关必须严格遵守。例如,燃气法规在很多场合虽然规定经授权的执法机关可以自行裁量,确定行政处罚形式或者处罚的幅度,但必须在法定的幅度内且酌情而量,不得显失公正。

(3)必须按照法定程序实施行政处罚。《行政处罚法》规定,行政机关及其执法人员在做出处罚决定之前,不向当事人告知给予行政处罚的事实、理由和依据,或者拒绝听取当事人的陈述、申辩的,行政处罚决定不能成立。该法第3条还规定:不遵守法定程序(如管辖、立案、调查、检查、回避、听证、审查、决定、告知诉权等)的,行政处罚无效。

2. 行政处罚的轻重与行政责任的大小相当原则

立法机关或者执法部门必须根据燃气违法行为的事实、性质、情节以及社会危害程度来设定或者决定对其实施行政处罚的轻重程度。危害小则责任小,对其处罚也轻;危害大则责任大,对其处罚就重。该项原则也称"过罚相当"原则。其含义包括以下三个方面。

(1)行政处罚规范必须与行政责任规范相当。这是对立法机关的要求。立法机关在设定行政处罚规范时,必须使违法者所应承担的行政责任的大小与行政处罚的轻重相对应,协调一致,既不能遗漏,也不能偏轻偏重。

(2)必须全面认定违法事实和正确适用法律。这是对执法者的要求。违法事实包括违法的时间、地点、对象、违法的手段,违法者的心理状态、违法的目的、动机,违法前后的表现,违法行为造成或者可能造成的危害后果以及性质等。这些都需要通过全面收集材料、仔细分析和判断证据,才能正确适用法律。执法实践中,存在将损失大小作为处罚轻重的主要甚至是唯一根据,而不问违法者的心理状态如何的做法,这显然不妥。因为,在同样的损失条件下,故意要比过失的危害大,在某些场合,过失并不负行政责任。

(3)行政处罚的轻重必须在法定的处罚形式和幅度之内。燃气法规针对不同的违法行为规定了不同的处罚形式和幅度,其中也规定对同一违法行为可以选用几种处罚形式中的一种,执法人员可以根据违法事实自由裁量。在这种场合下,执法人员必须依照法律的精神,正确把握违法事实,准确量处。一些地方对不同情节的违法行为一律予以罚款的做法不妥,这是对自由裁量权的滥用,忽视了不同情节的处罚形式不同。

3. 公正、公开原则

公正、公开原则是指执法部门在对当事人提起行政处罚程序,确认其承担行政责任的要件和情节,以致实施行政处罚时,必须客观、平等、不偏不倚、不隐瞒。该项原则要求:

①做出行政处罚的法律规范必须公布；

②执法机关在做出行政处罚决定之前，应当告知当事人做出行政处罚决定的事实、理由及依据，并告知当事人依法享有的权利，如陈述、提出证据、申辩、听证、复议申请、提起诉讼等；

③案件调查人员与行政处罚决定人员应当分开，对情节复杂或者重大违法行为需要给予较重的行政处罚时，行政机关的负责人应当集中讨论决定；

④执法人员与当事人有直接利害关系的应当回避；

⑤听证由行政机关指定的非该案调查人员主持；

⑥行政机关在调查或者进行检查时，执法人员不得少于两人，并应当向当事人或者有关人员出示证件；

⑦执法人员当场做出行政处罚决定的，应当向当事人出示执法身份证件等。

这些都是为了防止在行政处罚中因偏听偏信、主观臆断使处罚不公，也有利于群众监督，防止侵犯相对人的合法权益和行政处罚权的滥用。除上述原则外，还有受行政处罚不免除民事责任原则、不得以行政处罚代替刑事处罚原则、一事不再罚原则、不得因当事人申辩而加重处罚原则等。

(二)燃气行政处罚的形式

根据我国燃气法的有关规定，燃气行政处罚的形式包括如下几种。

1.警告

警告是指燃气行政主体对违法的相对人进行批评教育、谴责和警戒。这是一种最轻微的行政处罚。我国各主要的燃气法律法规，都有该种处罚的规定。警告的上述特点决定了其只能单独适用。

2.罚款

罚款是指由燃气管理部门强制违法的相对人向国家缴纳一定数额款项的经济上的行政制裁。罚款属行政处罚中的财产罚，与民事责任中的赔偿损失和刑罚中的罚金不同。罚款是行政处罚中应用最普遍的一种处罚，处罚方式上限与下限之间的幅度比较大，使用面广，几乎所有的燃气法律法规中都有所规定。

对单位的罚款，企业不得摊入生产成本；其他法人在预算外资金的经费中支付；个人在本人的财产中支付。燃气管理部门收缴罚款时，必须向当事人出具省级财政部门统一制发的罚款收据，并按法定期限缴付指定的银行。

3.责令停止生产或使用

责令停止生产或使用的处罚一旦做出，有关建设项目就要停止生产或停止使用，等到达到国家规定的要求后，才能投产或使用。

4.责令停业、关闭

责令停业、关闭是燃气法规中最严厉的一种行政处罚形式，主要适用于经限期治理逾期未完成治理任务的企业事业单位，由做出限期治理决定的人民政府做出责令其停业或关闭的处罚决定。受到这种处罚的单位将不能继续从事原来的生产、经营活动。所以法律规定，只能对发生重大事故，经限期治理仍未完成治理任务的单位实施，并且只能由有关人民政府做出决定。如果经限期治理逾期虽未完全达到治理要求，但对燃气事故隐患已可以控制，且又属于国民经济所急需的，可由燃气行政主管部门处以罚款，并督促其继续整改。责令中央直接管辖的企业事业单位停业、关闭，须报国务院批准。

行政处罚与刑事处罚不同，其主要区别如下：

（1）科处的机关不同：行政处罚的机关是在燃气领域中依法享有行政处罚权的行政机关。刑事处罚一般由人民法院做出。

（2）针对的对象不同：行政处罚的对象是违反燃气法规的规定，在燃气经营、使用、建设、服务过程造成危害的行为和相对人（如破坏或者损坏燃气设施而违反了燃气法规应受到行政处罚的单位或个人）。刑事处罚的对象是违反刑事法律构成犯罪，而应受到处罚的单位或个人。

（3）制裁的种类不同：行政处罚的种类包括警告、罚款、责令重新安装、责令停止生产或使用、责令停业、关闭。刑事处罚的种类包括主刑和附加刑，如管制、拘役、有期徒刑、无期徒刑、死刑、罚金、没收财产、剥夺政治权利。

（4）制裁的程序不同：行政处罚依照《行政处罚法》和各行政部门发布的行政规章。刑事制裁则依据《刑事诉讼法》的规定。

燃气法律法规中对燃气行政处罚中采用不同的处罚形式所具备的不同构成要件都做了明确具体的规定，燃气管理部门必须严格依法实施，否则，也必须承担侵权的法律责任。

三、燃气行政处罚的实施机构和实施程序

燃气行政处罚由县级以上燃气行政主管部门或其他依法享有燃气管理权的机关在法定职权范围内实施。受委托的燃气监察机构在委托范围内，以委托其行使行政处罚的燃气行政主管部门名义实施行政处罚。委托处罚的燃气行政主管部门，负责监督受委托的燃气管理机构实施行政处罚的行为，并对该行为的后果承担法律责任。

燃气行政处罚的程序包括简易程序、一般程序和听证程序。

（一）简易程序

1.适用范围

燃气管理部门对违法事实确凿、情节轻微并有法定依据，对公民处以×元以下、对法人或者其他组织处以×千元以下罚款或者警告的行政处罚，可以当场做出行政处罚决定。

2.处罚实施程序

①执法人员应向当事人出示行政执法证件；

②现场查清当事人的违法事实，并制作现场检查笔录；

③向当事人说明违法的事实、行政处罚的理由和依据；

④听取当事人的陈述和申辩；

⑤填写预定格式、编有号码的行政处罚决定书,由执法人员签名或者盖章,并将行政处罚决定书当场交付当事人;

⑥告知当事人如对当场做出的行政处罚决定不服,可以依法申请行政复议或者提起行政诉讼。

执法人员当场做出的行政处罚决定,必须在决定之日起 3 日内报本部门法制工作机构备案。

(二)一般程序

1.适用范围

除可以适用简易程序当场做出决定和应适用听证程序的行政处罚外,燃气管理部门实施的其他行政处罚均适用一般程序。

2.实施程序

(1)立案:对初步审查符合立案条件的燃气违法行为,应予立案。对登记立案的燃气违法行为,必须指定专人负责,及时组织调查取证。

(2)调查取证:燃气执法人员在调查过程中,有权进入现场进行调查和取证,查阅或者复制违法燃气企业的经营记录和其他有关资料。调查终结,燃气管理部门组织调查的机构应当提出已查明违法行为的事实和证据以及依法给予行政处罚的初步意见,送本部门法制工作机构审查。

(3)审查:燃气管理部门法制工作机构应对案件的以下内容进行审查:①违法事实是否清楚;②证据是否确凿;③调查取证是否符合法定程序;④适用法律是否正确;⑤处罚种类和幅度是否适当。经审查发现违法事实不清、证据不足或者调查取证不符合法定程序时,应当通知执行调查任务的执法人员补充调查取证或者依法重新调查取证。

(4)事先告知当事人有关权利:告知当事人将要做出的处罚的事实、理由和依据,同时告知有陈述和申辩的权利,以及要求听证的权利。

(5)审议:政策法规处根据当事人的陈述申辩对案件重新审查,并提出审查意见报局行政处罚审议小组审议。

(6)决定:燃气管理部门根据审议结果,制作燃气行政处罚决定书,决定书应包括以下内容:当事人的姓名或者名称、地址;认定的燃气违法事实和有关证据;依据的燃气法规名称及其条款;燃气行政处罚决定的内容、履行方式和期限;申请行政复议或者提起行政诉讼的途径和期限;作出燃气行政处罚决定的机关名称和日期;必须盖有做出处罚决定的单位的印章。

(7)送达:要求在 7 日内送达。主要方式为:直接送达、邮寄送达、留置送达、委托送达、转交送达、公告送达。

(8)执行:被处罚人应在接到处罚决定之日起法定的期限内予以履行。

（三）听证程序

1. 适用条件

（1）较大行政处罚案件：责令停止生产或使用、吊销许可证或执照；较大数额罚款（对法人或其他组织处以×万元以上罚款，对公民处以×千元以上的罚款）。

（2）当事人要求听证。

2. 步骤

①告知当事人将要做出的处罚的事实、理由和依据，同时告知有要求举行听证的权利。

②当事人决定是否要求听证。

③燃气管理部门在听证的 7 日前，告知当事人举行听证的时间、地点。

④听证公开举行（涉及国家秘密、商业秘密或者个人隐私的除外）。

⑤行政机关确定听证会主持人，当事人有权要求与本案有直接利害关系的主持人回避。

⑥当事人亲自参加或委托代理人参加听证。

⑦举行听证。调查人提出当事人违反燃气法律法规的事实、证据、依据和处罚建议，当事人进行申辩和质证。

⑧案件听证应当制作听证笔录，交当事人审核无误后签名或盖章。听证结束后，继续一般程序中的审查并做出决定的程序。

四、燃气行政处罚与燃气行政处分的主要区别

燃气行政处分是指国家机关、企事业单位对于其系统内部违法失职，但又不构成刑事惩罚的有关责任人员实施的一种惩戒措施。它与燃气行政处罚虽然都属于燃气行政主体所作的制裁，但两者不同，其区别主要表现为以下几方面。

（1）制裁的机关不同：行政处分由受处分人的所在单位或者政府主管机关做出；行政处罚由有管辖权的燃气管理部门做出。前者存在行政上的隶属关系，后者一般不存在这种关系。

（2）制裁的对象不同：行政处分是对在燃气管理中的违法失职者查处；行政处罚是对不履行义务或者燃气违法的单位或者非履行燃气管理公职的个人查处。

（3）制裁的情节不同：行政处罚要求的情节通常此行政处分要求的情节较为严重。

（4）制裁的内容不同：行政处分包括记过、撤职、开除公职等形式，其只能对个人实施；行政处罚则包括警告、罚款、责令重新安装使用、责令停业或使用、责令停业或者关闭等形式，其中大多数形式只能对单位实施。

（5）制裁的程序不同：行政处分按《国家公务员暂行条例》《企业职工奖惩条例》等所规定的程序进行；行政处罚则按《行政处罚法》规定的程序进行。

（6）制裁的目的和作用不同：行政处分主要是惩罚不称职者，着重思想纪律教育，教育其今后自觉履行燃气管理职责；行政处罚主要是通过经济（罚款）上的制裁来促使其履行燃气生产或供应的义务。

第二节
燃气民事责任

一、燃气民事责任的概念和构成要件

1.燃气民事责任的概念

民事责任通常是指民事主体因不履行民事义务或实施侵权行为而应承担的民事法律后果。燃气民事责任是指行为人因从事燃气违法行为或燃气事故行为而侵害了他人的民事权利,依法所应承担的否定性的法律后果。《民法通则》第 106 条规定"公民、法人违反合同规定或者不履行其他义务的,应当承担民事责任",根据这些规定,不得侵犯他人的权利是禁止性规范,违反则构成侵权的民事责任。燃气民事责任主要是一种侵权责任,应承担的法律后果。

燃气民事责任作为整个民事责任的一部分,其适用要受到民事责任一般规定的制约。

(1)燃气民事责任是燃气法律关系主体违反燃气民事法律规范应承担的民事法律后果:燃气民事责任同其他法律责任一样,具有强制性。在燃气法律关系中主要表现为,当行为人不能自觉承担民事责任时,国家有关司法部门可依法追究行为人的民事责任,并且多表现为对行为人的法律制裁。由于法律制裁总是由国家特定的机关对违法者依其所应负的法律责任实施惩罚性的强制措施,故其带有明显的强制性。

(2)燃气民事责任主要是财产责任:燃气民事侵权行为多数会侵害或损害他人的财产权利或者燃气权益。行为人往往需要以一定的财产来矫正侵权行为的后果,以恢复或弥补受害人所受到的损失。基于此,燃气民事责任主要是财产责任形式,且多表现为赔偿损失。但由于燃气民事侵权行为也涉及对他人人身的侵害,除对人身损害所引起的损失承担财产责任外,燃气民事侵权行为人还必须承担某些非财产责任,如停止侵害、排除妨碍、消除危险等。

(3)燃气民事责任带有补偿性:燃气行政责任和燃气刑事责任具有明显的惩罚性。而燃气民事责任一般不具有惩罚性,其中的财产责任主要是为补偿受害人的损失。当然,这并不排除有的责任形式也以制裁性为主。

2.燃气民事责任的构成要件

(1)有致害行为存在:民事责任以侵权行为具有"违法性"为必要条件,行为人只对违法行为承担责任,通常情况下,损害他人人身和财产的行为,总是违法行为。

(2)有损害结果存在:致害行为所产生的危害后果,是承担民事责任的依据,是行为人承担民事责任必须具备的要件。在燃气民事责任中,侵权所造成的损害事实不仅包括直接的财产损失,也包括因造成人体健康损害所引起的财产损失。

(3)致害行为与损害结果之间的因果关系:在民事责任中,要求违法行为与损害结果之间有因果关系。

二、燃气民事法律责任

民事责任主要是财产责任,承担责任的主要方式是赔偿损失。燃气民事责任主要有违反供用气合同的民事责任和燃气侵权赔偿的民事责任两大类。

1.违反供用气合同的民事责任

供用气合同是供气方(供气企业)与用气方(燃气客户)签订的关于燃气供应与使用权利和义务的协议。供气企业作为供气方所承担的主要义务是:按照合同约定的时间和气量以及国家规定的供气质量标准,向用户安全供气;没有正当理由不得调整供气量、停气,因故调整供气量、停气应事先通知用户;为保证安全用气,应当定期对用户的燃气设施进行检修,及时排除隐患。燃气用户作为用气方所承担的主要义务是:应按合同规定的用气量合理用气;必须按照合同规定的日期和具体用气时间定时用气;必须按照国家制定的用气规则安全用气;必须按照用气种类和国家规定气价标准,定期如数交纳气费。供用气合同一经签订,即具有法律效力。作为供用气合同当事人双方的供气企业和燃气用户,都应当全面履行供用气合同所规定的义务,凡不履行或者不适当履行供用气合同义务,违反供用气合同的,应当依法承担违约责任。违反供用气合同给对方造成损失的,应当依法承担赔偿责任。

根据《合同法》和燃气法律法规的有关规定,对违反供用气合同应当依法承担违约责任的情况归纳如下:

①供气企业未保证供气质量给用户造成损失的,应当依法承担赔偿责任;

②供气企业在停气之前未事先通知用户,造成用户损失的,应当依法承担的赔偿责任;

③因自然灾害等原因断气,供气企业未及时抢修,造成用户损失的赔偿责任;

④用气方违反供用气合同,逾期不交付气费的违约责任;

⑤用气方未按照国家有关规定及合同约定安全用气,造成供气方损失的赔偿责任。

2.燃气事故的侵权责任

依据《中华人民共和国侵权责任法》(以下简称《侵权责任法》)的规定,凡是侵害民事权益的行为,侵权行为人应当承担侵权责任。为更好地保护个人、企业的合法权益,在同一行为引起的侵权责任应承担行政、刑事责任的前提时,侵权人应优先承担该法的侵权责任,适用该法的各项规定。

行为人因过错侵害他人民事权益并承担侵权责任。过错责任原则是指应根据行为人是否有过错来确定其责任,只有在法律有特别规定存在的情形下,才适用无过错责任原则。

《侵权责任法》规定,行为人损害他人民事权益,不论行为人有无过错,法律规定应当承担侵权责任的,依照其规定。通常,无过错责任只有在法律特别规定的情况下才适用,而且这种适用无过错责任的领域主要是危险行业,比较典型的是产品安全责任、高度危险责任,如《侵权责任法》第72、73条都是无过错责任的规定。燃气是易燃、易爆具有高度危险的商品,有些行为按照《侵权责任法》的规定,应承担无过错责任,因此应严格执行法律的规定。如燃气管道的附属设施窨井是管道中重要的设施,由于该设置置于公共道路上,掉井、摔人等事故难免会发生。《侵权责任法》第 91 条规定,窨井等地下设施造成他人损害,管理人不能证明尽到管理职责的应当承担侵权责任。《侵权责任法》做出的规定明确了管理职责之过失造成的法律责任。

3. 燃气运行事故损害赔偿的民事责任

燃气运行事故的受害人,既可能是燃气用户,也可能是燃气经营者,还可能是第三人。其发生原因,既可能出自燃气经营者或者燃气用户,也可能出自第三人,还可能出自不可抗力。燃气运行事故的损害赔偿,以过错责任作为其归责原则。即损害赔偿必须以对燃气运行事故的发生有过错为要件,谁有过错谁赔偿,无过错则不赔偿。

燃气运行事故给用户或第三人造成损害的,燃气经营者应当依法承担赔偿责任,按照《民法通则》的具体规定,赔偿相应的损失。燃气经营者的免责条件,即燃气运行事故由下列原因之一造成的,燃气经营者不承担赔偿责任:①不可抗力;②用户自身过错;③第三人故意。因用户或者第三人的过错,给燃气经营者或其他用户造成损害的,该用户或者第三人应当依法承担赔偿责任。

由此可见,燃气经营者对用户或者第三人承担赔偿责任的要件包括:①燃气运行事故给用户或者第三人造成了损害;②燃气运行事故不是由不可抗力、用户过错或者第三人故意造成的。

其中,不可抗力是指人力所不可抵抗的力量,是指不能预见、不能避免并不能克服的客观情况,如台风、地震、洪水等自然现象和战争、暴乱等社会现象。不可抗力是独立于当事人行为之外并且不受当事人的意志支配,燃气运行事故若是由不可抗力造成的,就表明燃气经营者对燃气运行事故的发生没有过错。不可抗力成为燃气经营者对燃气运行事故给用户或者第三人造成损害的法定免负赔偿责任的条件。用户过错,是指用户对燃气运行事故的发生有故意或者过失,也就是说燃气运行事故是由用户的故意行为或者过失行为造成的。在这种情况下,燃气经营者无过错,亦不负赔偿责任。第三人故意,是指第三人对燃气运行事故的发生有故意行为,即燃气运行事故是由第三人故意造成的。

三、燃气民事责任的形式及承担

燃气民事责任的形式即是对燃气侵权行为的制裁措施。民事责任的承担方式如何,由民事责任负担的功能和权利被损害的情况决定。通常民事责任形式包括赔偿损失和排除危害两种形式。

1. 赔偿损失

赔偿损失是指行为人因侵权行为而给他人造成损害,应以其财产赔偿受害人所受的损失。这是燃气民事责任中广泛适用的一种责任形式,也是最基本的一种责任形式。

造成财产损失是承担民事责任的前提,侵害人身应承担的民事方面的责任也是指因破坏或燃气设施致使他人人身受伤害或死亡而造成财产上的损失的赔偿责任。例如,因人身伤害致病而支付医疗费,因误工减少收入而支付误工费,因死亡而支付丧葬费,等等。

"财产损失"包括直接损失和间接损失两部分。直接损失指受害人因燃气设施破坏而导致现有财产的减少或丧失。间接损失指受害人在正常情况下应当得到,但因燃气事故受害而未能得到的那部分收入。

2.排除危害

排除危害是指国家强令排除可能发生的危害或停止已经发生的危害并消除其影响的一种民事责任形式。根据有关的法律解释和论著,排除危害的具体形式有停止侵害、排除妨碍和消除危险三种。

(1)停止侵害:行为人实施的侵害他人燃气权益或其他民事权益的行为仍在继续进行中,受害人可以依法请求法院责令侵害人停止其侵害行为。这种责任形式主要是能及时制止侵害行为,防止扩大损害后果。但是,这种责任形式以侵权行为正在进行或仍在继续中为适用条件,对尚未发生的或已经终止的侵权行为则不得适用。

(2)排除妨碍:侵害人实施某种侵害行为而妨碍他人正常行使自己的燃气权利,受害人有权请求排除妨碍。侵害人的妨碍既可能是针对受害人财产权利的,也可能是针对受害人人身权利的。排除妨碍所针对的应当是已经实际存在的妨碍或者即将必然出现的妨碍。

(3)消除危险:主要是指行为人的燃气侵权行为对他人的人身或财产安全造成威胁,或者存在侵害他人人身或财产的巨大可能,他人有权要求行为人采取有效措施消除危险。这种责任形式适用于损害尚未实际发生,但行为人的行为确有可能造成损害后果并对他人构成威胁的情况。

第三节
燃气刑事责任

一、燃气刑事责任的概念

燃气刑事责任是与燃气犯罪的特定社会现象紧密联系的一种特殊的刑事法律责任,是刑事法律责任在燃气领域的具体运用和实践拓展,它由国家司法机关根据刑事诉讼法的规定,在查明犯罪案件事实的基础上,认定行为人是否承担实体刑事法律责任的司法活动。

二、危害燃气设施的犯罪及其犯罪构成要件

1.危害燃气设施的犯罪

危害燃气设施的犯罪是指行为人违反燃气法规、破坏燃气设施造成人身健康、生命财产的严重危害,危及公共安全应受到刑法处罚的行为。

2.危害燃气设施犯罪的犯罪构成要件

犯罪构成要件是指刑法所规定的组合犯罪构成有机整体的必要条件。这些要件是任何一种犯罪都必须具备的。

（1）犯罪客体：犯罪客体是指为刑法保护的而被犯罪行为侵害的社会利益。

（2）犯罪的客观要件：犯罪的客观要件是指燃气犯罪行为和由这种行为所造成的危害后果。

燃气犯罪行为是犯罪构成的要素之一，它一般也包括作为与不作为。犯罪的结果是指由于犯罪行为对客体所造成的损害，一般是作为决定某一犯罪行为的社会危害性程度的重要要素之一。燃气犯罪的结果，大体包括了四个方面：

①行为已经造成了一定的损害结果，才能构成犯罪；

②以行为可能引起某种损害结果作为构成某种犯罪的必要条件，燃气犯罪中对危险犯的惩罚即是如此；

③以行为造成的严重后果作为处以重罚的依据；

④不对行为所造成的具体损害结果做出规定。

（3）犯罪主体：刑法上的犯罪主体是指实施犯罪行为，依法应负刑事责任的人。在燃气犯罪中，犯罪主体可以是个人，也可以是单位。

（4）犯罪的主观要件：刑法上犯罪的主观要件是指犯罪主体对他所实施的犯罪行为及其危害后果所持的故意或过失的心理状态。我国刑法规定：行为在客观上虽然造成了损害结果，但不是出于故意或者过失，而是由于不能抗拒或者不能预见的原因引起的，不认为是犯罪。所谓故意是指行为人明知自己的行为会发生危害社会的结果并且希望或者放任这种结果的发生而构成犯罪；所谓过失是指应当预见自己的行为可能发生危害社会的结果，因为疏忽大意没有预见，或者已经预见而轻信可以避免，以致发生这种结果而构成犯罪。

上述犯罪构成的四个要件，是有机的整体，缺一不可。行为和主体，客观要件与主观要件是不能分离的，它们结合在一起表明行为人的社会危害性和危害的程度。

三、燃气法规对刑事法律责任的规定

对于燃气违法行为，构成犯罪的，应依法追究其刑事法律责任。燃气法律法规主要规定的刑事法律责任如下。

1. 盗窃燃气的刑事责任

燃气是一种商品，是由燃气职工共同劳动创造的有形产品，是国民经济的优质能源。燃气是国家财产，盗窃燃气行为是一种严重的违法行为。长期以来，由于我国公民对燃气的商品属性认识不足，加之我国燃气法律法规不健全等原因，盗窃燃气现象屡屡发生，严重扰乱了社会用气秩序，给国家造成了很大经济损失。盗窃燃气构成犯罪的，按《最高人民法院、最高人民检察院关于办理盗窃油气、破坏油气设备等刑事案件具体应用法律若干问题的解释》依法追究刑事责任。

盗窃燃气是指公民、法人或其他单位和组织以非法占用为目的，采取不正当手段窃用燃气的行为。盗窃燃气的主要方法包括改变燃气表的记数装置、远传装置、伪造铅封或绕越燃气表用气等。我国省、市、自治区燃气法规多有规定，凡属以下行为之一者，即为盗窃燃气：

①在供气企业的供气线路上，擅自接旁通用气的；

②绕越供气企业的计量装置用气的；

③伪造或者启封供气企业加封的表计封印的；

④故意损坏、更动供气企业计费计量装置，私自用气的；

⑤其他致使供气企业的计量装置不准或失效的行为。

对于以上盗窃燃气行为，情节轻微，尚未构成犯罪的行为人，由公安机关按照《治安管理处罚法》的规定处罚。对于盗窃数额较大，构成犯罪的，依照《刑法》第264条的规定，即依盗窃罪，分以下三个量刑档次处罚：

①盗窃数额较大或者情节严重的，处3年以下有期徒刑、拘役或者管制，并处或者单处罚金；

②盗窃数额巨大或者情节严重的，处3年以上10年以下有期徒刑并处罚金；

③数额特别巨大或者情节特别严重的，处10年以上有期徒刑或者无期徒刑，并处没收财产。

2.破坏燃气设施的刑事责任

破坏燃气设施，是指故意或过失对已投入使用，处于正常运行、检修、备用状态的产气、供气、输气、调压、燃气通信设施及其他辅助设施，实施拆盗、毁坏、放置异物、放火、爆炸、制造事故及其他影响燃气生产运行和安全的行为。这一行为具有以下特征：

①行为人在主观上有故意或过失。

②行为人破坏的对象必须是燃气设施，侵犯的客体是公共安全。燃气设施按照其存在状态可分为尚未投入使用的燃气设施和已经投入使用的燃气设施两种。已经投入使用的燃气设施又包括正在运行状态中的燃气设施、检修状态的燃气设施、备用状态的燃气设施三类。燃气法规所保护的燃气设施包括已建和在建的燃气设施，也包括国家的、企业的、用户的燃气设施。

③行为人在客观上必须是实施了破坏燃气设施的行为：如拆盗燃气设施的行为，因爆炸引起的破坏燃气设施的行为，哄抢、故意违反操作规程、拆卸设备部件、放火焚烧、堵塞设备主要部位等行为。

④破坏燃气设施的主体主要是自然人。

任何具备上述四个特征的都是破坏燃气设施行为，都构成犯罪，均应受到法律的严厉制裁。但在过去，人们处理此类案件时，却往往忽视这些严重后果，将拆盗燃气设施的行为错误地认定为盗窃行为，常常因拆盗的燃气设施被认定经济数额不大，不予立案，没能给犯罪分子以应有的打击。为改变这种现象，燃气法规对以盗窃方法或其他方法破坏燃气设施的行为在性质上进行了严格的界定。

凡是破坏正在运行、检修、备用状态的燃气设施，危害公共安全的行为，均构成破坏易燃易爆设备罪或者过失毁坏易燃易爆设备罪。

3.滥用职权或玩忽职守的刑事责任

燃气管理部门是燃气法规授权的燃气行业管理部门，燃气管理部门依法对燃气企业和燃气用户执行燃气法律、行政法规的情况进行监督检查。燃气管理部门作为一个行政机关，在享有法律赋予的行政执法权力的同时,也必须承担依法行政的法定义务。作为燃气管理部门的工作人员,肩负着国家和人民赋予的重大职责,这就要求他们在工作中必须依法行政、公正廉洁、认认真真、忠于职守。

滥用职权是指不法行使职务上的权限,或利用拥有某种职务的权势,出于不正常的动机,为了私利的目的,采取非法手段进行违反职务权限的行为。这类行为有如下特征:

①其行为主体必须是燃气管理部门的工作人员,且其违法行为必须与其所担任的职务有不可分割的联系;

②在主观方面,行为人出于故意,包括直接故意或间接故意;

③在客观方面,行为人具有了某种滥用职权的行为;

④行为人的行为侵犯的客体是燃气管理部门正常的管理活动和国家或公民的利益,如利用职务上的便利,假公济私,获取非法利益,接受贿赂等。

玩忽职守是指违反职责规定,不履行或不正确履行其职责义务,致使公共财产、国家和人民利益遭受重大损失的行为。在主观方面,属于过失犯罪,既包括疏忽大意的过失,也包括过于自信的过失。

滥用职权与玩忽职守不同之处主要表现在两个方面。一是主观方面不同:滥用职权主观方面是故意,而玩忽职守则是过失。二是客观方面表现不同:滥用职权主要表现为营私擅权、超越职权而造成重大损失的行为,属一种积极的侵权行为;玩忽职守表现为工作中马马虎虎、草率从事、疏忽大意,没有正确履行自己的职责或擅离职守而不履行自己的职责,并造成重大损失的行为,表现为一种消极的不作为。燃气管理部门工作人员徇私舞弊属滥用职权,即出于徇私的目的。滥用职权构成了其他犯罪的,则按所构成罪处罚。

燃气管理部门的工作人员滥用职权、玩忽职守、徇私舞弊,尚不构成犯罪的,依法给予行政处分;构成犯罪的,依法追究刑事责任。

4. 重大责任事故的刑事责任

为保证安全生产制度的实施,给违反安全生产制度的行为人依法予以制裁,必须有法律上的强制性措施作保障,燃气企业职工违反安全生产制度、违章调度或者不服从调度,造成重大责任事故的,按《刑法》第 134 条重大责任事故罪,处 3 年以下有期徒刑或者拘役;情节特别恶劣的,处 3 年以上 7 年以下有期徒刑。

燃气企业职工在保证安全生产的同时,还负有确保燃气优质供应的义务。尤其是燃气设施的安全运行、抢修或者抢险救灾,直接关系到生命财产的安全。对故意延误燃气设施抢修或者抢险救灾,造成严重后果的,按危害公共安全罪处 3 年以下有期徒刑或者拘役;情节特别恶劣的,处 3 年以上 7 年以下有期徒刑。

5. 妨碍公务罪的刑事责任

使用暴力、威胁的手段拒绝、阻碍燃气监督检查人员依法执行公务的,构成妨碍公务罪,应依照《刑法》第 277 条的规定追究刑事责任。

第四节
几类具体的燃气法律责任

本节对燃气法律法规中明确规定的几类具体的法律责任进行了归类,重点总结燃气经营服务中的法律责任、燃气使用中的法律责任和燃气设施保护中的法律责任。

一、燃气经营服务中的法律责任

在燃气经营与服务方面,燃气法规对燃气经营者在燃气经营与服务中违法行为规定比较具体,从构成的违法情形到应承担的法律责任表述比较明确。

(一)燃气经营与服务中的违法情况

对于不同的主体在燃气经营与服务方面的违法情形主要有以下六方面。

(1)县级以上地方人民政府以及燃气管理部门和其他有关部门未依法做出行政许可决定,或对发现违法经营行为及举报后的违法行为不予查处的。

(2)燃气经营者未取得经营许可证或未按照经营许可证的规定从事燃气经营活动的。

(3)构成《城镇燃气管理条例》第18条规定的违法行为,即燃气经营者从事下列七项行为的:

①拒绝向市政燃气管网覆盖范围内符合用气条件的单位或者个人供气的;

②倒卖、抵押、出租、出借、转让、涂改燃气经营许可证的;

③未履行必要告知义务擅自停止供气、调整供气量,或者未经审批擅自停业或者歇业的;

④向未取得燃气经营许可证的单位或者个人提供用于经营的燃气的;

⑤在不具备安全条件的场所储存燃气的;

⑥要求燃气用户购买其指定的产品或者接受其提供的服务;

⑦燃气经营者未向燃气用户持续、稳定、安全供应符合国家质量标准的燃气,或者未对燃气用户的燃气设施定期进行安全检查。

(4)燃气燃烧器具生产单位、销售单位未设立售后服务站点或者未配备经考核合格的燃气燃烧器具安装、维修人员的,以及燃气燃烧器具的安装、维修不符合国家有关标准的。

(5)违反《气瓶安全监察规定》的,包括:①擅自为非自有气瓶充装燃气;②销售未经许可的充装单位充装的瓶装燃气;③销售充装单位擅自为非自有气瓶充装的瓶装燃气行为。

(6)违反有关不正当竞争法律法规规定,冒用其他企业名称或标志从事燃气经营服务活动的。

（二）承担的法律责任

在燃气经营与服务中，从承担法律责任的主体上看可分为以下四类：①县级以上地方人民政府以及燃气管理部门和其他有关部门；②燃气经营者；③燃气用户及相关单位和个人；④燃气燃烧器具的安装、维修企业及作业人员。

燃气经营者规定应当承担三种法律责任：一是行政处罚，二是民事责任，三是刑事责任。

1. 行政责任

（1）由于县级以上地方人民政府及其燃气管理部门和其他有关部门不依法做出行政许可及对违法行为不予查处的，承担违法行为的主体是县级以上地方人民政府及其燃气管理部门和其他有关部门的直接负责的主管人员和其他责任人员。承担的法律责任是依法对直接负责的主管人员和其他负责人员给予行政处分，包括：警告、记过、记大过、降级、撤职、开除等六种。

（2）燃气经营者未取得经营许可证从事燃气经营活动的，由燃气管理部门责令停止违法行为，处 5 万元以上 50 万元以下罚款。燃气经营者不按照燃气经营许可证的规定从事燃气经营活动的，由燃气管理部门责令限期改正，处 3 万元以上 20 万元以下罚款。

（3）对燃气经营者违反《城镇燃气管理条例》第 46 条规定，由燃气管理部门责令限期改正，处 1 万元以上 10 万元以下罚款；有违法所得的没收违法所得；情节严重的，吊销燃气经营许可证。

（4）燃气燃烧器具生产单位、销售单位未设立售后服务站点或者未配备经考核合格的燃气燃烧器具安装、维修人员的，以及燃气燃烧器具的安装、维修不符合国家有关标准的，由燃气管理部门责令限期改正，逾期不改正的，对单位可以处 10 万元以下的罚款，对个人可以处 1 000 元以下的罚款。

2. 民事责任

在燃气经营与服务过程中，燃气经营者给他人或单位造成损失的，依法承担民事赔偿责任。

3. 刑事责任

（1）违反燃气经营与服务规定的行为，构成犯罪的，依法追究刑事责任。倒卖、抵押、出租、转让、涂改燃气经营许可证的行为以及未取得燃气经营许可证或不按照经营许可证的规定从事燃气活动的行为，涉及《刑法》第 225 条中非法经营罪的规定的："违反国家规定，有下列非法经营行为之一，扰乱市场秩序，情节严重的，处 5 年以下有期徒刑或者拘役，并处或者单处违法所得 1 倍以上 5 倍以下罚金；情节特别严重的，处 5 年以上有期徒刑，并处违法所得 1 倍以上 5 倍以下罚金或者没收财产：①未经许可经营法律、行政法规规定的专营、专卖物品或者其他限制买卖的物品的；②买卖进出口许可证、进出口原产地证明以及其他法律、行政法规规定的经营许可证或者批准文件的；③其他严重扰乱市场秩序的非法经营行为。"

（2）在不具备安全条件的场所储存燃气，涉及《刑法》《消防法》规定的刑事责任。

(三)其他法律法规对燃气经营与服务中法律责任的规定

(1)针对气瓶充装的违反行为:依照《气瓶安全监察规定》第48条的规定,擅自为非自有气瓶充装燃气的,责令改正,处1万元以上3万元以下罚款;情节严重的,暂停充装,直至吊销充装许可证。依照《气瓶安全监察规定》第50条的规定,销售未经许可的充装单位充装的瓶装燃气的,责令改正,处1万元以下罚款。此处规定的行政处罚权的实施主体是县级以上人民政府质量监督部门,行政处罚措施的种类分别是罚款、暂扣充装许可证和吊销充装许可证。在实施行政处罚前,县级以上人民政府质量监督部门首先对违法行为人提出责令改正的要求。

(2)冒用其他企业名称或者标志从事燃气经营、服务活动:这属于擅自使用其他企业名称、虚假表示商品质量的不正当竞争行为。依照《反不正当竞争法》第21条的规定,对此类违法行为适用《产品质量法》有关规定处罚。依照《产品质量法》第53条的规定,冒用其他企业名称从事燃气经营、服务活动的,由县级以上地方政府产品质量监督部门责令改正,没收违法生产、销售的产品,并处违法生产、销售产品货值金额等值以下的罚款;有违法所得的,并处没收违法所得;情节严重的,吊销营业执照。此处规定的行政处罚权的实施主体是县级以上地方政府产品质量监督部门,行政处罚措施是没收非法财物、罚款、没收违法所得和吊销执照。在实施行政处罚前,县级以上人民政府产品质量监督部门首先要责令违法行为人改正。

二、燃气使用中的法律责任

《城镇燃气管理条例》对燃气使用的规定比较具体,对违法情形的处罚主体、处罚方式都做出明确的规定,体现了国家对保障正常供用气、保障公共安全和维护燃气经营者和燃气用户合法权益的高度重视。

(一)燃气使用中的违法情况

(1)违反《城镇燃气管理条例》第28条的规定

燃气用户及相关单位和个人在燃气使用中出现下列几种违法行为:

①擅自操作公用燃气阀门的;

②将燃气管道作为负重支架或者接地引线的;

③安装、使用不符合气源要求的燃气燃烧器具的;

④擅自安装、改装、拆除户内燃气设施和燃气计量装置的;

⑤在不具备安全条件的场所使用、储存燃气的;

⑥改变燃气用途或者转供燃气的。

(2)盗用燃气的行为

(二)承担的法律责任

在燃气使用中承担法律责任的主体是燃气用户(含燃气单位用户及居民用户)、燃气相关单位和个人,实施处罚的行政机关是燃气管理部门,但对盗用燃气的由于依据治安行政处罚的规定,属例外情形。在燃气使用中的违法行为主要承担以下三种法律责任。

(1)行政责任:对燃气使用中所规定的违法行为,由燃气管理部门责令限期改正;逾期不改正的,对单位可以处 10 万元以下罚款,对个人可以处 1 000 元以下罚款。

(2)民事责任:违反燃气使用的相关规定,给他人、单位造成损失的,依据民事法律的规定,承担民事法律责任。

(3)刑事责任:在燃气使用中的违法行为构成犯罪的,依据《刑法》的规定追究刑事责任,如《刑法》第 136 条危险物品肇事罪、第 39 条消防责任事故罪等。

在燃气使用中盗用燃气,尚不构成犯罪的依据《治安管理处罚法》的规定进行行政处罚;构成犯罪的,依据《刑法》的规定进行处罚。

1. 盗窃燃气行为的严重危害性及与危害公共安全的关系

盗气行为造成了燃气经营者和国有资产的极大损失,更主要的是其行为严重扰乱了社会经济秩序的正常进行,其行为的危害性有三方面:

①正在使用中的燃气管道属"易燃易爆设备"存在着极大危险性,一旦发生事故,常常是损失严重,危害极大。

②行为人采用各种手段,为达到盗气目的,不顾其管道设施的状况,野蛮操作,在管道上打孔、焊接、私接阀门,损坏计量等,致使正常管输设备损坏严重,若要修复,调整到正常运行状况,难度很大。

③行为人用非法取得的燃气用于生产加工、取暖、经营活动,造成资源的极大浪费,致使经营企业经济利益损失严重。

《刑法》第 118 条规定"破坏燃气或者其他易燃易爆设备,危害公共安全尚未造成严重后果的处 3 年以上 10 年以下有期徒刑"。破坏易燃易爆设备的手段是多种多样的,但都以危害公共安全,即有可能引起多人伤亡或者重大公私财产损失的危险。具备这种危险性即构成犯罪,并不要求实际的严重后果发生,如果发生了严重后果应依照造成严重后果的规定处罚。

盗窃天然气的行为所侵犯的是公私财物的所有权,以数额作为定罪量刑的标准,分别以"数额较大""数额巨大""数额特别巨大"三档规定。盗窃天然气其行为造成国家财产的损失,又损坏燃气设备,影响公众的人身财产安全,扰乱社会经济秩序,侵了公共安全、公私财产,则其行为已分别构成了盗窃罪、破坏燃气或者其他易燃易爆设备罪。

2. 对盗窃燃气行为追究的刑事责任

对以下几种具体行为可分别定罪处罚:

①以非法占确为目的,故意改变用气类别、性质或其他方式用气,符合《刑法》第 224 条合同诈骗罪的犯罪构成的,以合同诈骗罪定罪处罚。

②实施盗窃燃气犯罪同时又构成危害公共安全犯罪的,依照处罚较重的规定定罪处罚。

③行为人采取破坏性手段盗窃正在使用中的中压、高压燃气管道中的燃气。构成破坏易燃易爆设备罪、盗窃罪等犯罪的,依照处罚较重的规定定罪处罚。

④燃气企业的职工为他人盗窃燃气提供条件或帮助的,以盗窃罪的共犯论处。构成其他犯罪并符合数罪并罚条件的,适用数罪并罚。

⑤以暴力、威胁方法拒绝、阻碍国家机关工作人员依法执行燃气监督检查职务构成犯罪的,依照《刑法》第277条的规定追究刑事责任。

上述定罪处罚中最高法院对盗窃燃气行为构成破坏易燃易爆设备罪、盗窃罪的数个犯罪中做出了依照处罚较重的规定处罚的规定,表明对此类犯罪加大了打击的力度。

盗用燃气的行为常常和破坏燃气设备的行为是密不可分的,行为人在实施盗用燃气的过程中无一例外地实施了对正在运行中的管道设施的破坏。这在对盗用燃气犯罪处罚过程中必须考虑。对盗用燃气但尚不构成犯罪的违法行为人,由公安机关依照《治安管理处罚法》第49条的规定,对违法行为人处5日以上10日以下拘留,可以并处500元以下罚款,情节严重的处10日以上15日以下拘留,可以并处1 000元以下罚款。

三、燃气设施保护中的法律责任

对燃气设施的保护是燃气管理中的一项重要内容,燃气设施的保护与实施内容繁杂,安全技术要求高,又涉及相邻城镇基础设施的建设及安全,保护燃气设施的安全是燃气经营者和燃气用户的共同责任,也是公民的一项重要义务。

(一)燃气设施保护中的违法情况

(1)在燃气设施保护范围内从事以下违法活动:

①进行爆破、取土等作业或者动用明火;

②倾倒、排放腐蚀性物质;

③放置易燃易爆物品或者种植深根植物;

④未与燃气经营者共同制订燃气设施保护方案,采取相应的安全保护措施,从事铺设管道、打桩、顶进、挖掘、钻探等可能影响燃气设施安全活动;

⑤在燃气设施保护范围内建设占压地下燃气管线的建筑物、构筑物或者其他设施。

(2)从事影响燃气设施和警示标志的违法行为:

①侵占、毁损、擅自拆除、移动燃气设施或者擅自改动燃气设施;

②毁损、覆盖、涂改、擅自拆除或移动燃气设施安全警示标志。

(3)建设单位、施工单位未与燃气经营者共同制订燃气设施安全保护协议,未采取相应的保护措施的。

(二)承担的法律责任

燃气设施保护中的违法行为,涉及承担法律责任的主体较多,包括所有对燃气设施负有保护义务的单位及个人,涉及其他法律条款的规定也比较复杂,包括行政责任、民事责任和刑事责任。

1.行政责任

(1)对燃气设施负有保护义务的所有单位和个人在实施了违反燃气设施保护的违法行为后,由燃气管理部门按《城镇燃气管理条例》第50条、第51条第1款之规定,对单位处以5万元以上10万元以下的罚款,对个人处5 000元以上5万元以下的罚款。

（2）对于违反《城镇燃气管理条例》第 51 条第 2 款规定,毁损、覆盖、涂改、擅自拆除或者移动燃气设施安全警示标志的,由燃气管理部门责令限期改正,恢复原状,可以处 5 000 元以下罚款。

（3）燃气管理部门发现建设工程施工范围内有地下燃气管线等重要燃气设施,建设单位未会同施工单位与管道燃气经营者共同制订燃气设施保护方案,或者建设单位、施工单位未采取相应的安全保护措施的情况,应当责令改正,处 1 万元以上 10 万元以下的罚款。燃气管理部门应当根据违法行为的性质、情节、后果以及行为主体的主观状态等因素,在规定的幅度内依法对罚款数额做出裁量。

2. 民事责任

违反燃气设施保护的规定,给燃气经营者或燃气用户造成损失的,应承担赔偿责任,并依据民事法律的规定,确定赔偿数额。

3. 刑事责任

依照《刑法》第 118 条的规定,破坏电力、燃气或者其他易燃易爆设备,危害公共安全,尚未造成严重后果的,处 3 年以上 10 年以下有期徒刑。第 119 条规定,破坏交通工具、交通设施、电力设备、燃气设备、易燃易爆设备,造成严重后果的,处 10 年以上有期徒刑、无期徒刑或者死刑。过失犯前款罪的,处 3 年以上 7 年以下有期徒刑;情节较轻的,处 3 年以下有期徒刑或者拘役。因此,构成犯罪的,应当依照《刑法》第 118—119 条的规定予以处罚。

（三）其他法律法规在燃气设施保护中的法律责任

在燃气设施保护范围内建设占压地下燃气管线的建筑物,构筑物或者其他设施的,依照《城乡规划法》《建筑法》等法律的规定处罚。

案例分析

【案例】冯××、孙××盗气案

【公诉机关】×市×区人民检察院

【被告人】冯××、孙××

【案由】盗窃

【一审案号】[2004]西刑初字第 323 号

【案情介绍】被告人冯××,女,1956 年 12 月 31 日出生,汉族,高中文化,×市×区红星浴池经理。因涉嫌犯盗窃罪于 2004 年 1 月 3 日被刑事拘留,同年 1 月 15 日被逮捕。

被告人孙××,男,1960 年 1 月 2 日出生,汉族,高中文化,×市×区红星浴池司炉工。因涉嫌犯盗窃罪于 2004 年 1 月 3 日被刑事拘留,同年 1 月 15 日被逮捕。

自2000年9月始至2003年11月,被告人冯××个人投资经营了坐落于本市×区的红星浴池。该浴池锅炉以天然气为燃料,供浴池烧水及取暖。期间,被告人冯××单独或伙同其雇佣的司炉工被告人孙××,采用拆卸天然气计量表的手段,长期、不定时、不定量地盗窃天然气供该浴池锅炉烧水及取暖。2003年11月26日,经群众举报,被告人冯××、孙××的盗窃行为被查获。被告人冯××、孙××盗窃天然气量为46 656立方米,价值人民币102 643.2元,减去其已交的6个月(月均用气量899立方米)气费11 866.8元,共计价值人民币90 776.4元。

【控辩意见】×市×区人民检察院以被告人冯××、孙××犯盗窃罪,向×市×区人民法院提起公诉。

被告人冯××、孙××及其辩护人对公诉机关指控的罪名不持异议,但均提出,指控盗窃的时间和数额不准确。孙××的辩护人还提出,孙××此次犯罪系受他人指使,是从犯,请求对其从轻处罚。

【裁判】×区人民法院经审理认为:被告人冯××、孙××以非法占有为目的,采用秘密私拆燃气计量装置的手段盗窃天然气,价值人民币90 776.4元,数额特别巨大,其行为均已构成盗窃罪,且系共同犯罪。公诉机关指控罪名成立,但指控数额有误,予以更正。被告人孙××系受他人指使,在共同犯罪中起次要作用,系从犯,依法应当减轻处罚。两被告人的辩护人各自提出的盗窃数额计算方法均不能客观、准确地计算出盗窃数额,不予采纳,其他辩护意见较客观,予以采纳。依照《中华人民共和国刑法》第264条、第25条第1款、第27条第2款之规定,判决如下:

被告人冯××犯盗窃罪,判处有期徒刑10年,并处罚金人民币10 000元。

被告人孙××犯盗窃罪,判处有期徒刑4年,并处罚金人民币5 000元。

【分析】红星浴池盗气案是×市近年来发生的盗窃能源犯罪中比较有代表性的一起案件。实践中,行为人盗窃燃气的方式多种多样,手段十分隐蔽。如有的采取私接、私改燃气管道的方式,有的采取在计量装置上做手脚的方式,有的则干脆绕越计量装置,直接在主干管上盗取燃气。盗窃燃气,在侵犯公私财产权的同时,往往可能引发较为严重的安全问题,如有的犯罪分子在主干管上钻孔盗气,一旦发生爆燃,后果不堪设想。因此,对盗窃燃气犯罪的危害性必须引起高度重视,依法及时予以惩治。日常生活中,许多人认为,"偷气"不是什么大事,大不了补缴费用而已。本案的处理应当为这些人再次敲响警钟。一方面,法律、司法解释及×市有关规定明确了盗窃燃气应依法追究刑事责任;另一方面,盗气价值巨大、特别巨大的,还要被施以十分严厉的制裁。本案被告人冯××盗窃燃气的价值超过了×市规定的盗窃犯罪数额特别巨大的标准,被判处有期徒刑 10 年,并处罚金人民币 10 000 元,这一处罚的法律依据是充分的。

学习鉴定

一、填空题

1. 依法实施行政处罚必须严格遵守燃气法规规定的行政处罚形式和幅度,根据行政处罚的轻重与行政责任的大小相当原则,按不同情节在法定的幅度内给予行政处罚,避免畸轻畸重或_____。

2. 行政执法人员当场做出行政处罚决定的,应当向当事人出示_____,这样有利于群众监督,防止侵犯当事人的合法权益和行政处罚权的滥用。

3. 听证程序的适用条件是针对较大行政处罚案件(如责令停止生产或使用、吊销许可证或执照;较大数额罚款)和_____要求听证的案件。

4.《_____》规定,行为人损害他人民事权益,不论行为人有无过错,法律规定应当承担侵权责任的,依照其规定。目前在适用中,无过错责任只有在法律特别规定的情况下才适用,而且这种适用无过错责任的领域主要是危险行业。

5. 燃气民事责任的构成要件为:①有致害行为存在;②有损害结果存在;③致害行为与损害结果之间的_____。

6. 对盗窃燃气行为追究的刑事责任,实施盗窃燃气犯罪同时又构成危害公共安全犯罪的,依照处罚_____的规定定罪处罚。

7. 对于违反《城镇燃气管理条例》第 51 条第 2 款规定,毁损、覆盖、涂改、擅自拆除或者移动燃气设施安全警示标志的,由燃气管理部门责令限期改正,恢复原状,可以处_____元以下罚款。

8. 行政处分包括:_____、记过、记大过、降级、撤职、开除等六种。

9. 破坏易燃易爆设备的手段是多种多样的,但都以危害公共安全,即有可能引起多人伤亡或者重大公私财产损失的危险,具备这种_____即构成犯罪,并不要求实际的严重后果发生,如果发生了严重后果应依照造成严重后果的规定处罚。

10. 在燃气设施保护范围内建设占压地下燃气管线的建筑物,构筑物或者其他设施的,依照《_____》《建筑法》等法律的规定处罚。

二、选择题

1. 在燃气市场整顿其经营活动过程中,发现有的燃气经营者和燃气用户有违法行为,依据《城镇燃气管理条例》的规定进行处罚。

(1)某甲在燃气经营活动中使用了某乙的燃气经营许可证,对此应该_____。(　　)

　　A. 对某甲处 1 万元以上 10 万元以下罚款　　B. 通知限期停业

　　C. 对某乙处 1 万元以上 10 万元以下罚款　　D. 处 10 万元以上罚款

(2)某甲在燃气经营活动中未取得燃气经营许可证便开展经营活动,对此应由_____

责令停止违法行为,处 5 万元以上 50 万元以下罚款。(　　)

A.燃气管理部门　　　　　　　　B.公安机关

C.工商行政管理部门　　　　　　D.燃气协会组织

(3)某丙燃气经营者在经营燃气一段时间后,因经营不善擅自宣布停业,对此应采取以下措施_____。(　　)

A.由燃气用户与燃气经营者自行协商解决

B.由燃气管理部门责令限期整改,处 1 万元以上 10 万元以下罚款

C.吊销燃气经营许可证,处 10 万元以上罚款

D.燃气经营者恢复营业

(4)某丙燃气居民用户擅自动用楼内公共燃气阀门,致使整楼内其他人无法使用燃气。对此应_____。(　　)

A.楼内其他人要求某丙燃气居民用户,停止行为

B.由燃气经营者责令限期整改,对个人处 1 000 元以下罚款

C.当地公安行政管理机关通知某丙燃气居民用户改正

D.由燃气管理部门责令限期整改,逾期不改正的对个人处 1 000 元以下罚款

2.某甲燃气公司发现途经某地的燃气管线保护范围内有一建设单位进行市政道路工程建设,考虑到燃气设施的安全与保护工作。

(1)某甲燃气公司与_____共同制订燃气设施保护方案。(　　)

A.建设单位　　　　　　　　　　B.当地人民政府

C.燃气管线沿线所有单位　　　　D.上级单位

(2)建设单位与某甲燃气公司未共同制订燃气管线施工保护方案的,由燃气管理部门实施_____处罚。(　　)

A.责令整改,处 1 万元以上 10 万元以下罚款　B.处 10 万元以上罚款

C.造成损失的,依法承担赔偿责任　　D.批评教育

(3)某甲燃气公司根据燃气管线施工保护方案_____。(　　)

A.阻止施工单位施工　　　　　　B.派专业人员进行现场指导

C.负责工程监理　　　　　　　　D.某甲燃气公司委托建设单位保护

(4)在施工范围内有地下燃气管线时,建设单位应该_____。(　　)

A.查明施工范围内的人口、环境　B.在施工过程中查明

C.在施工前查明　　　　　　　　D.不必查明地下燃气管线

三、问答题

1.燃气行政责任有何特征?

2.行政处罚的原则是什么？

3.行政处罚的简易程序是什么？

4.民事责任的构成要件有哪些？

5.盗窃燃气有哪些表现形式？

附　录

附录一

最高人民法院、最高人民检察院关于办理盗窃油气、破坏
油气设备等刑事案件具体应用法律若干问题的解释

（2006 年 11 月 20 日最高人民法院审判委员会第 1406 次会议、
2006 年 12 月 11 日最高人民检察院第十届检察委员会第 66 次会议通过）

法释〔2007〕3 号

为维护油气的生产、运输安全，依法惩治盗窃油气、破坏油气设备等犯罪，根据刑法有关规定，现就办理这类刑事案件具体应用法律的若干问题解释如下：

第一条　在实施盗窃油气等行为过程中，采用切割、打孔、撬砸、拆卸、开关等手段破坏正在使用的油气设备的，属于刑法第一百一十八条规定的"破坏燃气或者其他易燃易爆设备"的行为，危害公共安全，尚未造成严重后果的，依照刑法第一百一十八条的规定定罪处罚。

第二条　实施本解释第一条规定的行为，具有下列情形之一的，属于刑法第一百一十九条第一款规定的"造成严重后果"，依照刑法第一百一十九条第一款的规定定罪处罚：

（一）造成一人以上死亡、三人以上重伤或者十人以上轻伤的；

（二）造成井喷或者重大环境污染事故的；

（三）造成直接经济损失数额在五十万元以上的；

（四）造成其他严重后果的。

第三条　盗窃油气或者正在使用的油气设备，构成犯罪，但未危害公共安全的，依照刑

法第二百六十四条的规定,以盗窃罪定罪处罚。

盗窃油气,数额巨大但尚未运离现场的,以盗窃未遂定罪处罚。

为他人盗窃油气而偷开油气井、油气管道等油气设备阀门排放油气或者提供其他帮助的,以盗窃罪的共犯定罪处罚。

第四条　盗窃油气同时构成盗窃罪和破坏易燃易爆设备罪的,依照刑法处罚较重的规定定罪处罚。

第五条　明知是盗窃犯罪所得的油气或者油气设备,而予以窝藏、转移、收购、加工、代为销售或者以其他方法掩饰、隐瞒的,依照刑法第三百一十二条的规定定罪处罚。

实施前款规定的犯罪行为,事前通谋的,以盗窃犯罪的共犯定罪处罚。

第六条　违反矿产资源法的规定,非法开采或者破坏性开采石油、天然气资源的,依照刑法第三百四十三条以及《最高人民法院关于审理非法采矿、破坏性采矿刑事案件具体应用法律若干问题的解释》的规定追究刑事责任。

第七条　国家机关工作人员滥用职权或者玩忽职守,实施下列行为之一,致使公共财产、国家和人民利益遭受重大损失的,依照刑法第三百九十七条的规定,以滥用职权罪或者玩忽职守罪定罪处罚:

(一)超越职权范围,批准发放石油、天然气勘查、开采、加工、经营等许可证的;

(二)违反国家规定,给不符合法定条件的单位、个人发放石油、天然气勘察、开采、加工、经营等许可证的;

(三)违反《石油天然气管道保护条例》等国家规定,在油气设备安全保护范围内批准建设项目的;

(四)对发现或者经举报查实的未经依法批准、许可擅自从事石油、天然气勘察、开采、加工、经营等违法活动不予查封、取缔的。

第八条　本解释所称的“油气”,是指石油、天然气。其中,石油包括原油、成品油;天然气包括煤层气。

本解释所称“油气设备”,是指用于石油、天然气生产、储存、运输等易燃易爆设备。

附录二

城镇燃气管理条例

中华人民共和国国务院令

第 583 号

《城镇燃气管理条例》已于 2010 年 10 月 19 日国务院第 129 次常务会议通过,现予公布,自 2011 年 3 月 1 日起施行。

总理　温家宝

二〇一〇年十一月十九日

城镇燃气管理条例

第一章　总　则

第一条　为了加强城镇燃气管理,保障燃气供应,防止和减少燃气安全事故,保障公民生命、财产安全和公共安全,维护燃气经营者和燃气用户的合法权益,促进燃气事业健康发展,制定本条例。

第二条　城镇燃气发展规划与应急保障、燃气经营与服务、燃气使用、燃气设施保护、燃气安全事故预防与处理及相关管理活动,适用本条例。

天然气、液化石油气的生产和进口,城市门站以外的天然气管道输送,燃气作为工业生产原料的使用,沼气、秸秆气的生产和使用,不适用本条例。

本条例所称燃气,是指作为燃料使用并符合一定要求的气体燃料,包括天然气(含煤层气)、液化石油气和人工煤气等。

第三条　燃气工作应当坚持统筹规划、保障安全、确保供应、规范服务、节能高效的原则。

第四条　县级以上人民政府应当加强对燃气工作的领导,并将燃气工作纳入国民经济和社会发展规划。

第五条　国务院建设主管部门负责全国的燃气管理工作。

县级以上地方人民政府燃气管理部门负责本行政区域内的燃气管理工作。

县级以上人民政府其他有关部门依照本条例和其他有关法律、法规的规定,在各自职责范围内负责有关燃气管理工作。

第六条　国家鼓励、支持燃气科学技术研究,推广使用安全、节能、高效、环保的燃气新技术、新工艺和新产品。

第七条　县级以上人民政府有关部门应当建立健全燃气安全监督管理制度,宣传普及燃气法律、法规和安全知识,提高全民的燃气安全意识。

第二章　燃气发展规划与应急保障

第八条　国务院建设主管部门应当会同国务院有关部门,依据国民经济和社会发展规划、土地利用总体规划、城乡规划以及能源规划,结合全国燃气资源总量平衡情况,组织编制全国燃气发展规划并组织实施。

县级以上地方人民政府燃气管理部门应当会同有关部门,依据国民经济和社会发展规划、土地利用总体规划、城乡规划、能源规划以及上一级燃气发展规划,组织编制本行政区域的燃气发展规划,报本级人民政府批准后组织实施,并报上一级人民政府燃气管理部门备案。

第九条　燃气发展规划的内容应当包括:燃气气源、燃气种类、燃气供应方式和规模、燃气设施布局和建设时序、燃气设施建设用地、燃气设施保护范围、燃气供应保障措施和安全保障措施等。

第十条　县级以上地方人民政府应当根据燃气发展规划的要求,加大对燃气设施建设的投入,并鼓励社会资金投资建设燃气设施。

第十一条　进行新区建设、旧区改造,应当按照城乡规划和燃气发展规划配套建设燃气设施或者预留燃气设施建设用地。

对燃气发展规划范围内的燃气设施建设工程,城乡规划主管部门在依法核发选址意见书时,应当就燃气设施建设是否符合燃气发展规划征求燃气管理部门的意见;不需要核发选址意见书的,城乡规划主管部门在依法核发建设用地规划许可证或者乡村建设规划许可证时,应当就燃气设施建设是否符合燃气发展规划征求燃气管理部门的意见。

燃气设施建设工程竣工后,建设单位应当依法组织竣工验收,并自竣工验收合格之日起15日内,将竣工验收情况报燃气管理部门备案。

第十二条　县级以上地方人民政府应当建立健全燃气应急储备制度,组织编制燃气应急预案,采取综合措施提高燃气应急保障能力。

燃气应急预案应当明确燃气应急气源和种类、应急供应方式、应急处置程序和应急救援措施等内容。

县级以上地方人民政府燃气管理部门应当会同有关部门对燃气供求状况实施监测、预测和预警。

第十三条　燃气供应严重短缺、供应中断等突发事件发生后,县级以上地方人民政府应当及时采取动用储备、紧急调度等应急措施,燃气经营者以及其他有关单位和个人应当予以配合,承担相关应急任务。

第三章　燃气经营与服务

第十四条　政府投资建设的燃气设施,应当通过招标投标方式选择燃气经营者。

社会资金投资建设的燃气设施,投资方可以自行经营,也可以另行选择燃气经营者。

第十五条　国家对燃气经营实行许可证制度。从事燃气经营活动的企业,应当具备下列条件:

(一)符合燃气发展规划要求;

(二)有符合国家标准的燃气气源和燃气设施;

（三）有固定的经营场所、完善的安全管理制度和健全的经营方案；

（四）企业的主要负责人、安全生产管理人员以及运行、维护和抢修人员经专业培训并考核合格；

（五）法律、法规规定的其他条件。

符合前款规定条件的，由县级以上地方人民政府燃气管理部门核发燃气经营许可证。

申请人凭燃气经营许可证到工商行政管理部门依法办理登记手续。

第十六条　禁止个人从事管道燃气经营活动。

个人从事瓶装燃气经营活动的，应当遵守省、自治区、直辖市的有关规定。

第十七条　燃气经营者应当向燃气用户持续、稳定、安全供应符合国家质量标准的燃气，指导燃气用户安全用气、节约用气，并对燃气设施定期进行安全检查。

燃气经营者应当公示业务流程、服务承诺、收费标准和服务热线等信息，并按照国家燃气服务标准提供服务。

第十八条　燃气经营者不得有下列行为：

（一）拒绝向市政燃气管网覆盖范围内符合用气条件的单位或者个人供气；

（二）倒卖、抵押、出租、出借、转让、涂改燃气经营许可证；

（三）未履行必要告知义务擅自停止供气、调整供气量，或者未经审批擅自停业或者歇业；

（四）向未取得燃气经营许可证的单位或者个人提供用于经营的燃气；

（五）在不具备安全条件的场所储存燃气；

（六）要求燃气用户购买其指定的产品或者接受其提供的服务；

（七）擅自为非自有气瓶充装燃气；

（八）销售未经许可的充装单位充装的瓶装燃气或者销售充装单位擅自为非自有气瓶充装的瓶装燃气；

（九）冒用其他企业名称或者标识从事燃气经营、服务活动。

第十九条　管道燃气经营者对其供气范围内的市政燃气设施、建筑区划内业主专有部分以外的燃气设施，承担运行、维护、抢修和更新改造的责任。

管道燃气经营者应当按照供气、用气合同的约定，对单位燃气用户的燃气设施承担相应的管理责任。

第二十条　管道燃气经营者因施工、检修等原因需要临时调整供气量或者暂停供气的，应当将作业时间和影响区域提前48小时予以公告或者书面通知燃气用户，并按照有关规定及时恢复正常供气；因突发事件影响供气的，应当采取紧急措施并及时通知燃气用户。

燃气经营者停业、歇业的，应当事先对其供气范围内的燃气用户的正常用气做出妥善安排，并在90个工作日前向所在地燃气管理部门报告，经批准方可停业、歇业。

第二十一条　有下列情况之一的，燃气管理部门应当采取措施，保障燃气用户的正常用气：

（一）管道燃气经营者临时调整供气量或者暂停供气未及时恢复正常供气的；

（二）管道燃气经营者因突发事件影响供气未采取紧急措施的；

（三）燃气经营者擅自停业、歇业的；

（四）燃气管理部门依法撤回、撤销、注销、吊销燃气经营许可的。

第二十二条　燃气经营者应当建立健全燃气质量检测制度,确保所供应的燃气质量符合国家标准。

县级以上地方人民政府质量监督、工商行政管理、燃气管理等部门应当按照职责分工,依法加强对燃气质量的监督检查。

第二十三条　燃气销售价格,应当根据购气成本、经营成本和当地经济社会发展水平合理确定并适时调整。县级以上地方人民政府价格主管部门确定和调整管道燃气销售价格,应当征求管道燃气用户、管道燃气经营者和有关方面的意见。

第二十四条　通过道路、水路、铁路运输燃气的,应当遵守法律、行政法规有关危险货物运输安全的规定以及国务院交通运输部门、国务院铁路部门的有关规定;通过道路或者水路运输燃气的,还应当分别依照有关道路运输、水路运输的法律、行政法规的规定,取得危险货物道路运输许可或者危险货物水路运输许可。

第二十五条　燃气经营者应当对其从事瓶装燃气送气服务的人员和车辆加强管理,并承担相应的责任。

从事瓶装燃气充装活动,应当遵守法律、行政法规和国家标准有关气瓶充装的规定。

第二十六条　燃气经营者应当依法经营,诚实守信,接受社会公众的监督。

燃气行业协会应当加强行业自律管理,促进燃气经营者提高服务质量和技术水平。

第四章　燃气使用

第二十七条　燃气用户应当遵守安全用气规则,使用合格的燃气燃烧器具和气瓶,及时更换国家明令淘汰或者使用年限已届满的燃气燃烧器具、连接管等,并按照约定期限支付燃气费用。

单位燃气用户还应当建立健全安全管理制度,加强对操作维护人员燃气安全知识和操作技能的培训。

第二十八条　燃气用户及相关单位和个人不得有下列行为:

（一）擅自操作公用燃气阀门;

（二）将燃气管道作为负重支架或者接地引线;

（三）安装、使用不符合气源要求的燃气燃烧器具;

（四）擅自安装、改装、拆除户内燃气设施和燃气计量装置;

（五）在不具备安全条件的场所使用、储存燃气;

（六）盗用燃气;

（七）改变燃气用途或者转供燃气。

第二十九条　燃气用户有权就燃气收费、服务等事项向燃气经营者进行查询,燃气经营者应当自收到查询申请之日起 5 个工作日内予以答复。

燃气用户有权就燃气收费、服务等事项向县级以上地方人民政府价格主管部门、燃气管理部门以及其他有关部门进行投诉,有关部门应当自收到投诉之日起 15 个工作日内予以处理。

第三十条　安装、改装、拆除户内燃气设施的,应当按照国家有关工程建设标准实施作业。

第三十一条　燃气管理部门应当向社会公布本行政区域内的燃气种类和气质成分等信息。

燃气燃烧器具生产单位应当在燃气燃烧器具上明确标识所适应的燃气种类。

第三十二条　燃气燃烧器具生产单位、销售单位应当设立或者委托设立售后服务站点,配备经考核合格的燃气燃烧器具安装、维修人员,负责售后的安装、维修服务。

燃气燃烧器具的安装、维修,应当符合国家有关标准。

第五章　燃气设施保护

第三十三条　县级以上地方人民政府燃气管理部门应当会同城乡规划等有关部门按照国家有关标准和规定划定燃气设施保护范围,并向社会公布。

在燃气设施保护范围内,禁止从事下列危及燃气设施安全的活动:

(一)建设占压地下燃气管线的建筑物、构筑物或者其他设施;

(二)进行爆破、取土等作业或者动用明火;

(三)倾倒、排放腐蚀性物质;

(四)放置易燃易爆危险物品或者种植深根植物;

(五)其他危及燃气设施安全的活动。

第三十四条　在燃气设施保护范围内,有关单位从事敷设管道、打桩、顶进、挖掘、钻探等可能影响燃气设施安全活动的,应当与燃气经营者共同制定燃气设施保护方案,并采取相应的安全保护措施。

第三十五条　燃气经营者应当按照国家有关工程建设标准和安全生产管理的规定,设置燃气设施防腐、绝缘、防雷、降压、隔离等保护装置和安全警示标志,定期进行巡查、检测、维修和维护,确保燃气设施的安全运行。

第三十六条　任何单位和个人不得侵占、毁损、擅自拆除或者移动燃气设施,不得毁损、覆盖、涂改、擅自拆除或者移动燃气设施安全警示标志。

任何单位和个人发现有可能危及燃气设施和安全警示标志的行为,有权予以劝阻、制止;经劝阻、制止无效的,应当立即告知燃气经营者或者向燃气管理部门、安全生产监督管理部门和公安机关报告。

第三十七条　新建、扩建、改建建设工程,不得影响燃气设施安全。

建设单位在开工前,应当查明建设工程施工范围内地下燃气管线的相关情况;燃气管理部门以及其他有关部门和单位应当及时提供相关资料。

建设工程施工范围内有地下燃气管线等重要燃气设施的,建设单位应当会同施工单位与管道燃气经营者共同制定燃气设施保护方案。建设单位、施工单位应当采取相应的安全保护措施,确保燃气设施运行安全;管道燃气经营者应当派专业人员进行现场指导。法律、法规另有规定的,依照有关法律、法规的规定执行。

第三十八条　燃气经营者改动市政燃气设施,应当制定改动方案,报县级以上地方人民政府燃气管理部门批准。

改动方案应当符合燃气发展规划,明确安全施工要求,有安全防护和保障正常用气的措施。

第六章　燃气安全事故预防与处理

第三十九条　燃气管理部门应当会同有关部门制定燃气安全事故应急预案,建立燃气事故统计分析制度,定期通报事故处理结果。

燃气经营者应当制定本单位燃气安全事故应急预案,配备应急人员和必要的应急装备、器材,并定期组织演练。

第四十条　任何单位和个人发现燃气安全事故或者燃气安全事故隐患等情况,应当立即告知燃气经营者,或者向燃气管理部门、公安机关消防机构等有关部门和单位报告。

第四十一条　燃气经营者应当建立健全燃气安全评估和风险管理体系,发现燃气安全事故隐患的,应当及时采取措施消除隐患。

燃气管理部门以及其他有关部门和单位应当根据各自职责,对燃气经营、燃气使用的安全状况等进行监督检查,发现燃气安全事故隐患的,应当通知燃气经营者、燃气用户及时采取措施消除隐患;不及时消除隐患可能严重威胁公共安全的,燃气管理部门以及其他有关部门和单位应当依法采取措施,及时组织消除隐患,有关单位和个人应当予以配合。

第四十二条　燃气安全事故发生后,燃气经营者应当立即启动本单位燃气安全事故应急预案,组织抢险、抢修。

燃气安全事故发生后,燃气管理部门、安全生产监督管理部门和公安机关消防机构等有关部门和单位,应当根据各自职责,立即采取措施防止事故扩大,根据有关情况启动燃气安全事故应急预案。

第四十三条　燃气安全事故经调查确定为责任事故的,应当查明原因、明确责任,并依法予以追究。

对燃气生产安全事故,依照有关生产安全事故报告和调查处理的法律、行政法规的规定报告和调查处理。

第七章　法律责任

第四十四条　违反本条例规定,县级以上地方人民政府及其燃气管理部门和其他有关部门,不依法做出行政许可决定或者办理批准文件的,发现违法行为或者接到对违法行为的举报不予查处的,或者有其他未依照本条例规定履行职责的行为的,对直接负责的主管人员和其他直接责任人员,依法给予处分;直接负责的主管人员和其他直接责任人员的行为构成犯罪的,依法追究刑事责任。

第四十五条　违反本条例规定,未取得燃气经营许可证从事燃气经营活动的,由燃气管理部门责令停止违法行为,处5万元以上50万元以下罚款;有违法所得的,没收违法所得;构成犯罪的,依法追究刑事责任。

违反本条例规定,燃气经营者不按照燃气经营许可证的规定从事燃气经营活动的,由燃气管理部门责令限期改正,处 3 万元以上 20 万元以下罚款;有违法所得的,没收违法所得;情节严重的,吊销燃气经营许可证;构成犯罪的,依法追究刑事责任。

第四十六条　违反本条例规定,燃气经营者有下列行为之一的,由燃气管理部门责令限期改正,处 1 万元以上 10 万元以下罚款;有违法所得的,没收违法所得;情节严重的,吊销燃气经营许可证;造成损失的,依法承担赔偿责任;构成犯罪的,依法追究刑事责任:

(一)拒绝向市政燃气管网覆盖范围内符合用气条件的单位或者个人供气的;

(二)倒卖、抵押、出租、出借、转让、涂改燃气经营许可证的;

(三)未履行必要告知义务擅自停止供气、调整供气量,或者未经审批擅自停业或者歇业的;

(四)向未取得燃气经营许可证的单位或者个人提供用于经营的燃气的;

(五)在不具备安全条件的场所储存燃气的;

(六)要求燃气用户购买其指定的产品或者接受其提供的服务;

(七)燃气经营者未向燃气用户持续、稳定、安全供应符合国家质量标准的燃气,或者未对燃气用户的燃气设施定期进行安全检查。

第四十七条　违反本条例规定,擅自为非自有气瓶充装燃气或者销售未经许可的充装单位充装的瓶装燃气的,依照国家有关气瓶安全监察的规定进行处罚。

违反本条例规定,销售充装单位擅自为非自有气瓶充装的瓶装燃气的,由燃气管理部门责令改正,可以处 1 万元以下罚款。

违反本条例规定,冒用其他企业名称或者标识从事燃气经营、服务活动,依照有关反不正当竞争的法律规定进行处罚。

第四十八条　违反本条例规定,燃气经营者未按照国家有关工程建设标准和安全生产管理的规定,设置燃气设施防腐、绝缘、防雷、降压、隔离等保护装置和安全警示标志的,或者未定期进行巡查、检测、维修和维护的,或者未采取措施及时消除燃气安全事故隐患的,由燃气管理部门责令限期改正,处 1 万元以上 10 万元以下罚款。

第四十九条　违反本条例规定,燃气用户及相关单位和个人有下列行为之一的,由燃气管理部门责令限期改正;逾期不改正的,对单位可以处 10 万元以下罚款,对个人可以处 1 000 元以下罚款;造成损失的,依法承担赔偿责任;构成犯罪的,依法追究刑事责任:

(一)擅自操作公用燃气阀门的;

(二)将燃气管道作为负重支架或者接地引线的;

(三)安装、使用不符合气源要求的燃气燃烧器具的;

(四)擅自安装、改装、拆除户内燃气设施和燃气计量装置的;

(五)在不具备安全条件的场所使用、储存燃气的;

(六)改变燃气用途或者转供燃气的;

(七)未设立售后服务站点或者未配备经考核合格的燃气燃烧器具安装、维修人员的;

(八)燃气燃烧器具的安装、维修不符合国家有关标准的。

盗用燃气的,依照有关治安管理处罚的法律规定进行处罚。

第五十条　违反本条例规定,在燃气设施保护范围内从事下列活动之一的,由燃气管理部门责令停止违法行为,限期恢复原状或者采取其他补救措施,对单位处 5 万元以上 10 万元以下罚款,对个人处 5 000 元以上 5 万元以下罚款;造成损失的,依法承担赔偿责任;构成犯罪的,依法追究刑事责任:

(一)进行爆破、取土等作业或者动用明火的;

(二)倾倒、排放腐蚀性物质的;

(三)放置易燃易爆物品或者种植深根植物的;

(四)未与燃气经营者共同制定燃气设施保护方案,采取相应的安全保护措施,从事敷设管道、打桩、顶进、挖掘、钻探等可能影响燃气设施安全活动的。

违反本条例规定,在燃气设施保护范围内建设占压地下燃气管线的建筑物、构筑物或者其他设施的,依照有关城乡规划的法律、行政法规的规定进行处罚。

第五十一条　违反本条例规定,侵占、毁损、擅自拆除、移动燃气设施或者擅自改动市政燃气设施的,由燃气管理部门责令限期改正,恢复原状或者采取其他补救措施,对单位处 5 万元以上 10 万元以下罚款,对个人处 5 000 元以上 5 万元以下罚款;造成损失的,依法承担赔偿责任;构成犯罪的,依法追究刑事责任。

违反本条例规定,毁损、覆盖、涂改、擅自拆除或者移动燃气设施安全警示标志的,由燃气管理部门责令限期改正,恢复原状,可以处 5 000 元以下罚款。

第五十二条　违反本条例规定,建设工程施工范围内有地下燃气管线等重要燃气设施,建设单位未会同施工单位与管道燃气经营者共同制定燃气设施保护方案,或者建设单位、施工单位未采取相应的安全保护措施的,由燃气管理部门责令改正,处 1 万元以上 10 万元以下罚款;造成损失的,依法承担赔偿责任;构成犯罪的,依法追究刑事责任。

第八章　附　则

第五十三条　本条例下列用语的含义:

(一)燃气设施,是指人工煤气生产厂、燃气储配站、门站、气化站、混气站、加气站、灌装站、供应站、调压站、市政燃气管网等的总称,包括市政燃气设施、建筑区划内业主专有部分以外的燃气设施以及户内燃气设施等。

(二)燃气燃烧器具,是指以燃气为燃料的燃烧器具,包括居民家庭和商业用户所使用的燃气灶、热水器、沸水器、采暖器、空调器等器具。

第五十四条　农村的燃气管理参照本条例的规定执行。

第五十五条　本条例自 2011 年 3 月 1 日起施行。

附录三

燃气燃烧器具安装维修管理规定

中华人民共和国建设部令

第 73 号

《燃气燃烧器具安装维修管理规定》已于一九九九年十月十四日经第十六次部常务会议通过,现予发布,自二○○○年三月一日起施行。

部长　俞正声

二○○○年一月二十一日

燃气燃烧器具安装维修管理规定

第一章　总　则

第一条　为了加强燃气燃烧器具的安装、维修管理,维护燃气用户、燃气供应企业、燃气燃烧器具安装、维修企业的合法权益,提高安装、维修质量和服务水平,根据《中华人民共和国建筑法》及国家有关规定,制定本规定。

第二条　从事燃气燃烧器具安装、维修业务和实施对燃气燃烧器具安装维修的监督管理,应当遵守本规定。

第三条　本规定所称燃气燃烧器具是指家用的燃气热水器具、燃气开水器具、燃气灶具、燃气烘烤器具、燃气取暖器具、燃气制冷器具等。

第四条　燃气燃烧器具的安装、维修应当坚持保障使用安全、维护消费者合法权益的原则。

第五条　国务院建设行政主管部门负责全国燃气燃烧器具安装、维修的监督管理工作。

县级以上地方人民政府建设行政主管部门或者委托的燃气行业管理单位(以下简称燃气管理部门)负责本行政区域内燃气燃烧器具安装、维修的监督管理工作。

第六条　国家鼓励推广燃气燃烧器具及其安装维修的新技术、新设备、新工艺,淘汰落后的技术、设备、工艺。

第二章　从业资格

第七条　从事燃气燃烧器具安装、维修的企业应当具备下列条件:

(一)有与经营规模相适应的固定场所、通信工具;

(二)有 4 名以上有工程、经济、会计等专业技术职称的人员,其中有工程系列职称的人员不少于 2 人;

(三)有与经营规模相适应的安装、维修作业人员;

（四）有必备的安装、维修的设备、工具和检测仪器；

（五）有完善的安全管理制度。

省、自治区、直辖市人民政府建设行政主管部门应当根据本地区的实际情况，制定燃气燃烧器具安装、维修企业的资质标准，其条件不得低于前款的规定。

第八条　从事燃气燃烧器具安装、维修的企业，应当经企业所在地设区的城市人民政府燃气管理部门审查批准（不设区的城市和县，由省、自治区人民政府建设行政主管部门确定审查批准机构），取得《燃气燃烧器具安装维修企业资质证书》（以下简称《资质证书》），并持《资质证书》到工商行政管理部门办理注册登记后，方可从事安装、维修业务。

燃气管理部门应当将取得《资质证书》的企业向省级人民政府建设行政主管部门备案，并接受其监督检查。

取得《资质证书》的安装、维修企业由燃气管理部门编制《燃气燃烧器具安装维修企业目录》，并通过媒体等形式向社会公布。

第九条　燃气管理部门应当对燃气燃烧器具安装、维修企业进行资质年检。

第十条　燃气燃烧器具安装、维修企业中直接从事安装、维修的作业人员，取得燃气管理部门颁发的《职业技能岗位证书》（以下简称《岗位证书》），方可从事燃气燃烧器具的安装、维修业务。

第十一条　从事燃气燃烧器具安装、维修的人员，有下列情况之一的，燃气管理部门应当收回其《岗位证书》：

（一）停止安装、维修业务一年以上的；

（二）违反标准、规范进行安装、维修的；

（三）欺诈用户，乱收费的。

第十二条　燃气燃烧器具安装、维修人员应当在一个单位执业，不得以个人名义承揽燃气燃烧器具安装、维修业务。

第十三条　《资质证书》和《岗位证书》的格式由国务院建设行政主管部门制定。

第十四条　任何单位和个人不得伪造、涂改、出租、借用、转让、出卖《资质证书》或者《岗位证书》。

第三章　安装维修

第十五条　燃气燃烧器具的安装、改装、迁移或者拆除，应当由持有《资质证书》的燃气燃烧器具安装企业进行。

第十六条　燃气燃烧器具安装企业受理用户安装申请时，不得限定用户购买本企业生产的或者其指定的燃气燃烧器具和相关产品。

第十七条　安装燃气燃烧器具应当按照国家有关的标准和规范进行，并使用符合国家有关标准的燃气燃烧器具安装材料和配件。

第十八条　对用户提供的不符合标准的燃气燃烧器具或者提出不符合安全的安装要求时，燃气燃烧器具安装企业应当拒绝安装。

第十九条　燃气燃烧器具安装企业应当在家用燃气计量表后安装燃气燃烧器具，未经燃气供应企业同意,不得移动燃气计量表及表前设施。

第二十条 燃气燃烧器具安装完毕后,燃气燃烧器具安装企业应当进行检验。检验合格的,检验人员应当给用户出具合格证书。

合格证书应当包括燃气燃烧器具安装企业的名称、地址、电话、出具时间等内容,并盖有企业公章,检验人员应当在合格证书上签名。

第二十一条 未通气的管道燃气用户安装燃气燃烧器具后,还应当向燃气供应企业申请通气验收。通气验收合格后,方可通气使用。

通气验收不合格,确属安装质量问题的,原燃气燃烧器具安装企业应当免费重新安装。

第二十二条 燃气燃烧器具的安装应当设定保修期,保修期不得低于 1 年。

第二十三条 从事燃气燃烧器具维修的企业,应当是燃气燃烧器具生产企业设立的,或者是经燃气燃烧器具生产企业委托设立的燃气燃烧器具维修企业。

委托设立的燃气燃烧器具维修企业应当与燃气燃烧器具生产企业签订维修委托协议。

第二十四条 燃气燃烧器具维修企业接到用户报修后,应当在 24 小时内或者在与用户约定的时间内派人维修。

第二十五条 燃气燃烧器具的安装、维修企业对本企业所安装、维修的燃气燃烧器具负有指导用户安全使用的责任。

第二十六条 从事燃气燃烧器具安装、维修的企业,应当建立健全管理制度和规范化服务标准。

第二十七条 燃气燃烧器具的安装、维修企业,应当按照规定的标准向用户收取费用。

第二十八条 燃气燃烧器具安装、维修企业应当建立用户档案,定期向燃气管理部门报送相关报表。

第二十九条 任何单位和个人发现燃气事故后,应当立即切断气源,采取通风、防火等措施,并向有关部门报告。有关部门应当按照《城市燃气安全管理规定》和《城市燃气管理办法》等规定对事故进行调查。确属燃气燃烧器具安装、维修原因的,应当按照有关规定对燃气燃烧器具安装、维修企业进行处理。

第四章　法律责任

第三十条 燃气燃烧器具安装、维修企业违反本规定,有下列行为之一的,由燃气管理部门吊销《资质证书》,并可处以 1 万元以上 3 万元以下罚款:

(一)伪造、涂改、出租、借用、转让或者出卖《资质证书》;

(二)年检不合格的企业,继续从事安装、维修业务;

(三)由于燃气燃烧器具安装、维修原因发生燃气事故;

(四)未经燃气供应企业同意,移动燃气计量表及表前设施。

燃气管理部门吊销燃气燃烧器具安装、维修企业《资质证书》后,应当提请工商行政管理部门吊销其营业执照。

第三十一条 燃气燃烧器具安装、维修企业违反本规定,有下列行为之一的,由燃气管理部门给予警告,并处以 1 万元以上 3 万元以下罚款:

（一）限定用户购买本企业生产的或者其指定的燃气燃烧器具和相关产品；

（二）聘用无《岗位证书》的人员从事安装、维修业务。

第三十二条　燃气燃烧器具安装、维修企业没有在规定的时间内或者与用户约定的时间安装、维修的，由燃气管理部门给予警告，并可处以 3 000 元以下的罚款。

第三十三条　无《资质证书》的企业从事燃气燃烧器具安装、维修业务的，由燃气管理部门处以 1 万元以上 3 万元以下的罚款。

第三十四条　燃气燃烧器具安装、维修企业的安装、维修人员违反本规定，有下列行为之一的，由燃气管理部门给予警告，并处以 5 000 元以下的罚款：

（一）无《岗位证书》，擅自从事燃气燃烧器具的安装、维修业务；

（二）以个人名义承揽燃气燃烧器具的安装、维修业务。

第三十五条　由于燃气燃烧器具安装、维修的原因造成燃气事故的，燃气燃烧器具安装、维修企业应当承担相应的赔偿责任。

第三十六条　燃气管理部门工作人员严重失职、索贿受贿或者侵害企业合法权益的，给予行政处分；构成犯罪的，依法追究刑事责任。

第五章　附　则

第三十七条　本规定由国务院建设行政主管部门负责解释。

第三十八条　本规定自 2000 年 3 月 1 日起施行。

附录四

城市地下管线工程档案管理办法

中华人民共和国建设部令

第 136 号

《城市地下管线工程档案管理办法》已于 2004 年 12 月 15 日经建设部第 49 次常务会议讨论通过,现予发布,自 2005 年 5 月 1 日起施行。

建设部部长　汪光焘

二〇〇五年一月七日

城市地下管线工程档案管理办法

第一条　为了加强城市地下管线工程档案的管理,根据《中华人民共和国城市规划法》《中华人民共和国档案法》《建设工程质量管理条例》等有关法律、行政法规,制定本办法。

第二条　本办法适用于城市规划区内地下管线工程档案的管理。

本办法所称城市地下管线工程,是指城市新建、扩建、改建的各类地下管线(含城市供水、排水、燃气、热力、电力、电信、工业等的地下管线)及相关的人防、地铁等工程。

第三条　国务院建设主管部门对全国城市地下管线工程档案管理工作实施指导、监督。

省、自治区人民政府建设主管部门负责本行政区域内城市地下管线工程档案的管理工作,并接受国务院建设主管部门的指导、监督。

县级以上城市人民政府建设主管部门或者规划主管部门负责本行政区域内城市地下管线工程档案的管理工作,并接受上一级建设主管部门的指导、监督。

城市地下管线工程档案的收集、保管、利用等具体工作,由城建档案馆或者城建档案室(以下简称城建档案管理机构)负责。

各级城建档案管理机构同时接受同级档案行政管理部门的业务指导、监督。

第四条　建设单位在申请领取建设工程规划许可证前,应当到城建档案管理机构查询施工地段的地下管线工程档案,取得该施工地段地下管线现状资料。

第五条　建设单位在申请领取建设工程规划许可证时,应当向规划主管部门报送地下管线现状资料。

第六条　在建设单位办理地下管线工程施工许可手续时,城建档案管理机构应当将工程竣工后需移交的工程档案内容和要求告知建设单位。

第七条　施工单位在地下管线工程施工前应当取得施工地段地下管线现状资料;施工中发现未建档的管线,应当及时通过建设单位向当地县级以上人民政府建设主管部门或者规划主管部门报告。

建设主管部门、规划主管部门接到报告后,应当查明未建档的管线性质、权属,责令地下管线产权单位测定其坐标、标高及走向,地下管线产权单位应当及时将测量的材料向城建档案管理机构报送。

第八条 地下管线工程覆土前,建设单位应当委托具有相应资质的工程测量单位,按照《城市地下管线探测技术规程》(CJJ 61)进行竣工测量,形成准确的竣工测量数据文件和管线工程测量图。

第九条 地下管线工程竣工验收前,建设单位应当提请城建档案管理机构对地下管线工程档案进行专项预验收。

第十条 建设单位在地下管线工程竣工验收备案前,应当向城建档案管理机构移交下列档案资料:

(一)地下管线工程项目准备阶段文件、监理文件、施工文件、竣工验收文件和竣工图;

(二)地下管线竣工测量成果;

(三)其他应当归档的文件资料(电子文件、工程照片、录像等)。

城市供水、排水、燃气、热力、电力、电讯等地下管线专业管理单位(以下简称地下管线专业管理单位)应当及时向城建档案管理机构移交地下专业管线图。

第十一条 建设单位向城建档案管理机构移交的档案资料应当符合《建设工程文件归档整理规范》(GB/T 50328)的要求。

第十二条 地下管线专业管理单位应当将更改、报废、漏测部分的地下管线工程档案,及时修改补充到本单位的地下管线专业图上,并将修改补充的地下管线专业图及有关资料向城建档案管理机构移交。

第十三条 工程测量单位应当及时向城建档案管理机构移交有关地下管线工程的1:500城市地形图和控制成果。

对于工程测量单位移交的城市地形图和控制成果,城建档案管理机构不得出售、转让。

第十四条 城建档案管理机构应当绘制城市地下管线综合图,建立城市地下管线信息系统,并及时接收普查和补测、补绘所形成的地下管线成果。

城建档案管理机构应当依据地下管线专业图等有关的地下管线工程档案资料和工程测量单位移交的城市地形图和控制成果,及时修改城市地下管线综合图,并输入城市地下管线信息系统。

第十五条 城建档案管理机构应当建立、健全科学的管理制度,依法做好地下管线工程档案的接收、整理、鉴定、统计、保管、利用和保密工作。

第十六条 城建档案管理机构应当建立地下管线工程档案资料的使用制度,积极开发地下管线工程档案资源,为城市规划、建设和管理提供服务。

第十七条 建设单位违反本办法规定,未移交地下管线工程档案的,由建设主管部门责令改正,处1万元以上10万元以下的罚款;对单位直接负责的主管人员和其他直接责任人员,处单位罚款数额5%以上10%以下的罚款;因建设单位未移交地下管线工程档案,造成施工单位在施工中损坏地下管线的,建设单位依法承担相应的责任。

第十八条 地下管线专业管理单位违反本办法规定,未移交地下管线工程档案的,由建设主管部门责令改正,处1万元以下的罚款;因地下管线专业管理单位未移交地下管线工程档案,造成施工单位在施工中损坏地下管线的,地下管线专业管理单位依法承担相应的责任。

第十九条　建设单位和施工单位未按照规定查询和取得施工地段的地下管线资料而擅自组织施工,损坏地下管线给他人造成损失的,依法承担赔偿责任。

第二十条　工程测量单位未按照规定提供准确的地下管线测量成果,致使施工时损坏地下管线给他人造成损失的,依法承担赔偿责任。

第二十一条　城建档案管理机构因保管不善,致使档案丢失,或者因汇总管线信息资料错误致使在施工中造成损失的,依法承担赔偿责任;对有关责任人员,依法给予行政处分。

第二十二条　本办法自2005年5月1日起施行。

附录五

市政公用事业特许经营管理办法

中华人民共和国建设部令

第 126 号

《市政公用事业特许经营管理办法》已于 2004 年 2 月 24 日经第 29 次部常务会议讨论通过,现予发布,自 2004 年 5 月 1 日起施行。

部长　汪光焘

二〇〇四年三月十九日

市政公用事业特许经营管理办法

第一条　为了加快推进市政公用事业市场化,规范市政公用事业特许经营活动,加强市场监管,保障社会公共利益和公共安全,促进市政公用事业健康发展,根据国家有关法律、法规,制定本办法。

第二条　本办法所称市政公用事业特许经营,是指政府按照有关法律、法规规定,通过市场竞争机制选择市政公用事业投资者或者经营者,明确其在一定期限和范围内经营某项市政公用事业产品或者提供某项服务的制度。

城市供水、供气、供热、公共交通、污水处理、垃圾处理等行业,依法实施特许经营的,适用本办法。

第三条　实施特许经营的项目由省、自治区、直辖市通过法定形式和程序确定。

第四条　国务院建设主管部门负责全国市政公用事业特许经营活动的指导和监督工作。

省、自治区人民政府建设主管部门负责本行政区域内的市政公用事业特许经营活动的指导和监督工作。

直辖市、市、县人民政府市政公用事业主管部门依据人民政府的授权(以下简称主管部门),负责本行政区域内的市政公用事业特许经营的具体实施。

第五条　实施市政公用事业特许经营,应当遵循公开、公平、公正和公共利益优先的原则。

第六条　实施市政公用事业特许经营,应当坚持合理布局,有效配置资源的原则,鼓励跨行政区域的市政公用基础设施共享。

跨行政区域的市政公用基础设施特许经营,应当本着有关各方平等协商的原则,共同加强监管。

第七条　参与特许经营权竞标者应当具备以下条件:

(一)依法注册的企业法人;

(二)有相应的注册资本金和设施、设备;

（三）有良好的银行资信、财务状况及相应的偿债能力；

（四）有相应的从业经历和良好的业绩；

（五）有相应数量的技术、财务、经营等关键岗位人员；

（六）有切实可行的经营方案；

（七）地方性法规、规章规定的其他条件。

第八条　主管部门应当依照下列程序选择投资者或者经营者：

（一）提出市政公用事业特许经营项目，报直辖市、市、县人民政府批准后，向社会公开发布招标条件，受理投标；

（二）根据招标条件，对特许经营权的投标人进行资格审查和方案预审，推荐出符合条件的投标候选人；

（三）组织评审委员会依法进行评审，并经过质询和公开答辩，择优选择特许经营权授予对象；

（四）向社会公示中标结果，公示时间不少于20天；

（五）公示期满，对中标者没有异议的，经直辖市、市、县人民政府批准，与中标者（以下简称"获得特许经营权的企业"）签订特许经营协议。

第九条　特许经营协议应当包括以下内容：

（一）特许经营内容、区域、范围及有效期限；

（二）产品和服务标准；

（三）价格和收费的确定方法、标准以及调整程序；

（四）设施的权属与处置；

（五）设施维护和更新改造；

（六）安全管理；

（七）履约担保；

（八）特许经营权的终止和变更；

（九）违约责任；

（十）争议解决方式；

（十一）双方认为应该约定的其他事项。

第十条　主管部门应当履行下列责任：

（一）协助相关部门核算和监控企业成本，提出价格调整意见；

（二）监督获得特许经营权的企业履行法定义务和协议书规定的义务；

（三）对获得特许经营权的企业的经营计划实施情况、产品和服务的质量以及安全生产情况进行监督；

（四）受理公众对获得特许经营权的企业的投诉；

（五）向政府提交年度特许经营监督检查报告；

（六）在危及或者可能危及公共利益、公共安全等紧急情况下，临时接管特许经营项目；

（七）协议约定的其他责任。

第十一条　获得特许经营权的企业应当履行下列责任：

（一）科学合理地制定企业年度生产、供应计划；

（二）按照国家安全生产法规和行业安全生产标准规范，组织企业安全生产；

（三）履行经营协议，为社会提供足量的、符合标准的产品和服务；

（四）接受主管部门对产品和服务质量的监督检查；

（五）按规定的时间将中长期发展规划、年度经营计划、年度报告、董事会决议等报主管部门备案；

（六）加强对生产设施、设备的运行维护和更新改造，确保设施完好；

（七）协议约定的其他责任。

第十二条　特许经营期限应当根据行业特点、规模、经营方式等因素确定，最长不得超过30年。

第十三条　获得特许经营权的企业承担政府公益性指令任务造成经济损失的，政府应当给予相应的补偿。

第十四条　在协议有效期限内，若协议的内容确需变更的，协议双方应当在共同协商的基础上签订补充协议。

第十五条　获得特许经营权的企业确需变更名称、地址、法定代表人的，应当提前书面告知主管部门，并经其同意。

第十六条　特许经营期限届满，主管部门应当按照本办法规定的程序组织招标，选择特许经营者。

第十七条　获得特许经营权的企业在协议有效期内单方提出解除协议的，应当提前提出申请，主管部门应当自收到获得特许经营权的企业申请的3个月内做出答复。在主管部门同意解除协议前，获得特许经营权的企业必须保证正常的经营与服务。

第十八条　获得特许经营权的企业在特许经营期间有下列行为之一的，主管部门应当依法终止特许经营协议，取消其特许经营权，并可以实施临时接管：

（一）擅自转让、出租特许经营权的；

（二）擅自将所经营的财产进行处置或者抵押的；

（三）因管理不善，发生重大质量、生产安全事故的；

（四）擅自停业、歇业，严重影响到社会公共利益和安全的；

（五）法律、法规禁止的其他行为。

第十九条　特许经营权发生变更或者终止时，主管部门必须采取有效措施保证市政公用产品供应和服务的连续性与稳定性。

第二十条　主管部门应当在特许经营协议签订后30日内，将协议报上一级市政公用事业主管部门备案。

第二十一条　在项目运营的过程中，主管部门应当组织专家对获得特许经营权的企业经营情况进行中期评估。

评估周期一般不得低于两年，特殊情况下可以实施年度评估。

第二十二条　直辖市、市、县人民政府有关部门按照有关法律、法规规定的原则和程序，审定和监管市政公用事业产品和服务价格。

第二十三条　未经直辖市、市、县人民政府批准，获得特许经营权的企业不得擅自停业、歇业。

获得特许经营权的企业擅自停业、歇业的，主管部门应当责令其限期改正，或者依法采取有效措施督促其履行义务。

第二十四条　主管部门实施监督检查，不得妨碍获得特许经营权的企业正常的生产经营活动。

第二十五条　主管部门应当建立特许经营项目的临时接管应急预案。

对获得特许经营权的企业取消特许经营权并实施临时接管的，必须按照有关法律、法规的规定进行，并召开听证会。

第二十六条　社会公众对市政公用事业特许经营享有知情权、建议权。

直辖市、市、县人民政府应当建立社会公众参与机制，保障公众能够对实施特许经营情况进行监督。

第二十七条　国务院建设主管部门应当加强对直辖市市政公用事业主管部门实施特许经营活动的监督检查，省、自治区人民政府建设主管部门应当加强对市、县人民政府市政公用事业主管部门实施特许经营活动的监督检查，及时纠正实施特许经营中的违法行为。

第二十八条　对以欺骗、贿赂等不正当手段获得特许经营权的企业，主管部门应当取消其特许经营权，并向国务院建设主管部门报告，由国务院建设主管部门通过媒体等形式向社会公开披露。被取消特许经营权的企业在三年内不得参与市政公用事业特许经营竞标。

第二十九条　主管部门或者获得特许经营权的企业违反协议的，由过错方承担违约责任，给对方造成损失的，应当承担赔偿责任。

第三十条　主管部门及其工作人员有下列情形之一的，由对其授权的直辖市、市、县人民政府或者监察机关责令改正，对负主要责任的主管人员和其他直接责任人员依法给予行政处分；构成犯罪的，依法追究刑事责任：

（一）不依法履行监督职责或者监督不力，造成严重后果的；

（二）对不符合法定条件的竞标者授予特许经营权的；

（三）滥用职权、徇私舞弊的。

第三十一条　本办法自2004年5月1日起施行。

附录六

中华人民共和国住房和城乡建设部令

第 10 号

《住房和城乡建设部关于废止〈城市燃气安全管理规定〉〈城市燃气管理办法〉和修改〈建设部关于纳入国务院决定的十五项行政许可的条件的规定〉的决定》已于第 77 次部常务会议审议通过，现予发布，自发布之日起施行。

住房和城乡建设部部长　姜伟新

二〇一一年九月七日

住房和城乡建设部关于废止《城市燃气安全管理规定》《城市燃气管理办法》和

修改《建设部关于纳入国务院决定的十五项行政许可的条件的规定》的决定

经 2011 年 8 月 11 日第 77 次住房和城乡建设部常务会议审议，决定废止和修改下列部门规章，现予发布，自发布之日起生效。

一、经国家安全生产监督管理总局、公安部同意，废止《城市燃气安全管理规定》（1991 年 3 月 30 日建设部、劳动部、公安部令第 10 号发布）。

二、废止《城市燃气管理办法》（1997 年 12 月 23 日建设部令第 62 号发布）。

三、对《建设部关于纳入国务院决定的十五项行政许可的条件的规定》（2004 年 10 月 15 日建设部令第 135 号发布）做如下修改：

删除"二、工程造价咨询企业资质认定条件""五、从事城市生活垃圾经营性清扫、收集、运输、处理服务审批条件""六、城市排水许可证核发条件""七、燃气设施改动审批条件""十三、房地产估价机构资质核准条件"和"十四、城市新建燃气企业审批条件"的相关内容。

参考答案

第1章

一、填空题

1.行为规范总和;2.法律关系;3.法律规范;4.燃气法规;5.内容;6.国家机关体系;7.高位法优于低位法;8.2011年3月1日;9.燃料;10.国务院建设

二、问答题

1.燃气法规的宗旨是什么？

燃气法规的宗旨是加强燃气产业的管理,科学规划,保障安全,正常供应,规范服务,维护燃气经营者和燃气用户的合法权益,促进燃气产业的科学发展。

2.燃气法规遵循哪些原则？

①统筹规划原则;②保障安全原则;③确保供应原则;④规范服务原则;⑤依法管理原则。

3.《城镇燃气管理条例》的适用范围如何？

城镇燃气发展规划与应急保障、燃气经营与服务、燃气使用、燃气设施保护、燃气安全事故预防与处理及相关管理活动,适用本条例;天然气、液化石油气的生产和进口,城市门站以外的天然气管道输送,燃气作为工业生产原料使用,沼气、秸秆气的生产和使用,不适用本条例。

4.燃气法规的主要内容包括那些方面？

燃气法规的主要内容包括:燃气发展规划与应急保障,燃气工程建设,燃气经营与服务,燃气设施保护,燃气安全事故预防与处理,燃气燃烧器具管理与使用,燃气法律责任等七个方面。

5.燃气法规的重要作用是什么？

①保证和维护社会主义市场经济的正常进行;②适应当前改革开放的经济形势;③促进燃气事业健康有序地发展。

6.国务院建设主管部门自1990年至今已制定并公布了哪些有关燃气管理的规章(至少列出3部)？

如《燃气燃烧器具安装维修管理规定》(建设部令第73号)、《城市地下管线工程档案管理办法》(建设部令第136号)、《市政公用事业特许经营管理办法》(建设部令第126号)《住房和城乡建设部关于废止〈城市燃气安全管理规定〉〈城市燃气管理办法〉和修改〈建设部关于纳入国务院决定的十五项行政许可的条件的规定〉的决定》(住房和城乡建设部令第10号)等。

第2章

一、填空题

1. 发展方针;2. 燃气发展规划;3. 全国燃气发展规划;4. 备案;5. 法律;6. 天然气利用;7. 燃气应急预案;8. 监测、预测;9. 燃气供应应急预案;10. 应急措施。

二、问答题

1. 我国燃气发展规划分哪几级?

我国燃气发展规划分为全国燃气发展规划、省(直辖市、自治区)燃气发展规划、设区市燃气发展规划、县(市)燃气发展规划。

2. 简答国家级燃气发展规划内容和实施。

国家级燃气发展规划具体内容主要是根据各地的需求情况和全国燃气气源特别是天然气气源的情况,站在全国角度,编制全国性规划,规定燃气发展的原则性、方向性的重大事项,指导各地编制具体的燃气发展规划。全国燃气发展规划由国家住房和城乡建设部会同国务院有关部门组织编制并组织实施。

3. 简答地方燃气发展规划的内容和实施。

省(直辖市、自治区)燃气发展规划重点考虑燃气发展预测、气源方案、重大基础设施布局和相关政策措施等方面的问题。设区市、县(市)的燃气发展规划是城乡总体规划的重要组成部分,应符合全国和省级燃气发展规划的要求,其规划范围应覆盖乡(镇)村,重点考虑本行政区域的燃气设施工程建设、规模、管网铺设范围等具体事项。地方燃气发展规划报本级人民政府批准后组织实施,并报上一级人民政府燃气管理部门备案。

4. 燃气发展规划包括哪些内容?

燃气发展规划的内容应当包括:燃气气源、燃气种类、燃气供应方式和规模、燃气设施布局和建设时序、燃气设施建设用地、燃气设施保护范围、燃气供应保障措施和安全保障措施等。

5. 燃气供应应急预案包括哪些内容?

燃气供应应急预案,一般应当包括预案适用范围、组织机构及职责分工、燃气应急气源和种类、应急供应方式、应急处置程序、应急救援措施、对外信息发布和宣传等内容。

第3章

一、填空题

1. 施工许可证;2. 15;3. 15;4. 6;5. 专项防护;6. 总承包单位;7. 建设单位;8. 特种作业操作资格证书;9. 应急预案。

二、问答题

1. 申请领取施工许可证应当具备什么条件?

①已经办理该建筑工程用地批准手续;②在城市规划区的建筑工程,已经取得规划许可

证;③需要拆迁的,其拆迁进度符合施工要求;④已经确定建筑施工企业;⑤有满足施工需要的施工图纸及技术资料;⑥有保证工程质量和安全的具体措施;⑦建设资金已经落实;⑧法律、行政法规规定的其他条件。

2.燃气工程的专业审查包括几方面内容?

燃气工程的专业审查包括三个方面:一是燃气管理部门审查工程是否符合燃气发展规划要求,主要审查工程的选址、气源方案、供气方式和规模、输配系统、消防规划、环保规划等内容;二是燃气管理部门审查工程是否符合国家有关燃气安全标准、规范、规定的要求,工程设计方案是否符合《城镇燃气设计规范》(GB 50028)、《建筑设计防火规范》(GB 50016)等技术规范要求;三是公安消防机构进行消防专业审查,根据《消防法》和消防技术规范的有关规定进行审查。

3.一套完整的工程建设项目档案一般包括哪些材料?

①立项依据审批文件;②征地、勘察、测绘、设计、招投标、监理文件;③项目审批文件;④施工技术文件和竣工验收文件;⑤竣工图。

4.《城镇燃气管理条例》规定的备案与《建设工程质量管理条例》规定的备案有何区别?

①备案部门不一样:《建设工程质量管理条例》规定的备案部门是建设行政主管部门或者交通、水利等有关部门;《城镇燃气管理条例》规定的备案部门是燃气管理部门。

②备案内容不一样:《建设工程质量管理条例》规定的是竣工验收报告和规划、公安消防、环保等部门的认可文件和准许使用文件的备案;《城镇燃气管理条例》规定的是竣工验收情况的备案。

③备案目的不一样:《建设工程质量管理条例》规定的备案制度,主要目的在于保障工程质量符合国家规定;《城镇燃气管理条例》规定的备案制度,主要目的在于确保燃气设施建设符合燃气发展规划。

因此,《城镇燃气管理条例》规定的备案制度并非取代《建设工程质量管理条例》中的备案制度,而是对燃气设施建设工程建设单位新增加的要求。

5.燃气建设工程的安全管理涉及哪些责任主体?

①建设单位的安全责任;②勘察单位的安全责任;③设计单位的安全责任;④工程监理单位的安全责任;⑤施工单位的安全责任。

6.燃气工程安全生产管理制度有哪些(至少写出8条)?

①施工企业安全生产许可制度;②政府安全监督检查制度;③安全生产责任制度;④建筑施工企业三类人员考核任职制度;⑤安全生产教育培训制度;⑥依法批准开工报告的建设工程备案制度;⑦特种作业人员持证上岗制度;⑧危及施工安全工艺、设备、材料淘汰制度;⑨施工现场消防安全责任制度;⑩生产安全事故应急救援制度;⑪意外伤害保险制度等。

第4章

一、填空题

1.许可证;2.主要负责人;3.个人;4.48 小时;5.90;6.招标投标;7.国家燃气服务标准;8.非自有;9.燃气质量检测;10.气瓶充装。

二、选择题

1.（1）C；（2）A；（3）C；（4）B

2.（1）C；（2）A；（3）B；（4）D

三、问答题

1. 从事燃气经营活动的企业，应当具备哪些条件？

从事燃气经营活动的企业，应当具备下列五项条件：①符合燃气发展规划要求；②有符合国家标准的燃气气源和燃气设施；③有固定的经营场所、完善的安全管理制度和健全的经营方案；④企业的主要负责人、安全生产管理人员以及运行、维护和抢修人员经专业培训并考核合格；⑤法律、法规规定的其他条件。

2. 对于不同投资主体建设的燃气设施如何选择燃气经营者？

政府投资建设的燃气设施，应当通过招标投标方式选择燃气经营者。社会资金投资建设的燃气设施，投资方可以自行经营，也可以另行选择燃气经营者。

3. 燃气经营者的禁止行为有哪些（写出7条以上即可）？

燃气经营者不得有下列行为：①拒绝向市政燃气管网覆盖范围内符合用气条件的单位或者个人供气；②倒卖、抵押、出租、出借、转让、涂改燃气经营许可证；③未履行必要告知义务擅自停止供气、调整供气量，或者未经审批擅自停业或者歇业；④向未取得燃气经营许可证的单位或者个人提供用于经营的燃气；⑤在不具备安全条件的场所储存燃气；⑥要求燃气用户购买其指定的产品或者接受其提供的服务；⑦擅自为非自有气瓶充装燃气；⑧销售未经许可的充装单位充装的瓶装燃气或者销售充装单位擅自为非自有气瓶充装的瓶装燃气；⑨冒用其他企业名称或者标识从事燃气经营、服务活动。

4. 什么是市政公用事业特许经营？

市政公用事业特许经营，是指政府按照有关法律、法规规定，通过市场竞争机制选择市政公用事业投资者或者经营者，明确其在一定期限和范围内经营某项市政公用事业产品或者提供某项服务的制度。城市供水、供气、供热、公共交通、污水处理、垃圾处理等行业，依法实施特许经营。

5. 燃气销售价格如何确定和调整？

燃气销售价格，应当根据购气成本、经营成本和当地经济社会发展水平合理确定并适时调整。县级以上地方人民政府价格主管部门确定和调整管道燃气销售价格，应当征求管道燃气用户、管道燃气经营者和有关方面的意见。

6. 燃气用户及相关单位和个人在燃气使用中的禁止行为有哪些？

燃气用户及相关单位和个人不得有下列行为：①擅自操作公用燃气阀门；②将燃气管道作为负重支架或者接地引线；③安装、使用不符合气源要求的燃气燃烧器具；④擅自安装、改装、拆除户内燃气设施和燃气计量装置；⑤在不具备安全条件的场所使用、储存燃气；⑥盗用燃气；⑦改变燃气用途或者转供燃气。

第5章

一、填空题

1. 燃气设施；2. 派人；3. 2011 年 8 月 1 日；4. 燃气用户；5. 施工单位；6. 燃气费用；7. 强制检验；8. 安全管理；9. 特有信息；10. 专用标志。

二、选择题

1.（1）B；（2）A；（3）A；（4）C

2.（1）B；（2）C；（3）A；（4）B

三、问答题

1. 什么是燃气设施？

燃气设施，通常是指人工煤气生产厂，煤气储配站、门站、气化站、混气站、加气站、灌装站、供应站、调压站、燃气管网等的总称。

2. 燃气设施如何分类？

按燃气设施所在建筑区划范围，燃气设施可分为：市政公用燃气设施、建筑区划内业主专有部分以外的燃气设施和业主专有部分的燃气设施。按所有权的取得方式，燃气设施可分为，国家投资的公用燃气设施、燃气经营者投资建设的燃气设施和燃气用户投资建设的燃气设施等。

3. 燃气设施保护范围划定要考虑哪些因素？

燃气设施保护范围划定要综合以下因素：①依据《建筑法》、《消防法》、《建设工程安全生产管理条例》等法律法规的有关规定，以及《城镇燃气设计规范》（GB 50028）、《中华人民共和国强制性标准条文》（城市建设部分）和《建筑设计防火规范》的技术要求；②根据当地的总体规划、控制性详规、燃气发展规划和现行的国家、行业的相关技术标准规范；③结合当地社会、环境、气候、地形、地貌、生产生活习惯等具体条件；④结合可能危害燃气设施的第三方行为活动的种类和影响程度。

4. 在燃气设施安全保护范围内有哪些禁止的行为？

在燃气设施的安全保护范围内的禁止行为，共有以下五项：①建设占压地下燃气管线的建筑物、构筑物或者其他设施；②进行爆破、取土等作业或者动用明火；③倾倒、排放腐蚀性物质；④放置易燃易爆危险物品或者种植深根植物；⑤其他危及燃气设施安全的活动。

5. 对燃气用户的检查包括哪些内容？

入户检查应包括下列内容：①确认用户设施有无人为碰撞，损坏；②管道是否被私自改动，是否被作为其他电器设备的接地线使用，有无锈蚀、重物搭挂，胶管是否超长及完好；③用气设备是否符合安装规程；④有无燃气泄漏；⑤燃气灶前压力是否正常；⑥计量仪表是否正常。

6. 城镇燃气标志的作用有哪些？

①发挥宣传教育的作用；②安全权得以保障；③便于燃气经营与服务的实现；④可及时有效实现救济权。

第6章

一、填空题

1. 企业资质证书;2. 30 万;3. 4;4. 服务标准;5. 安装、维修委托书;6. 单位;7. 燃烧器具;8. 能效标准;9. 公共安全;10. 气源适配标识。

二、选择题

1. (1) A;(2) D;(3) C;(4) A

2. (1) A;(2) C;(3) B;(4) B

三、问答题

1. 从事燃气燃烧器具安装维修企业必备的设备、工具和仪器有哪些?

①与安装管道相匹配的钻孔设备、机械绞丝设备;②常用的工具和维修用的零配件;③能直接检测燃气压力、流量,水压、水量、温度等主要检修、调试指标的专用仪器;④燃气检漏仪及泄漏浓度报警器;⑤其他必备的燃气燃烧器具安装、维修设备、工具和仪器。

2. 国家燃气燃烧器具安装、维修的有关规范和标准有哪些?

如《城镇燃气技术规范》(GB 50494)、《家用燃气燃烧器具安全管理规则》(GB 17905)、《家用燃气燃烧器具安装及验收规程》(CJJ 12)、《城镇燃气室内工程施工与质量验收规范》(GJJ 94)等标准规范。

3. 从事燃气燃烧器具安装、维修的人员,在哪些情况下,燃气管理部门可收回其《岗位证书》?

从事燃气燃烧器具安装、维修的人员,有下列情况之一的,燃气管理部门应当收回其《岗位证书》:①停止安装、维修业务一年以上的;②违反标准、规范进行安装、维修的;③欺诈用户,乱收费的。

4. 对家用燃气器具适配性检测的管理有何要求?

①销往使用地的家用燃气器具,必须经当地技术监督部门授权的检验机构进行气源适配性检测,检测的抽样方案按《计数抽样检验程序》(GB/T 2828.1)规定执行。②家用燃气器具经检测合格、粘贴"气源适配标识"后方可销售。③经检测不合格的不得销售,不合格产品经整改、自检合格后,可申请复验,复检结果为最终检测结果。④对于相同型号的器具产品连续两次检测不合格的,一年内不得再次报检。燃气燃烧器具的生产者或销售商在销售前,还应当将燃气燃烧器具气源适配性检测的《合格报告》向供货地区的燃气管理部门备案。

5. 对燃气燃烧器具有何要求?

①家用燃气灶具(包括台式灶)应设置熄火保护装置;②新装管道燃气用户应采用与不锈钢波纹软管相适应的螺纹连接形式的器具;③家用燃气快速热水器应设置定时关机装置;④禁止安装使用直排式热水器;⑤禁止销售效能不达标的燃气热水器⑥家用燃气采暖炉应采用强制给排气形式;⑦燃气用具产品必须有产品合格证和安全使用说明书,重点部位要有明显的警告标志。

第7章

一、填空题

1. 职业安全健康;2. 预防为主;3. 风险管理;4. 监督检查;5. 上一级人民政府;6. 燃气经营者;7. 发生地;8. 10;9. 监控;10. 燃气事故统计分析。

二、选择题

(1)C;(2)A;(3)B;(4)A

三、问答题

1. 什么是燃气安全评估和风险管理体系?

燃气安全评估和风险管理体系是指以实现燃气系统安全为目的,应用安全系统工程原理和方法,对系统中存在的危险有害因素进行辨识与分析,判断系统发生事故和职业危害的可能性及严重性,为制定防范措施和管理决策、消除事故隐患提供科学依据,使可能发生的事故隐患消除在发生之前,减少事故发生的概率和可能造成的生命财产损失。

2. 公安消防部门对安全管理的职责是什么?

依据《消防法》的规定,公安消防机构应当履行的职责是:对机关、团体、企事业单位和公民遵守消防法律法规的情况进行监督检查,对消防安全重点单位进行监督管理,发现火灾隐患及时通知有关单位或个人采取措施、限期消除;对火灾隐患、火灾原因及事故责任重新认定,负责消防行政复议、应诉工作。

3. 安全生产监督管理部门的职责是什么?

县级以上安全生产监督管理部门依据《安全法》的规定,对生产经营单位和企业的安全生产实施监督管理,主要职责有:检查生产经营单位、企业和主管部门贯彻执行安全生产、法律法规的情况;检查经营生产单位和企业职业安全卫生教育、培训工作;主持、参加、监督生产经营单位和企业事故的调查和处理工作。

4. 什么是燃气安全事故?

燃气安全事故是指在燃气的生产、储存、输配和使用过程中,因自然灾害、不可抗力、人为故意或过失、意外事件等多种因素造成的燃气泄漏、停气、中毒或爆炸,造成人员伤亡和财产损失,影响社会秩序的事件。燃气安全事故分为责任事故和非责任事故。

5. 事故调查报告应当包括哪些内容?

事故调查报告应当包括下列内容:①事故发生单位概况;②事故发生经过和事故救援情况;③事故造成的人员伤亡和直接经济损失;④事故发生的原因和事故性质;⑤事故责任的认定以及对事故责任者的处理建议;⑥事故防范和整改措施。

第8章

一、填空题

1. 平等主体;2. 财产关系;3. 违约责任;4. 招投标;5. 燃气设施保护方案;6. 免除其责任;7. 履行迟延;8. 产权分界;9. 由专业者一方拟成;10. 强制性。

二、问答题

1. 什么是燃气供用气合同？有何特点？

燃气供用气合同是指供气人与用气人订立的,由供气人供应燃气、用气人使用燃气并支付燃气费的协议。燃气供用气合同具有如下特点:①具有公用性;②具有持续性;③具有双务、有偿性;④一般按格式合同条款订立。

2. 在签订供用气格式合同时要注意哪些事项?

在签订供用气格式合同时要注意以下几项事宜:①审阅合同双方当事人的有关材料;为保证合同全面履行,在合同签订前要相互审阅双方当事人与履行合同有关的材料;②是法人的或其他组织的,要查看法定代表人的情况,经年检的经营执照、经营范围的情况;③经营企业或其他组织的资金注册情况;④具备安全使用燃气设施的相关行政部门的批准文件;⑤其他有关材料;⑥把握合同的生效条件。

3. 合同的生效要件主要有几项?

一般情况下合同的生效要件主要有以下几项:①合同当事人具有相应的民事行为能力;②合同当事人意思表示真实;③合同内容不违反法律和社会公共利益;④合同必须具备法律所要求的内容。

4. 行政合同的概念与特征怎样?

行政合同通常是指一方是行政主体,另一方是行政相对人,行政主体以实施行政管理为目的,与行政相对人就有关事项协商一致而达成的协议。行政合同具有行政性、法定性和合意性的法律特征。

5. 什么是燃气设施安全保护协议?

燃气设施安全保护协议是燃气经营企业(特别是管道燃气经营者)依据法律法规的规定,为在施工期间保护燃气设施的安全,与在燃气设施保护范围内施工的建设单位、施工单位,双方或多方,通过相互协商达成一致意见,所订立的燃气设施安全保护方案。

第9章

一、填空题

1. 显失公正;2. 执法身份证件;3. 当事人;4. 侵权责任法;5. 因果关系;6. 较重;7. 5 000;8. 警告;9. 危险性;10. 城乡规划法。

二、选择题

1.(1)C;(2)A;(3)B;(4)D
2.(1)A;(2)A;(3)B;(4)C

三、问答题

1. 燃气行政责任有何特征?

燃气行政责任具有以下特征:①燃气行政责任是燃气行政法律关系主体的责任,包括燃气行政管理主体和燃气行政管理相对人的责任;②燃气行政责任是一种法律责任,任何燃气行政法律关系主体不履行法律义务都应依法承担法律责任;③燃气行政责任是燃气行政违法行为的必然法律后果。燃气行政法律责任必须以违反燃气法规行为为前提,没有违法行为也就无所谓法律责任。

2. 行政处罚的原则是什么？

①依法实施行政处罚原则；②行政处罚的轻重与行政责任的大小相当原则；③公正、公开原则。

3. 行政处罚的简易程序是什么？

①执法人员应向当事人出示行政执法证件；②现场查清当事人的违法事实，并制作现场检查笔录；③向当事人说明违法的事实、行政处罚的理由和依据；④听取当事人的陈述和申辩；⑤填写预定格式、编有号码的行政处罚决定书，由执法人员签名或者盖章，并将行政处罚决定书当场交付当事人；⑥告知当事人如对当场做出的行政处罚决定不服，可以依法申请行政复议或者提起行政诉讼。

4. 民事责任的构成要件有哪些？

①有致害行为存在；②有损害结果存在；③致害行为与损害结果之间的因果关系。

5. 盗窃燃气有哪些表现形式？

凡属以下行为之一者，即为盗窃燃气：①在供气企业的供气线路上，擅自接旁通用气的；②绕越供气企业的计量装置用气的；③伪造或者启封供气企业加封的表计封印的；④故意损坏、更动供气企业计费计量装置，私自用气的；⑤其他致使供气企业的计量装置不准或失效的行为。

参考文献

[1] 吴庆起,田申.燃气管理与法规[M].北京:化学工业出版社,2009.

[2] 田申,吴庆起.城镇燃气管理条例释义[M].北京:中国建筑工业出版社,2011.

[3] 花景新.城镇燃气规划建设与管理[M].北京:化学工业出版社,2007.

[4] 彭世尼.燃气安全技术[M].重庆:重庆大学出版社,2005.

[5] 梁慧星,陈华彬.物权法[M].北京:法律出版社,2007.

[6] 昝龙亮,花景新.山东省燃气管理条例释义[M].济南:山东人民出版社,2004.

[7] 胡康生.中华人民共和国合同法释义[M].北京:法律出版社,1999.

[8] 张春生,李飞.行政许可法释义[M].北京:法律出版社,2004.

[9] 国务院法制办农林城建资源环保法制司,住房和城乡建设部法规司、城市建设司.城镇燃气管理条例释义[M].北京:知识产权出版社,2011.